U0542105

权威·前沿·原创

皮书系列为
"十二五""十三五""十四五"时期国家重点出版物出版专项规划项目

BLUE BOOK

智 库 成 果 出 版 与 传 播 平 台

中国社会科学院创新工程学术出版资助项目

意大利蓝皮书
BLUE BOOK OF ITALY

意大利发展报告（2022~2023）*No.4*

ANNUAL DEVELOPMENT REPORT OF ITALY (2022-2023) No.4

俄乌冲突下艰难求"变"的意大利

Italy Struggling to "Change" under the Russia–Ukraine Conflict

中国社会科学院欧洲研究所
研　创／中国社会科学院国际合作局
中国欧洲学会意大利研究分会
主　编／孙彦红

社会科学文献出版社
SOCIAL SCIENCES ACADEMIC PRESS (CHINA)

图书在版编目（CIP）数据

意大利发展报告. 2022-2023：俄乌冲突下艰难求"变"的意大利 / 孙彦红主编. --北京：社会科学文献出版社，2023.6
（意大利蓝皮书）
ISBN 978-7-5228-1909-9

Ⅰ.①意… Ⅱ.①孙… Ⅲ.①经济发展-研究报告-意大利-2022-2023②社会发展-研究报告-意大利-2022-2023 Ⅳ.①F154.64

中国国家版本馆 CIP 数据核字（2023）第 098384 号

意大利蓝皮书

意大利发展报告（2022~2023）
——俄乌冲突下艰难求"变"的意大利

主　　编／孙彦红

出 版 人／王利民
组稿编辑／祝得彬
责任编辑／王晓卿
责任印制／王京美

出　　版／社会科学文献出版社·当代世界出版分社（010）59367004
　　　　　地址：北京市北三环中路甲 29 号院华龙大厦　邮编：100029
　　　　　网址：www. ssap. com. cn
发　　行／社会科学文献出版社（010）59367028
印　　装／三河市东方印刷有限公司

规　　格／开 本：787mm×1092mm　1/16
　　　　　印 张：18　字 数：267 千字
版　　次／2023 年 6 月第 1 版　2023 年 6 月第 1 次印刷
书　　号／ISBN 978-7-5228-1909-9
定　　价／168.00 元

读者服务电话：4008918866

《意大利发展报告（2022~2023）》
编 委 会

主编简介

孙彦红　经济学博士，中国社会科学院欧洲研究所研究员、欧洲经济研究室主任、博士生导师，中国欧洲学会欧洲经济研究分会秘书长、意大利研究分会秘书长，意大利政治、经济与社会研究所（EURISPES）外籍学术委员。主要研究领域为欧洲经济、欧盟及其成员国产业政策、意大利研究、中欧/中意经贸关系。主要学术成果包括：《意大利发展报告（2021~2022）：疫情下"危"中寻"机"的意大利》（主编，2022）《意大利发展报告（2020~2021）：新冠肺炎疫情冲击下的意大利》（主编，2021）、《意大利发展报告（2019~2020）：中国与意大利建交50年》（主编，2020）、《新产业革命与欧盟新产业战略》（专著，2019，入选中国社会科学院创新工程2019年度重大科研成果）、《变化中的意大利》（二主编之一，2017）、《意大利公共债务问题评析》（论文，载《欧洲研究》2015年第2期）、《欧盟产业政策研究》（专著，2012）等。

摘　要

2022年，俄乌冲突成为影响意大利内政外交走向的最重要"变量"。冲突在欧洲引发的能源危机和高通胀令意大利面临新困境，也加速了其或积极或被动地推进一系列变革的进程，在探索中求"新"求"变"成为贯穿2022年的主题。在政治上，一场政治危机过后，由极右翼政党主导的右翼政府上台，并且产生了意大利共和国历史上第一位女总理，凸显了民众求新求变的迫切心态。在经济上，虽然深受高通胀困扰，但是得益于国家复苏与韧性计划的落实，意大利的经济增长表现令人"刮目相看"，似乎正在摆脱持续数十年的低迷。在能源上，意大利"多管齐下"加速摆脱对俄罗斯的能源依赖，在节约能源消耗、寻求替代性能源进口来源地的同时，加快发展可再生能源，促进能源结构转型和经济社会的绿色转型，这也是2022年该国艰难求"变"的一个重要维度。在外交上，梅洛尼右翼政府上台后转向务实，大体上延续了德拉吉政府时期对欧盟政策的主基调，对待俄乌冲突的态度也并未"改弦更张"，与此同时，能源外交成为重头戏。本年度《意大利发展报告》的总报告以"俄乌冲突下艰难求'变'的意大利"为题，从政治、经济、社会、外交、中意关系等方面勾勒出了2022年度意大利的发展概貌，对意大利国内各领域及中意关系发展做出了梳理、剖析与展望。

关于2022年意大利形势，本年度《意大利发展报告》的分报告从政治、经济、社会、外交四个方面做了较为系统的回顾与分析。在国内，德拉吉政府与梅洛尼政府都将应对能源危机和高通胀及其造成的经济社会冲击作为首要任务，经济增长表现较为突出，社会秩序也保持了基本稳定。在外交

上，意大利始终在跨大西洋联盟和北约框架下应对俄乌冲突，同时积极开展能源外交以确保自身能源安全。

在专题篇，本年度《意大利发展报告》重点关注的内容包括 2022 年意大利大选及其结果、近年来意大利数字经济发展与数字战略、意大利智慧城市的发展模式与经验、俄乌冲突下意大利应对能源危机的主要举措、意大利科研质量评价体系的发展与特点、意大利劳动者生育休假法律制度的演进与新发展等。这些主题有的涉及当前意大利国内正发生的重要变化，有的与意大利自身及中意关系的发展前景密切相关，对这些问题的剖析有助于我们更深入地了解当前意大利各领域的发展状况。

2022 年，新冠疫情还未消散，中国与意大利的正常人员往来仍未完全恢复。在俄乌冲突的背景下，中美关系紧张局势进一步加剧，中欧关系也变得更加复杂和不确定，意大利政府对待与中国合作整体上收紧，该趋势仍在持续。尽管如此，两国政界仍保持积极沟通，社会各界努力推进多领域交往，务实合作仍为两国关系的主流，而"中国意大利文化和旅游年"的成功举办是其中的一大亮点。本年度《意大利发展报告》的"中国与意大利"篇共有两篇报告，主题分别涉及 2022 "中国意大利文化和旅游年"和中意冬奥会合作，期待以此加深读者对近几年特别是本年度中意关系与合作重要进展的了解。

总体而言，本年度《意大利发展报告》反映了意大利 2022 年的整体形势、重大事件以及在重要领域的进展，并且对中意关系与合作的新发展做了较为深入的阐述与分析。

最后，需要指出的是，本年度《意大利发展报告》延续中意合作的方式，除了国内学者，还邀请了来自意大利知名智库和大学的多位有分量的专家撰写了三篇报告，以便读者更加全面客观地把握意大利各领域及中意关系的发展。

关键词： 俄乌冲突 梅洛尼政府 高通胀 外交政策 中意关系

目 录 ⎣⟩

Ⅰ 总报告

B.1 俄乌冲突下艰难求"变"的意大利 ……………… 孙彦红 / 001

引 言 …………………………………………………… / 002

一 政府危机导致提前大选，右翼新政府上台 ………… / 003

二 能源危机推动通胀率飙升，经济复苏动力渐失 ………… / 007

三 生活成本危机加剧，政府出台系列救助措施 ………… / 012

四 与欧盟关系保持延续性，积极开展能源外交 ………… / 015

五 互利合作仍为中意关系主流，文化和旅游年成功举办

…………………………………………………………… / 018

结语与展望 ……………………………………………… / 021

Ⅱ 分报告

B.2 意大利政治：大联合政府落幕，右翼政府上台 ………… 石 豆 / 024

B.3 意大利经济：已走出低谷了吗？ ……〔意〕洛伦佐·科多尼奥 / 044

B.4 意大利社会：多措并举力保民生，官民齐动安置难民

…………………………………………………… 臧 宇 秦 珂 / 062

B.5 意大利外交：从德拉吉到梅洛尼的延续与变化

……………………………………… 钟 准 高蒲岳扬 / 080

III 专题篇

B.6 2022年大选：如何看待梅洛尼领导的"右翼偏中"政府
················〔意〕吉安·玛丽亚·法拉 / 095
B.7 近年来意大利数字经济发展与数字战略
··········〔意〕芭芭拉·卡普托 马西米利亚诺·奇波莱塔
马尔科·盖伊 / 105
B.8 意大利智慧城市的发展模式与经验·················曲明珠 / 124
B.9 俄乌冲突下意大利应对能源危机的主要举措评述········孙 硕 / 140
B.10 意大利的科研质量评价体系：发展、作用与特点·····邢建军 / 158
B.11 意大利劳动者生育休假法律制度的演进与新发展······许剑波 / 179

IV 中国与意大利

B.12 2022"中国意大利文化和旅游年"回顾与评析
··············文 铮 赵楚烨 / 194
B.13 中意冬奥会合作的成果与前景········杨 琳 〔意〕博马克 / 207

V 统计资料篇

2022 年大事记 ·················王怡雯 罗意法 / 224
统计数据 ·····················吕成达 / 246

后 记 ·····················孙彦红 / 254

Abstract ·····················/ 256
Contents ·····················/ 259

皮书数据库阅读**使用指南**

总报告

General Report

B.1

俄乌冲突下艰难求"变"的意大利

孙彦红*

摘 要: 2022 年,俄乌冲突成为影响意大利内政外交走向的最重要"变量"。冲突在欧洲引发的能源危机和高通胀令意大利面临新困境,也加速了其或积极或被动地推进一系列变革的进程,在探索中求"新"求"变"成为贯穿这一年的主题。在政治上,一场政治危机过后,由极右翼政党主导的右翼政府上台,并且产生了意大利共和国历史上第一位女总理,凸显了民众求新求变的迫切心态。在经济上,虽然深受高通胀困扰,但是得益于国家复苏与韧性计划的落实,意大利的经济增长表现令人"刮目相看",似乎正在摆脱持续数十年的低迷。在能源上,意大利"多管齐下"加速摆脱对俄能源依赖,在节约能源消耗、寻求替代性能源进口来源地的同时,加快发展可再生能源,促进能源结构转型和经济社会的绿

* 孙彦红,经济学博士,中国社会科学院欧洲研究所研究员、欧洲经济研究室主任,中国欧洲学会欧洲经济研究分会秘书长、意大利研究分会秘书长,主要研究领域为欧洲经济、欧盟及其成员国产业政策、意大利研究、中欧/中意经贸关系。

色转型，这也是 2022 年该国艰难求"变"的一个重要维度。在外交上，梅洛尼右翼政府上台后转向务实，大体上延续了德拉吉政府时期对欧盟政策的主基调，对待俄乌冲突的态度也并未"改弦更张"，与此同时，能源外交成为重头戏。总体而言，虽然中意关系发展遇到不少困难，但务实合作仍是两国关系的主流，而"中国意大利文化和旅游年"的成功举办是其中的一大亮点。

关键词： 俄乌冲突 梅洛尼政府 高通胀 能源危机 中意关系

引 言

对于意大利而言，2022 年又是不同寻常的一年。2 月爆发的俄乌冲突扰乱了意大利经济社会自新冠疫情中复苏的节奏。特别是，欧盟与俄罗斯之间的制裁与反制裁在欧洲引发了严重的能源危机。作为长期以来高度依赖自俄罗斯进口能源的欧盟成员国，意大利不可避免地深受能源危机与通胀飙升的困扰，2022 年全年通胀率（以消费者价格指数衡量）高达 8.1%，创 1985 年以来最大涨幅。能源价格猛涨和高通胀不仅严重抑制了消费与投资活动，拖累了经济复苏，还造成生活成本危机持续加剧，进而引发了大规模的社会抗议。此外，俄乌冲突爆发后十几万乌克兰难民涌入意大利，也令意大利社会承受了较大压力。

上述重重困难在一定程度上加速了意大利或积极或被动地推进一系列变革的进程，在探索中求"新"求"变"成为贯穿 2022 年的主题。在政治领域，历经又一场政治危机后，由欧央行前行长马里奥·德拉吉（Mario Draghi）任总理的技术-大联合政府谢幕，提前大选后由极右翼政党主导的右翼政府上台，并且产生了意大利共和国历史上第一位女总理焦尔吉娅·梅洛尼（Giorgia Meloni），这再次体现出意大利传统政党的衰落，同时凸显了该国民众求新求变的迫切心态。在经济领域，一方面，能源危机和高通胀导致经济增长动力渐失；另一方面，得益于"下一代欧盟"复苏基金支持的国家复苏与韧性计划（PNRR）如期推进，一系列改革与投资项目得以逐步落实，2022 年意大利的经济增速不仅高于欧盟和欧元区的整体水平，而且高于德国和法国。进入 21 世纪以来意大利经济增长有如此"亮眼"表现实属罕见，这在一定程度上表明该国经济正在努力摆脱持续多年的低迷状态。在能源领域，意大利原本高度依赖来自俄罗斯的能源，特别是天然气供应，俄乌冲突爆发后，该国"多管齐下"加速摆脱对俄能源依赖，在节约能源消耗、积极寻找替代性能源进口来源地的同时，加快发展可再生能源，促进能源结构转型和经济社会的绿色转型，这一新变化在 2022 年意大利的内政外交上均有相应体现。

本文将重点从政治、经济、社会、外交等方面梳理分析 2022 年意大利的发展概貌，并对中意关系的发展与新动向做一盘点，最后对 2023 年意大利与中意关系发展做简单展望。

一 政府危机导致提前大选，右翼新政府上台

二战结束后，基于对法西斯时期独裁政治的深刻反思，意大利实行了以多党制为基础的议会共和制。然而，由于议会架构与选举制度设计不尽合理，该国长期深受议会内党派众多、小党林立、党派结盟随意、执政联盟脆弱等问题困扰，历届政府均以寻求党派利益平衡为主要目标，导致政府更迭频繁。[①] 在二战结束至今的七十多年里，平均每届政府执政期仅为约一年，最短的政府甚至仅存续不足一个月。欧债危机以来，随着经济社会矛盾加剧，民粹主义政党和极端政党强势崛起，政党格局趋于"碎片化"，意大利的政府稳定性更趋脆弱。2021 年 2 月，由欧央行前行长德拉吉任总理的技术-大联合政府上台，成立之初得到除极右翼的意大利兄弟党之外的所有主要政党的支持，被称为一届"国家团结政府"。德拉吉政府可谓"励精图

---

① 孙彦红：《意大利公共债务问题评析》，《欧洲研究》2015 年第 2 期。

治"，带领意大利在抗击疫情、复苏经济、稳定社会和积极推行多边主义外交等方面均取得了显著成绩，意大利也因此被英国《经济学人》杂志评选为2021年"年度国家"。即便如此，德拉吉政府仍未能摆脱"短命"的结局，最终于2022年7月宣告解体。

实际上，德拉吉政府之所以获得广泛支持，除德拉吉个人的号召力发挥作用之外，更重要的原因是当时各主要党派均处于内部深度调整期，尚未为大选做好准备。此后，随着2023年春季大选日益临近，各党派的关注点开始转移到选情上来，不再甘心继续"蛰伏"于技术-大联合政府中，"刷存在感"和伺机获取政治利益的动机愈发强烈。[①] 俄乌冲突在意大利引起的连锁反应以及德拉吉政府的应对举措恰好为各党派达成上述目标创造了机会。

早在俄乌冲突爆发前，德拉吉政府内主要党派间的分歧已相当明显。2022年1月，意大利举行了总统选举。选举过程颇具戏剧性，原本呼声极高的德拉吉早早被淘汰，而此前多次表示无意继续第二个任期的总统塞尔焦·马塔雷拉（Sergio Mattarella）再度当选，成为意大利历史上第二位连任总统。[②] 虽然马塔雷拉连任总统确保德拉吉政府暂时稳定，但是他以81岁高龄继续担任国家元首主要是因为各主要党派无法就其他候选人达成共识，而德拉吉在总统选举中"意外出局"也暴露出政府内部已危机四伏。

随着俄乌冲突爆发，如何应对该冲突及其影响成为继防疫措施与疫后复苏政策之后意大利国内政治关注与争论的新焦点，该国政党政治格局也因此发生了显著变化。简言之，对待俄乌冲突的立场分歧导致议会第一大党五星运动正式分裂，而这又成为德拉吉政府最终解体的"催化剂"。

德拉吉虽然是无党派的技术官僚，但是他本人在美国麻省理工学院获得经济学博士学位，毕业后在美国金融界工作长达15年之久，因此在价值观和意识形态方面受美国影响颇深。俄乌冲突爆发前后，在德国、法国试图基于欧洲利益开展相对独立的外交努力之时，与俄罗斯关系长期友好、在能源

---

① 孙彦红：《意大利德拉吉政府解体给欧洲一体化蒙上阴影》，《世界知识》2022年第16期。
② 有关2022年意大利总统选举的详细分析，参见本书石豆《意大利政治：大联合政府落幕，右翼政府上台》。

上高度依赖俄罗斯的意大利在外交斡旋上却并不积极。冲突爆发后，德拉吉坚定追随美国、多次向乌克兰提供军援的做法引起执政联盟内部分人士不满。五星运动和联盟党均多次表示，意大利应积极寻求外交途径解决冲突，而不是继续向乌提供武器。7月初，五星运动内部关于如何解决俄乌冲突的矛盾升级，最终导致支持德拉吉的外交部长迪马约带领50多位议员脱党，该党正式分裂。为扭转分裂后民意持续流失的局面，五星运动党首、前总理孔特以不满政府提出《援助法案》的部分内容为由向德拉吉发出"最后通牒"，并且带领五星运动在该法案的参议院投票中选择弃权，直接引发了政府危机。按照孔特的预期，无论是德拉吉就其提出的具体要求让步，还是五星运动退出政府成为在野党，都会令该党收获更多民众支持。然而，事态的走向表明，孔特严重低估了意大利政党政治的复杂性。在五星运动发难后，中右阵营的联盟党和意大利力量党也很快转变态度，由无条件支持德拉吉转向逼迫其下台以便尽快提前举行大选。技术官僚德拉吉意识到自己已陷入国内政党政治的泥潭，辞职成为唯一的选择。7月21日，总统马塔雷拉正式接受德拉吉的辞呈，之后宣布解散议会，并确定将于9月25日举行提前大选。

　　2022年大选是二战结束以来意大利首次在秋季举行的大选。选举结果显示，以意大利兄弟党、联盟党和意大利力量党为主组建的中右翼联盟在参众两院均赢得稳定多数席位（赢得众议院400个席位中的237个，参议院200个席位中的115个）。在中右翼联盟中，极右翼的意大利兄弟党得票率超过26%，成为议会第一大党；极右翼的联盟党得票率次之；得票率第三的是中右翼的意大利力量党。[1] 10月22日，由中右翼联盟组建的新政府宣誓就职，意大利兄弟党党首梅洛尼成为意大利共和国历史上首位女总理。新政府共有24位部长，其中10人来自意大利兄弟党，5人来自联盟党，5人来自意大利力量党，4人为技术官僚。此外，为平衡党派利益，又设了两个副总理职位，由出任外交与国际合作部长的意大利力量党副党首安东尼奥·

---

[1]　有关意大利2022年大选结果的详情及分析，参见本书石豆《意大利政治：大联合政府落幕，右翼政府上台》。

塔亚尼（Antonio Tajani）和出任基础设施部长的联盟党党首马泰奥·萨尔维尼（Matteo Salvini）兼任。确切而言，梅洛尼政府是一届由极右翼政党主导的右翼政府，也是二战结束以来意大利"最右"的政府。

具体而言，极右翼政党成为本次大选的大赢家主要有三个原因。其一，无论是意大利兄弟党还是联盟党，民粹政党身份是其获得高支持率的首要原因。自2011年被卷入欧债危机起，传统的中右和中左政府均无力解决意大利的经济社会难题，导致底层民众对传统政党越来越不满，转而寄希望于没有执政经历的极端政党和反建制政党。正因为如此，此前自称"非左非右"的反建制政党五星运动和极右翼的联盟党曾先后成为支持率最高的党派，而一直在野的意大利兄弟党在此次大选中又成为选民的"新宠"。其二，意大利人的宗教、家庭观念相对较强，同时意大利又是近年来遭受难民危机冲击最严重的欧洲国家之一，因此极右翼政党提出的回归家庭与传统价值观、反移民、维护意大利主权和国家利益等主张容易引起部分民众共鸣。其三，面对经济社会困境，个性鲜明的政治强人更容易吸引民众的注意力。事实上，五星运动、联盟党和意大利兄弟党相继成为支持率最高的党派，都与其领导人的鲜明个性以及敢于批判传统政党与主流政治叙事的大胆言论分不开。可以说，极右翼政党在本届大选中胜出，更多地体现了民众对政治现状的失望与无奈。此外，本届大选投票率仅为63.91%，比上届大选低了约9个百分点，也从侧面体现出民众对于政治的麻木。①

值得注意的是，由于意大利兄弟党的渊源可追溯至带有法西斯党色彩的意大利社会运动党，梅洛尼在大选前被部分媒体称为"女版墨索里尼"。该党在2018年大选时仅获得4.3%的选票，而在不到五年时间内跃升为议会第一大党，引起了国际社会对意大利民意"右转"的关注和担忧。实际上，中右翼联盟赢得大选的主要原因并非民意"右转"，而是中左翼政党的严重分裂。从大选结果看，主要中左翼政党的得票率加总高于中右翼政党，但是由于中左翼各党派之间的矛盾和分歧错综复杂，短时间内无法弥合，最终未

---

① 孙彦红：《意大利右翼胜选为欧洲一体化蒙上新阴影》，《当代世界》2022年第10期。

能成功组建起竞选联盟，只能接受中右翼联盟获胜的结果。① 此外，由一位年仅 45 岁、执政经验不丰富的女性担任总理，也多少符合当前意大利民众求新求变的迫切心态。

整体上看，德拉吉政府在经济、社会、外交等各领域取得的成绩为梅洛尼政府执政打下了较为稳固的基础。梅洛尼政府在议会拥有稳定多数，而且在大选后的几个月内意大利兄弟党的民意支持率呈持续上升势头。虽然意大利兄弟党支持率的提高主要来自联盟党支持率的流失，未来这两党间的关系可能会出现紧张，甚至会威胁政府稳定，但是截至 2022 年底，政府内部三大党派仍相当团结。未来，梅洛尼能否继续平衡好执政联盟内各党派利益，并且在解决意大利经济社会问题、满足民众对"新意"的期待上有积极作为，还需跟踪观察。

二　能源危机推动通胀率飙升，经济复苏动力渐失

2021 年，受到疫情缓解后居民消费增长、国家复苏与韧性计划带动投资增长和全球经济复苏背景下出口增长的拉动，意大利经济实现了较强劲的复苏，经济增长率高达 6.5%，创 1976 年以来最大增幅。与此同时，全球供应链紧张和能源价格上涨导致意大利的通胀率快速走高，2021 年 12 月达到 3.9%，大大超过了欧央行设定的 2% 的通胀率目标。2022 年 2 月俄乌冲突爆发后，意大利的通胀率走势受到严重扰动，不仅未能回落，反而继续一路飙升，成为影响 2022 年该国经济形势的最重要因素。

随着俄乌冲突爆发后欧美国家与俄罗斯之间的制裁与反制措施不断升级，全球供应链更趋紧张，能源和粮食价格持续上涨，而能源和粮食都高度依赖进口的欧洲则经历了更严重的价格冲击。2022 年 3 月，欧盟委员会发布了 REpower EU 计划，提出将于 2022 年内减少 2/3 的自俄天然气进口，至

---

① 有关当前意大利中左翼政党分裂的详细分析，参见本书〔意〕吉安·玛丽亚·法拉《2022年大选：如何看待梅洛尼领导的"右翼偏中"政府》。

2027年完全摆脱对俄能源依赖。5月，欧盟进一步公布了该计划的具体内容和落实措施。① 为配合这一计划落实，欧盟成员国大幅减少自俄罗斯的能源进口，很多国家出现了能源短缺、能源价格高企的局面，陷入了能源危机。意大利对俄罗斯的能源依赖度高于欧盟整体水平，在能源危机中显得更为脆弱。俄乌冲突爆发前，俄罗斯是意大利进口能源的主要来源地。2020年，意大利的天然气消费有90%源自进口，其中约一半来自俄罗斯（占总进口量的45%），同时俄罗斯还是意大利第四大石油进口来源国。② 2022年10月，意大利自俄罗斯进口天然气占比已由45%降至10%。减少自俄罗斯进口天然气的过程伴随着意大利国内能源价格的持续飙升，并且成为推动通胀率走高的首要因素。2022年2~10月，意大利国内能源价格的同比涨幅由45.9%升至71.1%，非加工食品价格的同比涨幅由6.9%升至12.9%，能源和食品价格飙升又推动其他部门价格走高，共同导致意大利的通胀率由5.7%一路猛涨至11.8%，创下1984年3月以来的最高水平。2022年11月和12月，受到能源和粮食价格增幅略有回落的影响，意大利的通胀率分别为11.8%和11.6%，开始企稳并小幅下降，但是考虑到2021年同期的价格水平相对较高这一基数效应，2022年末的价格水平仍处于历史高位。此外，剔除能源和非加工食品价格变化之后的核心通胀率仍在攀升，至12月已达到5.8%，比2022年2月的1.7%高出4.1个百分点。这表明能源和食品价格上涨仍在向其他部门传导，价格水平整体向上的趋势并未发生根本性逆转。2022年全年，意大利的通胀率高达8.1%，为1985年以来最高水平。③

　　能源危机和高通胀必然会在一定程度上抑制经济活动。从消费上看，随着通胀率持续走高，居民收入和储蓄的实际价值逐步受到侵蚀，迫使民众逐步压缩消费开支。2022年10月，消费者信心指数降至90.1，甚至低于2020

---

① European Council, "REPowerEU: Energy Policy in EU Countries' Recovery and Resilience Plans", https://www.consilium.europa.eu/en/policies/eu-recovery-plan/repowereu，最后访问日期：2022年12月20日。

② 本文中有关意大利与俄罗斯能源进出口的数据来自意大利国家统计局（ISTAT）网站，www.istat.it。

③ 本文中有关意大利通货膨胀率的数据来自意大利国家统计局（ISTAT）网站，www.istat.it。

年新冠疫情暴发初期的水平。从投资上看，能源价格飞涨并逐步传导至下游各部门和各产业环节，大幅提升了企业生产运营成本，严重限制了企业的投资能力。2022年下半年起，意大利工业产值进入下降通道，11月更是同比大幅下滑了3.4%。2022年2~12月，商业信心指数由112.8逐步降至101.5（10月曾降至100.2），接近荣枯线的临界值；同期制造业采购经理人指数（PMI）则由59.4大幅降至48.6（10月曾降至46.5），已连续数月低于枯荣线，投资增长前景不容乐观。从净出口上看，受到能源和原材料进口价格飞涨、制造业成本飙升以及外部需求增长放缓等因素影响，2022年1~10月，意大利的对外贸易均为逆差，为近十年来罕见，其中8月逆差高达95亿欧元；11月和12月，对外贸易转为顺差，但每月顺差仅为约10亿欧元。2022年意大利的对外贸易逆差共计为310亿欧元，而2021年则为顺差403亿欧元。若剔除能源部门，2022年意大利对外贸易实现了802亿欧元的顺差，足见能源价格对进出口影响之大。①

在能源危机和高通胀的背景下，2022年意大利经济仍实现了3.9%的增长。这一增速低于年初意大利政府的预期（4.7%），但是高于欧盟和欧元区的整体水平，也显著高于德国（1.9%）和法国（2.6%）。意大利经济增长之所以表现如此突出，除了取消疫情防控措施这个在欧洲具有普遍性的原因之外，由"下一代欧盟"复苏基金下的复苏与韧性工具（RRF）支持的国家复苏与韧性计划如期落实是最重要的推动因素。意大利的国家复苏与韧性计划于2021年7月正式获欧盟批准，总计2221亿欧元，包括1915亿欧元欧盟资金和306亿欧元本国补充资金，实施期至2026年8月。2021年8月，意大利收到来自欧盟的249亿欧元预付款，该计划正式实施。该计划共包括58个改革项目和132个投资项目，这些项目的落实是欧盟继续拨款的前提。2022年4月和9月，鉴于意大利德拉吉政府较好地完成了既定的改革与投资任务，欧盟分别向其拨付了第一笔和第二笔资金，各210亿欧元。

---

① 本文中有关意大利消费、投资、对外贸易的各项指标数据均来自意大利国家统计局（ISTAT）网站，www.istat.it。

梅洛尼政府上台后至 2022 年底，意大利完成了计划中的第三批项目目标，包括在行业竞争、司法、教育等领域的改革和在网络安全、可再生资源、铁路、旅游、城市改造、社会政策方面的投资，并于 2023 年初向欧盟申请第三笔资金。改革旨在提高国家体系的运行效率，而公共投资将直接带动经济增长，同时发挥引导和激励私人投资的作用。根据欧盟委员会的估算，在 2026 年之前，国家复苏与韧性计划的落实将助力意大利经济每年额外增长 1.5~2.5 个百分点。① 意大利是"下一代欧盟"复苏基金的最大受益国，推进结构性改革和进行大规模公共投资无疑为长期低迷的意大利经济提供了重获"新生"的难得机遇，其对经济增长的促进作用已经显现。

还需要看到的是，2022 年相对较高的经济增速并不能掩盖意大利经济复苏动力逐步弱化的事实。受到高通胀的影响，2022 年第一至第四季度，意大利经济的季度同比增长率一路走低，依次为 5.9%、4.7%、2.6% 和 1.7%。② 特别是，第四季度经济环比下滑了 0.1%，在连续七个季度增长后再次出现萎缩，表明经济增长正在失去动力。考虑到 2022 年末意大利的核心通胀率仍处于上升态势，通胀对消费、投资和出口的抑制作用短期内难以消除。此外，为遏制通胀，欧央行开始收紧货币政策，自 2022 年 7 月至年底连续四次加息，累计加息幅度高达 250 个基点。如此密集地大幅加息必然会对经济活动形成抑制效应，不利于经济增长。

值得一提的是，欧央行收紧货币政策以及梅洛尼右翼政府上台一度令国际金融市场对意大利的公共债务状况颇为关注和担忧。2020 年，受到新冠疫情冲击及政府救助措施影响，意大利公共债务与 GDP 之比猛升至 155.6%，比 2019 年大幅飙升了 21 个百分点。2021 年，得益于经济复苏强劲，公共债务与 GDP 之比小幅回落至 150.8%。2022 年，虽然意大利政府

---

① 本文有关意大利国家复苏与韧性计划的数据和进展情况来自欧盟委员会官网，https://commission. europa. eu/business-economy-euro/economic-recovery/recovery-and-resilience-facility/italys-recovery-and-resilience-plan_en#payments，最后访问日期：2022 年 12 月 31 日。

② 本文中有关意大利季度经济增长的数据来自意大利国家统计局（ISTAT）网站，www. istat. it。

用于应对能源危机的公共开支大幅增加,但是经济增长表现较好,因此截至年末其公共债务与 GDP 之比并未提升,反而小幅降至 150%。① 即便如此,意大利的公共债务规模仍远高于疫情之前。考虑到收紧货币政策会推高意大利等高债务成员国的再融资利率,进而增加债务市场动荡风险,欧央行在2022 年 7 月宣布加息的同时推出反金融碎片化工具,即传导保护工具(TPI)。通过该工具,欧央行可购买欧元区成员国期限为 1~10 年的公共部门债券,必要时可购买私人部门债券。此外,梅洛尼政府上台后明确表示将遵守欧盟财政纪律,给国际金融市场吃了"定心丸"。梅洛尼政府于 2022年 11 月通过的 2023 年预算案很快获得了欧盟批准。欧盟委员会认为该预算案是谨慎且负责任的,这表明梅洛尼政府确实在兑现上述承诺。欧央行进一步充实工具箱以及梅洛尼政府在公共财政问题上的理性态度大大降低了国际金融市场的风险预期,意大利十年期国债收益率与德国的利差在 2022 年 9月升至 261.5 个基点后开始回落,至年底时降至约 200 个基点,低于 2020年 4 月新冠疫情暴发时的水平,更远低于 2011~2012 年欧债危机期间的水平。由此可见,短期内意大利爆发债务危机的风险并不高。然而,未来如何逐步削减公共债务仍然是该国政府要着力应对的难题。

2022 年,意大利加速推进绿色转型颇值得关注,也是其艰难求"变"的一个重要方面。在 2021 年出台的国家复苏与韧性计划中,意大利政府明确将推进绿色转型作为首要任务,计划投入全部资金的 37%,具体内容包括提高能效、发展循环经济、发展可再生能源等。2022 年俄乌冲突爆发后,意大利政府提出将于 2024 年下半年摆脱对俄能源依赖,加快绿色转型变得更为紧迫。对此,梅洛尼政府与此前德拉吉政府的认识高度一致。德拉吉政府时期出台了诸多促进节能的举措,包括减少夏季空调使用、缩短冬季取暖时间等。梅洛尼政府上台后则提出意大利在未来六年内将可再生能源发电装机容量提升至 7000万千瓦,其中氢能发电、水电、太阳能光伏发电和风电将得到重点支持。

① "Public debt 2,762 bn, 150% of GDP, at end of 2022 in Italy", *kazinform*, 15 February 2023, https://www.inform.kz/en/public-debt-2-762-bn-150-of-gdp-at-end-of-2022-in-italy_a4036218,最后访问日期:2023 年 2 月 20 日。

三 生活成本危机加剧，政府出台系列救助措施

2022 年，能源危机和通胀率飙升在意大利造成了严重的生活成本危机，进而引发了此起彼伏的社会抗议，而政府出台的一系列民生救助措施取得了较好成效，维护了社会秩序的基本稳定。

2022 年第一季度，虽然通胀率已进入快速上升通道，但是随着在新冠疫情"封锁"期间形成的额外储蓄的继续释放，同时受到意大利政府年初出台的家庭收入支持措施的扶持，意大利的居民可支配收入并未减少，因此消费整体表现较好，环比上升了 2.5%。随着通胀率持续走高和能源危机加剧，居民收入的实际购买力在 2022 年中时不再增长，并且在进入下半年后开始明显缩水。此外，高额能源支出及相关消费的增长对其他消费支出的"挤出效应"也越来越显著，这必然导致生活水平的下降。6~10 月，意大利居民购买的零售类商品数量连续 5 个月减少。1~10 月，全社会零售总额同比增长 1.3%，销售的商品数量却锐减了 6.3%。[①] 根据相关估算，2022 年下半年，平均每个意大利家庭的实际购买力缩水了 470 欧元。[②] 与此同时，消费者信心指数一路走低，由 1 月的 114.2 降至 10 月的 90.1，甚至低于2020 年新冠疫情暴发后全国"封锁"时的水平，可见民众对于经济社会前景的悲观程度。

2022 年下半年，随着生活成本危机愈演愈烈，意大利爆发了多起大规模的社会抗议活动。10 月初，意大利基层工会联合会（USB）组织民众在十多个城市举行游行示威，抗议能源价格和生活成本大幅上涨，同时抗议能源公司和金融机构在涨价过程中侵害民众利益。10 月 16 日，为配合欧洲其

---

① "Commercio: Istat, vendite ottobre −0,4% mese, +1,3% anno", *ANSA*, 7 dicembre 2022, https://www.ansa.it/sito/notizie/economia/2022/12/07/commercio-istat-vendite-ottobre-04-mese-13-anno_2cc39c37-871f-472d-9280-25cd13fe3ec0.html，最后访问日期：2022 年 12 月 10 日。

② Confesercenti, "Confesercenti, inflazione brucia 12 miliardi di potere d'acquisto", 9 ottobre 2022, https://www.confesercenti.it/blog/consumi-confesercenti-caro-energia-ed-inflazione-bruciano-il-potere-dacquisto-delle-famiglie/，最后访问日期：2022 年 12 月 10 日。

他国家工会的行动，意大利全国总工会在首都罗马组织民众举行大规模集会游行，反对高昂的生活成本，反对政府向乌克兰运送武器进而导致俄乌冲突时间延长，部分游行人士甚至反对意大利继续留在北约内。① 12月3日，随着国内通胀率飙升至接近12%，超过10万名工人和学生涌上罗马街头游行示威。抗议者要求加薪以应对通胀、呼吁改善工作条件、要求政府采取措施遏制物价上涨，还要求政府冻结军事开支、停止向乌克兰运送武器。② 多份民调结果显示，越来越多的意大利民众质疑政府继续向乌克兰运送武器的行为。到2022年11月，仅有不到40%的意大利民众表示支持政府继续对乌提供军事援助，这一比例几乎为欧盟国家中最低。③

为缓冲能源危机和高通胀对民众生活的冲击，避免出现大规模社会动荡，2022年意大利政府相继出台了多轮社会救助措施。年初，为应对已处于高位的能源价格和通胀，德拉吉政府在2022年公共预算内专门拨款32亿欧元，用于减免部分居民用能源费用。随着俄乌冲突爆发后能源价格在短时间内猛涨，民众生活成本骤升，政府于3月出台《能源法令》（Decreto Energia），在年度公共预算之外再拨约10亿欧元，用于应对第二季度能源价格飙升对家庭和社会的冲击。随着俄乌冲突持续升级，意大利国内能源价格继续攀升，政府又于5月、8月和9月相继出台三部《援助法令》（Decreto Aiuti），不断更新升级应对能源危机的举措。在三部《援助法令》的举措中，都有针对经济困难家庭的电气津贴，每个受助家庭可领取141~236欧元不等的电费津贴和205~816欧元不等的天然气费津贴，每户限领一次，有效期至2022年底。此外，系列《援助法令》还规定向部分困难家庭

---

① "Italians Protest US-led NATO Membership as Energy Crisis Spirals", *Press TV*, 18 October 2022, https：//www. presstv. ir/Detail/2022/10/18/691132/Italians-protest-membership-NATO-，最后访问日期：2022年12月31日。

② "Thousands of Italians Protest High Cost of Living, Weapons Sale to Ukraine", *Press TV*, 4 December 2022, https：//www. presstv. ir/Detail/2022/12/04/693878/Italian-protest-against-high-cost-living-supporting- Ukraine-war，最后访问日期：2022年12月31日。

③ "Italy Has Been a Strong Supporter of Ukraine——but That is Starting to Change", *npr*, 10 November 2022, https：//www. npr. org/2022/11/10/1135146431/italy-ukraine-support-military-aid-russia-war，最后访问日期：2022年12月31日。

和受能源危机冲击严重的行业雇员发放金额不等的一次性津贴，以及向部分困难民众发放公交代金券等津贴。① 总体上看，上述救助措施取得了较好成效，2022年上半年居民可支配收入的购买力并未下降，居民消费水平大体得以维持，而2022年底此起彼伏的游行示威也并未演变为大规模的社会动荡。

2022年，得益于取消疫情防控措施后经济活动的恢复以及国家复苏与韧性计划下大规模公共投资活动的刺激，意大利的就业状况得到显著改善。1~11月，就业率由59.4%稳步升至60.5%，达到2004年以来的最高水平。与此同时，就业人数也稳步增长，已大体恢复到了2019年的水平。相应的，失业率稳步下降，由1月的8.7%降至10月的7.8%，下降了0.9个百分点，青年失业率也创十年来新低。② 这表明意大利的劳动力市场正在恢复活力，而就业率的好转无疑会部分地抵消高通胀对居民收入的侵蚀，进而有助于社会稳定。

在俄乌冲突的背景下，安置乌克兰难民成为意大利政府与社会各界面临的新挑战。由于长期以来意大利是旅居欧盟的乌克兰移民的主要目的地，其境内分布着欧盟规模最大的乌克兰移民群体，因此冲突爆发后意大利成为乌克兰难民的重要避难所。短期内大量难民的涌入给意大利社会造成较大压力。2月28日，意大利政府宣布全国进入"紧急状态"，由民防局牵头开展难民接收工作。意大利接收难民主要通过三个途径：由政府主导的接待机构负责接收；由领取政府补贴的第三方机构协助接收；由早前到意大利的乌克兰难民亲友协助安置。③ 总体而言，在为乌克兰难民提供临时避难居所方面，意大利克服重重困难，取得了较好成效，但是在帮助难民解决就业、融入意大利社会方面还面临诸多障碍。

① 有关2022年意大利政府出台的一系列民生扶持措施，参见本书臧宇、秦珂《意大利社会：多措并举力保民生，官民齐动安置难民》。
② 本文中有关意大利就业率与失业率的数据来自意大利国家统计局（ISTAT）网站，www.istat.it。
③ 有关2022年意大利政府与社会各界安置乌克兰难民的详细分析，参见本书臧宇、秦珂《意大利社会：多措并举力保民生，官民齐动安置难民》。

四　与欧盟关系保持延续性，积极开展能源外交

2022 年中，意大利与欧盟关系一度引起国际社会的关注和金融市场的担忧。自德拉吉政府上台后，意大利全面回归欧盟主流政策框架，积极改善与法国、德国关系，国家复苏与韧性计划顺利获欧盟批准，并于 2021 年 7 月和 2022 年 4 月相继获得来自欧盟的预付款和第一笔拨款。考虑到意大利在欧盟内的经济政治分量，其与欧盟的关系在经历 2018～2019 年"黄绿政府"时期的低谷后全面"正常化"，重新成为欧洲一体化的坚定支持力量，大大提振了国际社会和金融市场对欧洲一体化和欧洲经济前景的信心。德拉吉政府解体后，鉴于中右翼联盟更为团结，在民调支持率上占优，大选中以显著优势获胜，而中右翼联盟中得票率最高的两个政党又都是持疑欧立场的极右翼政党，梅洛尼政府与欧盟关系的前景一时间成为热点。自 7 月中旬政府危机至 9 月 26 日大选结果出炉，意大利十年期国债收益率与德国的利差快速攀升了 45 个基点，达到 261.5 个基点，高于 2020 年 4 月新冠疫情暴发后的高点。

然而，梅洛尼政府上台后，意大利和欧盟的关系与德拉吉政府时期相比保持了较好的延续性，并未出现逆转。首先，在公共财政和结构性改革方面，梅洛尼在大选期间即明确表示将遵守欧盟财政纪律，上任后也确实大体上延续了德拉吉政府的政策。尤其是，在梅洛尼政府制定的 2023 年预算案中，德拉吉政府时期推出的绝大部分措施得以保留，而用于兑现梅洛尼在大选中提出的减税和增加养老金支出等承诺的资金比例非常低。正因为如此，这份预算案被普遍认为是负责任的和谨慎的，也很快获得了欧盟批准。此外，2022 年 4 月至年底，意大利如期完成了国家复苏与韧性计划下的 55 个改革与投资项目，已于 2023 年初向欧盟提出第三笔拨款申请。其次，在移民难民问题上，梅洛尼政府中的意大利兄弟党和联盟党的态度均变得更温和，基本上放弃了此前曾提出的严格限制难民船在意大利港口靠岸、关停难民点等极端主张，而是更加理性地呼吁欧盟尽快完善接收难民的统一政策框

架，以减轻难民涌入对意大利造成的冲击。2022年11月，梅洛尼上任后出访的第一站就选择了欧盟总部，而且与欧盟三大机构领导人会谈的气氛也较为融洽，为意大利新政府与欧盟的关系奠定了主基调。

梅洛尼政府内的意大利兄弟党和联盟党对待欧盟的态度之所以转向温和，主要可归结为以下几个原因。首先，英国脱欧的"前车之鉴"令意大利民粹政党认识到，留在欧盟内更符合意大利的国家利益。意大利兄弟党在竞选时提出意大利应在欧洲和世界舞台上扮演更重要的角色，留在欧盟内显然更有助于实现这一目标。其次，意大利是"下一代欧盟"复苏基金的最大受益国，陆续获得的欧盟拨款对其经济增长起到重要的拉动作用，梅洛尼政府对此有充分认识，因而转而重视与欧盟保持良性互动。最后，意大利兄弟党和联盟党在议会两院的席位合计均未超过半数，这样支持欧洲一体化的意大利力量党可在重要议题上对其形成有效牵制，而该党副党首塔亚尼出任副总理兼外交与国际合作部长也决定了意大利与欧盟的关系将保持较强的延续性。

需要看到的是，虽然梅洛尼政府在与欧盟的关系上并未"另起炉灶"，但梅洛尼本人仍是欧洲议会中持疑欧立场的"欧洲保守派和改革主义者"党团（ECR）的主席，而联盟党所在的欧洲议会党团"身份与民主"则是属于疑欧的极右翼党团，意大利兄弟党和联盟党的疑欧"底色"并未褪去。在欧盟颇为看重的所谓"主流民主价值观"上，这两个政党也持保留态度。就在意大利大选前的2022年9月15日，在欧洲议会对"匈牙利不是'完全民主国家'"进行表决时，意大利兄弟党和联盟党的欧洲议会议员均投了反对票，这令欧盟层面深感不安。换言之，梅洛尼政府上台后对欧盟态度明显缓和更多是出于务实的考虑，并非完全认同欧盟的主流理念。中长期而言，梅洛尼政府是否会在公共财政、结构性改革、移民等问题上与欧盟保持高度一致仍存在不确定性。

如果将视野放到欧洲之外，那么应对俄乌冲突无疑是2022年意大利外交的最重要事项。意大利与俄罗斯长期保持着相对友好的关系，甚至被认为是俄"在欧洲最重要的朋友"，但是俄乌冲突爆发后，意大利并未顾及"昔日情谊"，而是完全在跨大西洋联盟和北约框架下应对。简言之，俄乌冲突爆发后意大利德拉吉政府的立场可归结为四个方面：第一，紧密团结在欧美跨大西洋联盟框架内，坚决支持制裁俄罗斯，向乌克兰提供经济、人道主义以及军事援助；第二，口头上表示要保持外交对话，实际上对俄罗斯和乌克兰几乎完全分别诉诸经济制裁和军事援助；第三，支持乌克兰加入欧盟；第四，支持加强欧盟安全与防务政策。考虑到意大利长期秉承灵活、现实、务实的外交政策，加之意俄两国长期友好、经济联系密切，意大利对俄持极强硬立场确实有些"反常"。这一方面可归因为德拉吉本人颇为亲美，另一方面是因为德拉吉政府也有以"另类"方式在俄乌冲突中发挥作用进而凸显本国在欧盟内影响力的考虑。不过，德拉吉政府"剑走偏锋"的做法似乎并未取得明显效果。梅洛尼政府上台后至2022年底，意大利对待俄乌冲突的立场整体上并未"改弦更张"，但值得注意的是，中右翼联盟内的联盟党党首萨尔维尼曾多次批评欧美向乌克兰运送武器的做法无助于和平谈判，而意大利力量党党首贝卢斯科尼也多次发表同情俄罗斯甚至对乌克兰总统泽连斯基不满的言论。梅洛尼本人虽然支持向乌克兰运送武器，但也提出意大利应在欧盟和北约中保持一定的独立性以维护本国利益。鉴于此，加之意大利国内民众反对继续向乌克兰运送武器的呼声持续高涨，未来梅洛尼政府对待俄乌冲突的态度是否会发生变化，还需继续观察。

2022年，为确保本国能源安全，意大利加快寻求替代俄罗斯的能源进口来源地，能源外交因此成为该国外交的"重头戏"。自3月起，意大利领导人和能源公司总裁密集出访北非国家，旨在加强与相关国家在能源方面的联系。在德拉吉政府时期，意大利先后与埃及、阿尔及利亚、安哥拉、刚果等国签署了天然气采购协议和意向书，同时投资建设两座浮式生产储卸油船（FSRU）以加强储存进口液化天然气的能力。梅洛尼政府同样高度重视应对能源危机，提出意大利有意成为地中海地区的天然气枢纽，致力于连接地中海南岸与欧洲其他地区的天然气管道和电力线，将来自阿塞拜疆、利比亚和阿尔及利亚的天然气经由意大利输往欧洲。相关研究报告显示，2022年上半年，阿尔及利亚已取代俄罗斯成为意大利最大的天然气供应国，同期连接阿塞拜疆与意大利的跨亚得里亚海天然气管道（TAP）对意大利的输气量以及

意大利的液化天然气进口量均显著增长。① 可以说，能源进口来源地的大转向也是 2022 年意大利艰难求"变"的核心内容之一，这在一定程度上填补了能源缺口，但也因此抬高了能源成本，未来意大利的能源进口来源地分布将稳定在何种状态、对其经济社会的影响如何，是值得跟踪研究的重要问题。

五 互利合作仍为中意关系主流，文化和旅游年成功举办

2022 年，新冠疫情尚未散去，中国与意大利的正常人员往来仍未完全恢复。在俄乌冲突的背景下，中美关系紧张进一步加剧，中欧关系也变得更加复杂和不确定，意大利政府对待与中国合作的态度整体收紧的趋势仍在持续。尽管如此，两国政界保持积极沟通，经济社会各界努力推进多领域交往，务实合作仍为两国关系的主流。特别是，2022 年是"中国意大利文化和旅游年"，两国在文化交流与合作方面取得的成绩可圈可点。

自 2008 年国际金融危机爆发至新冠大流行前，意大利经济始终低迷不振，又受到欧盟严格财政纪律的限制，因此开始"向东看"，将中国视为其提振经济的重要外部拉动力量。因此，自蒙蒂技术政府时期开始，意大利历届政府均重视对华合作，在对美关系和对华关系之间寻求平衡逐步成为意大利对外政策的重要取向，这也充分体现了该国长期秉承的务实、灵活的外交原则。2019 年，意大利顶住来自美国的压力与中国签署关于共同推进"一带一路"建设的谅解备忘录就是这种平衡政策的体现。然而，此后，随着国内外形势发生剧烈变化，意大利政府在对美关系与对华关系上做出调整，转为更多向美国靠拢。具体而言，三个方面的原因促成了这种转变：第一，新冠疫情暴发后，中美关系紧张加剧，而美国拜登政府上台后更是极力拉拢欧洲盟友联合"抗华"，同时对中国极限施压，令欧洲越来越忌惮与中国合

① 有关 2022 年意大利开展能源外交的详细分析，参见本书钟准、高蒲岳扬《意大利外交：从德拉吉到梅洛尼的延续与变化》和孙硕《俄乌冲突下意大利应对能源危机的主要举措评述》。

作；第二，德拉吉本人在价值观和意识形态方面受美国影响颇深；第三，2020 年 7 月，意大利成为"下一代欧盟"复苏基金的最大受益国，并且在 2021 年 8 月之后陆续拿到了多笔欧盟拨款，这使其对中国资金的需求不再迫切。在此背景下，德拉吉政府对待与中国合作的态度趋于保守，对与中国在"一带一路"框架下合作的态度转"冷"，还多次动用"黄金权力"法令否决来自中国企业的并购申请。2022 年 10 月上台的梅洛尼政府对华态度总体上延续了前任政府的基调。虽然梅洛尼此前曾多次发表针对中国的负面言论，还在大选前会见了"驻意大利台北代表处"代表，但是在上台后其对华态度转向更加务实，仍然重视与华合作。自俄乌冲突爆发至 2022 年底，意大利政府虽强硬反俄，但在处理对华关系上整体较为谨慎。当前意大利政商各界仍高度重视对华经贸往来，同时重视与中国在应对气候变化、支持多边主义等全球性问题上的沟通与合作。

2022 年，中意两国高层保持了积极沟通，为稳定双边关系大局、促进双边务实合作发挥了引领作用。2 月 4 日，中国国家主席习近平致电马塔雷拉，祝贺他当选连任意大利共和国总统。习近平指出："我高度重视中意关系发展，愿同马塔雷拉总统一道努力，深化两国政治互信，拓展各领域交流合作，共同推动中意关系不断取得新成果，造福两国和两国人民。"[1] 4 月 12 日，中国全国政协主席汪洋以视频方式会见意大利参议长卡塞拉蒂。汪洋表示，习近平主席同马塔雷拉总统、德拉吉总理保持密切沟通，为中意关系发展做出指引和规划。中方愿同意方落实好两国领导人达成的重要共识，深挖合作潜力，共建"一带一路"，深化人文交流，续写冬奥友谊，推动中意全面战略伙伴关系取得更大发展。卡塞拉蒂表示，意方愿同中方深化友谊、扩大合作，积极支持和推动欧中关系发展。[2] 11 月 16 日，中国国家主席习近平在印度尼西亚巴厘岛参加二十国集团领导人峰会期间会见意大利总

---

[1] 《习近平致电祝贺马塔雷拉当选连任意大利总统》，新华网，2022 年 2 月 6 日，http://www.xinhuanet.com/world/2022-02/06/c_1128336273.htm，最后访问日期：2022 年 12 月 20 日。

[2] 《汪洋会见意大利参议长卡塞拉蒂》，中国新闻网，2022 年 4 月 12 日，http://www.chinanews.com.cn/gn/2022/04-12/9727182.shtml，最后访问日期：2022 年 12 月 20 日。

理梅洛尼。习近平指出，中意同为文明古国，互为全面战略伙伴，拥有广泛共同利益和深厚合作基础。双方应该传承和发扬友好传统，理解和支持彼此核心利益和重大关切，求同存异，扩大共识，为不同社会制度、不同文化背景国家发展关系树立表率。梅洛尼表示，意方不赞同阵营对抗，认为各国应该尊重彼此差异和分歧，加强团结，致力于对话交流，增进相互了解。中国是世界大国，亚洲在全球中的分量越来越重，意方希望同中国在联合国、二十国集团等框架下密切协作，更加有效应对当今世界面临的各种紧迫挑战。① 11 月 21 日，中国国务委员兼外长王毅同意大利副总理兼外长塔亚尼通电话，讨论了加强双边合作的意义与方向，还就乌克兰危机交换了意见。

2022 年，中意双边贸易额同比实现了 5.4% 的增长，再创新高，表明两国经济仍高度互补，同时经贸合作仍具强劲韧性。值得注意的是，受到俄乌冲突对全球供应链不对称冲击的影响，2022 年中意双向贸易呈现新趋势，即中国对意大利出口额同比保持较高增长率（16.8%），但是自意大利进口额同比大幅下滑了 11%。② 能源价格飙升和高通胀导致意大利企业的生产运营成本猛增，出口竞争力下降，是中国自意大利进口额显著下降的主要原因。实际上，2022 年意大利的对外贸易逆差整体上呈扩大趋势，不仅对中国的出口额下降，对其他主要贸易伙伴的出口额也在下滑。即便如此，2022 年中国自意大利进口额仍明显高于 2020 年的水平，表明两国经济的互补性仍较为稳固。

2022 年，"中国意大利文化和旅游年"（以下简称"文旅年"）的成功举办是两国交流与合作的一大亮点。共同举办文旅年是 2019 年习近平主席对意大利进行国事访问期间与意大利总统马塔雷拉达成的重要共识。2020 年 1 月，文旅年在罗马隆重开幕，但随后新冠疫情暴发，双方商定将文旅年顺延至 2022 年举办。中意两个文明古国和文化大国共办文旅年，体现出双

---

① 《习近平会见意大利总理梅洛尼》，中国政府网站，2022 年 11 月 17 日，http://www.gov.cn/xinwen/2022-11/17/content_5727359.htm，最后访问日期：2022 年 12 月 20 日。

② 本文涉及的中意双边贸易数据来自中华人民共和国商务部网站，https://countryreport.mofcom.gov.cn/。

方对加强彼此间文化交流与合作的高度重视。在文旅年的框架下，两国联合举办了一系列精彩纷呈的文化活动。其中最重要的活动当属在中国国家博物馆举办的"意大利之源——古罗马文明展"。在该展览中，中国观众能够欣赏到从公元前4世纪至公元1世纪古罗马辉煌的文化遗产。意大利20多家博物馆和文化主管部门参与了展览的策划与筹备，共提供了500余件兼具历史意义、艺术价值和文化内涵的珍贵展品，其中包括多件意大利的国宝级文物。值得一提的是，文旅年之所以能在短时间内在两国十余座城市成功举办大量精彩活动，中意文化合作机制发挥的关键作用不容低估。该机制创立于2016年，无论从规模还是创意而言，都属世界罕见，凸显了中意两国开展文化交流的独特优势与强烈意愿。①

此外，2022年北京成功举办了冬奥会，2026年冬奥会将由意大利的米兰和科尔蒂纳丹佩佐举办。在中意两国政府的共同支持下，双方还在冬奥会相关领域进行了密切合作。总体而言，虽然受到疫情、中美关系持续紧张、俄乌冲突等多重因素影响，2022年中意两国合作遇到了不少困难，但务实合作、互利共赢始终是两国关系的主流。

结语与展望

综上所述，2022年，俄乌冲突成为影响意大利内政外交走向的最重要"变量"，也对中意关系产生了一定影响。冲突在欧洲引发的能源危机和高通胀令意大利面临新困境，而这也加快了其或积极或被动地推进一系列变革的步伐，在探索中求"新"求"变"成为贯穿2022年的主题。在政治上，一场政治危机过后，由极右翼政党意大利兄弟党和联盟党主导的右翼政府上台，其可谓二战结束以来意大利最"右"的政府，并且产生了意大利共和国历史上第一位女总理，凸显了民众求新求变的迫切心态。在经济上，意大

① 有关中国意大利文化和旅游年的详细梳理与分析，参见本书文铮、赵楚烨《2022"中国意大利文化和旅游年"回顾与评析》。

利深受能源危机与高通胀困扰，但是得益于欧盟资金支持的国家复苏与韧性计划的落实，其经济增长表现令人"刮目相看"，似乎正在摆脱持续数十年的经济低迷。在能源上，意大利"多管齐下"加速摆脱对俄能源依赖，在节约能源消耗、寻求替代性能源进口来源地的同时，加快发展可再生能源，促进能源结构转型和经济社会的绿色转型，这也是 2022 年该国艰难求"变"的一个重要维度。此外，在社会领域，能源危机和高通胀造成了严重的生活成本危机，进而引发了此起彼伏的社会抗议，而政府出台的一系列民生救助措施取得了较好成效，维护了社会秩序的基本稳定。在外交上，梅洛尼右翼政府上台后转向务实，大体上延续了德拉吉政府时期对欧盟政策的主基调，对待俄乌冲突的态度也并未"改弦更张"，与此同时，能源外交成为重头戏。当然，上述新变化究竟会朝着什么方向发展，将在多大程度上影响意大利的经济社会发展前景及其国际影响力，最终取决于推动变化的一系列力量和观念之间的博弈，其走向需跟踪观察。总体而言，虽然受到多重因素影响，中意两国关系发展遇到不少困难，但务实合作仍是两国关系的主流。2022 年，两国高层保持积极沟通，在经贸、科技、能源、基础设施、体育等领域的交流与合作均取得一定进展，而"中国意大利文化和旅游年"的成功举办是其中的一大亮点。

2023 年，意大利自身与中意关系发展都面临不确定性。就意大利自身而言，国家复苏与韧性计划的逐步落实有望继续为经济改革与增长注入动力，也有助于改善社会形势，但是在能源危机仍未根本解决、通胀仍处于历史高位、欧央行持续加息的背景下，预计 2023 年意大利经济增速将大幅回落，很可能低于1%。考虑到意大利的公共债务与 GDP 之比仍在 150% 以上，经济增速下滑意味着该国的公共财政状况难以在短期内改善。中长期而言，在国家复苏与韧性计划的基础上继续增加公共投资，同时进一步推进深层次的结构性改革，是持续激发经济活力、提高经济潜在增长率进而逐步降低公共债务与 GDP 之比的根本途径。在政治上，至 2022 年底执政联盟内三大政党之间仍相当团结，若不出现大的意外，预计 2023 年梅洛尼政府将保持稳定。就中意关系而言，两国在政治上无重大利益冲突、在经济上高度互补、在文化上互相钦佩与赞赏的"基本面"并未改变，同时两国在应对气候变化、支持多边主义、维护世界和平等方面拥有诸多共同或相似立场，只要以战略定力继续秉持务实态度，加强沟通磋商，促进互利共赢，两国携手合作的空间仍很广阔。2023 年，中国持续优化防疫政策、推动中外人员往来便利化的一系列措施有望为中意两国加强各领域务实合作注入新动力。

分 报 告
Situation Reports

B.2
意大利政治：大联合政府落幕，
右翼政府上台*

石　豆**

摘　要： 2022 年，三场选举影响了意大利政局走势。马塔雷拉在年初的总统选举中连任，短期内确保了德拉吉政府的稳定。但五星运动在 6 月市政选举中的糟糕选情加剧了其党内危机，并为政府危机埋下了隐患。此后不久，五星运动因不满德拉吉政府的《援助法案》引发政府危机，并导致政府于 7 月 20 日宣告解体。在 9 月 25 日举行的提前大选中，中右阵营以较大优势获胜，意大利兄弟党成为议会第一大党，梅洛尼成为意大利共和国历史上首位女总理，执掌二战结束以来意大利"最右"的政府。大选过后，意大利政治体系呈现不平衡的"三极"格局，中右阵营迎来新任盟主梅洛

---

* 本文受到中央高校基本科研业务费专项"从清末至今中国意大利研究的视域变迁"（项目编号：2122019342）的资助。

** 石豆，南开大学意大利语系讲师，天津翻译协会理事，主要研究领域为意大利语言文化、意大利党政政治。

尼，中左翼的民主党进入重建期，而五星运动更加明确了自身的"进步主义"定位。大选结果表明，意大利主要政治力量仍在快速分化重组，政党格局呈现高度"碎片化"和不稳定的特点。意大利政治体系能否重回"两极"格局，仍存在很大的不确定性。

关键词： 政府危机 2022 年大选 意大利兄弟党 梅洛尼政府 "两极"格局

2022 年初，即将卸任的意大利总统马塔雷拉再次当选，但未能给意大利政局带来持久的稳定。6 月市政选举过后，五星运动因不满德拉吉政府的《援助法案》最终引发政府危机，并导致政府于 7 月 20 日宣告解体。在 9 月 25 日举行的提前大选中，中右阵营最终赢得大选，意大利兄弟党成为议会第一大党，梅洛尼成为意大利共和国历史上首位女总理。大选过后，意大利政治格局再次迎来巨变，中右阵营在议会中获得了较大优势，而中左翼政治力量继续面临支离破碎的局面。

一 2022年意大利政局变化

2022 年，三场选举影响了意大利政局走势。首先，年初马塔雷拉再次当选总统，在多重危机背景下，为意大利政治注入了延续性和稳定性；其次，在 6 月举行的市政选举中，中左、中右阵营各有斩获，五星运动的影响几乎消失；最后，9 月 25 日提前大选过后，中右阵营重新执掌政府，并在参众两院中获得接近六成的席位，重塑了意大利政党格局。

（一）总统选举：马塔雷拉连任"稳定军心"

2022 年伊始，总统选举作为意大利政治生活的首个重要议程，在充满不确定性的氛围中开启。一方面，马塔雷拉在选举前曾多次表示，无意继续

第二个总统任期；另一方面，时任总理德拉吉成为总统热门人选，引发了人们对意大利政治前景的担忧。由于执政联盟未能就总统候选人达成共识，整个总统选举过程较为曲折。根据《意大利共和国宪法》，意大利总统由参众两院议员和大区议会代表组成的联席会议（共 1009 人）选举产生。选举以秘密投票形式进行，前两轮投票须获得大会 2/3 的票数才能通过，第三轮后获得绝对多数即可通过。最终，经历了八轮投票后，马塔雷拉获得了 759 张选票，占全部票数的 75.2%，这也使他成为继佩尔蒂尼之后，意大利共和国历史上得票第二多的总统候选人。①

马塔雷拉连任可谓众望所归，反映出在新冠疫情危机仍在延续、国家复苏进入关键阶段的背景下，议会和大区议会代表对意大利政治延续性和稳定性的期盼。马塔雷拉在当选后的第一次议会演说中表示，面对议会和大区议会代表对"责任"的呼唤，他不能退缩，也无意退缩。在巨大的政治不确定性和新冠疫情危机面前，他决意回应人民的期望，避免危及国家韧性与复苏计划，影响国家摆脱困境的努力。② 马塔雷拉连任得到了时任总理德拉吉和意大利主要政治力量的认可，唯一不满的声音来自反对党意大利兄弟党。梅洛尼认为在总统选举过程中，"各方都选择了蒙混过关，实际上是用七年的共和国总统任期，换取政府和立法机构七个多月的存续"。③ 与此同时，欧盟和美国主要领导人均对马塔雷塔连任予以了高度认可。④

① Laura Mari，"Sergio Mattarella rieletto presidente della Repubblica con 759 voti：al via il bis"，*La Repubblica*，29 gennaio 2022，https：//www. repubblica. it/politica/2022/01/29/news/mattarella_ eletto_di_nuovo_presidente_della_repubblica_al_via_il_bis-335691704/，最后访问日期：2022 年 9 月 28 日。

② "Sergio Mattarella, ecco il discorso integrale al Parlamento dopo il secondo giuramento da Presidente della Repubblica"，*Il Fatto Quotidiano*，3 febbraio 2022，https：//www. ilfattoquotidiano. it/2022/ 02/03/sergio-mattarella-ecco-il-discorso-integrale-al-parlamento-dopo-il-secondo-giuramento-da-presidente- della-repubblica/6479990/，最后访问日期：2022 年 11 月 19 日。

③ "Mattarella bis? Meloni non si capacita："Sarei stupita se accettasse'"，*HuffPost Italia*，29 gennaio 2022，https：//www. huffingtonpost. it/politica/2022/01/29/news/mattarella_bis_meloni_ non_si_capacita_non_voglio_crederci_-8605345/，最后访问日期：2022 年 11 月 19 日。

④ "Mattarella bis, da Macron a Biden：le reazioni internazionali"，*Sky TG24*，30 gennaio 2022，https：//tg24. sky. it/mondo/2022/01/30/quirinale-mattarella-bis-reazioni-internazionali，最后访问日期：2022 年 11 月 19 日。

　　然而，马塔雷拉连任也反映出意大利政治当前的困境，即议会主要党派分歧不断，既无法在马塔雷拉之外就总统候选人达成共识，也无力（或不愿）在技术政府之外构建替代方案。可以说，此次意大利总统选举如此受国际社会的瞩目，恰恰是意大利政党体系深陷危机的表现。根据意大利的政治传统，总统作为国家元首，是国家统一的象征，但并不掌握实权，国家实际权力掌握在政党手中。但当政党面临危机时，总统的作用就会凸显。对此，意大利著名政治学家詹弗兰科·帕斯奎诺（Gianfranco Pasquino）提出了关于总统权力的"手风琴"理论，即意大利总统权力具有伸缩性，如同手风琴一般，其权力大小主要取决于政党的力量。在政党强大且有凝聚力时，总统会倾向于不动用自身权力，但当各党派处于分裂和弱势时，总统就可以根据情况需要行使宪法赋予的权力。① 具体到马塔雷拉，自 2018 年大选以来，有两个例子充分体现了总统权力的重要性。第一，2018 年大选后，在五星运动与联盟党组建联合政府的过程中，马塔雷拉否决了持疑欧立场的保罗·萨沃纳（Paolo Savona）出任经济部长；② 第二，2021 年孔特二期政府倒台后，马塔雷拉并未选择提前大选，而是任命德拉吉组建技术-大联合政府。在上述两个事件中，总统作为宪法和国家团结的捍卫者，选择从大局出发，通过实施总统权力，避免了威胁国家利益的局面出现。

　　因此，马塔雷拉连任总统最直接的影响，实际上是在短期内确保了德拉吉政府的稳定，这是议会主要政治力量希望看到的结果。但与此同时，这一结果也激化了中右阵营内部的矛盾：由于在总统选举中的分歧，梅洛尼对中右阵营的不团结表达了强烈不满。③

---

① Pasquino Gianfranco, *Italian Democracy*: *How It Works*, Routledge, 2019, p134.

② Valerio Valentini, "Il governo gialloverde finisce prima di cominciare. Mattarella dice no a Savona: il discorso integrale", *Il Foglio*, 27 maggio 2018, https://www.ilfoglio.it/politica/2018/05/27/news/governo-conte-paolo-savona-matteo-salvini-luigi-di-maio-mattarella--197133/，最后访问日期：2022 年 11 月 21 日。

③ "Mattarella rieletto presidente della Repubblica, giovedì il giuramento. Letta: 'Bis soluzione migliore, ma politica è in crisi', Meloni: 'Cdx non esiste più'", *Fanpage*, 29 gennaio 2022, https://www.fanpage.it/live/elezioni-presidente-della-repubblica-2022-diretta-settima-votazione-quirinale-maggioranza-spaccata-su-belloni/，最后访问日期：2022 年 11 月 19 日。

（二）市政选举：政府危机的序幕

继 2022 年初总统选举后，市政选举于 6 月 12 日开启。在 2022 年度的地方选举中，共有 975 个城市选出了新任市长，其中有 26 个省会城市，包括 4 个大区首府，分别为热那亚、巴勒莫、拉奎拉和卡坦扎罗。市政选举作为意大利各党派在大选前的最后一次演练，重要性不言而喻。

在过去几年中，地方选举一直是中左、中右阵营之间的较量，五星运动一直"颗粒无收"，2022 年市政选举的结果延续了这一态势。在 26 个省会城市中，中右阵营市长候选人在 13 个城市中获胜，中左阵营在 10 个城市中获胜，另外 3 个城市当选的市长为独立候选人。虽然从数量上看，中左、中右阵营似乎平分秋色，但实际情况并非如此。在选举之前，26 个省会城市中有 18 位中右阵营市长、5 位中左阵营市长和 3 位独立候选人市长。换言之，在选举结束后，中右阵营执掌的城市数量减少了 5 个；而中左阵营增加了 5 个，并在一些城市中取得突破，如卡坦扎罗和维罗纳。如果聚焦具体党派，在 26 个省会城市中，民主党共在 6 个城市当选市长，位列第一；意大利力量党和意大利兄弟党各在 3 个城市当选市长，并列第二；联盟党和五星运动没有当选。从各党派的支持率来看，民主党为 14.2%，位列第一；意大利兄弟党为 9%，排在第二；而联盟党和五星运动的支持率跌幅均超过八成。①

综合以上数据来看，民主党和意大利兄弟党成为本次市政选举的最大赢家，而联盟党和五星运动均遭遇溃败。如果说联盟党的支持率下滑在很大程度上是中右阵营的内部竞争所致，那么五星运动的糟糕选情则反映出其在地方选举中影响力的全方位消失。在 2021 年的市政选举中，五星运动失去了罗马和都灵的市长职位，并且在米兰仅获得了 2.7% 的支持率，而且没有候选人当选市议员。在 2022 年的市政选举中，五星运动为了避免支持率进一步下滑，选择加入民主党的"大联合阵营"，在绝大部分城市与民主党联合

---

① Roberto D'Alimonte，"Partiti e coalizioni：come va decifrato il voto delle amministrative"，*CISE*，18 giugno 2022，https：//cise. luiss. it/cise/2022/06/18/partiti-e-coalizioni% e2% 80% 89-come-va-decifrato-il-voto-delle-amministrative/，最后访问日期：2022 年 11 月 21 日。

竞选。例如，在26个省会城市，两党在其中的18个城市联合竞选，但没有一个由五星运动提名的市长候选人，这反映出五星运动在与民主党联合的过程中处于边缘位置。在单独竞选的城市中，五星运动的平均支持率仅徘徊在2%~4%，跌至该党参政以来的最低值。[①]

市政选举的结果为之后的政府危机埋下了隐患。五星运动和联盟党分别是议会第一大党和第三大党，两党的支持率持续下滑，必然会影响大联合政府的稳定性。尤其在俄乌冲突的背景下，五星运动和联盟党在对俄罗斯制裁、对乌克兰武器提供援助等议题上，与德拉吉政府的路线存在一定程度的分歧。在市政选举双双遭遇溃败的背景下，两党均试图在关键议题上向政府施压，以转移党内矛盾。实际上，联盟党虽然加入了德拉吉政府，但对执政伙伴甚至总理德拉吉本人的批评之声一直不断。[②] 而五星运动在市政选举过后，内部冲突进一步加剧。时任意大利外交部长、五星运动前党首迪马约，表达了对五星运动市政选举糟糕选情的不满，认为该党不应效仿联盟党批评德拉吉政府。而孔特也有力回应了迪马约的"说教"，认为其言论是在破坏五星运动的团结。[③] 两位党内领导人的矛盾公开化，实际上反映了五星运动内部的路线之争：一边是以迪马约为首的"亲政府"派，主张要与德拉吉政府的路线保持一致；另一边是坚持回归五星运动本源的"反政府"派。后者一直认为支持德拉吉政府是导致五星运动支持率下滑的原因之一，市政选举过后，这一派的声音得到了强化。两派的分歧最终演变为迪马约脱离五星运动，并带走了49名众议员和10名参议员。五星运动的内部分裂也拉开了政府危机的序幕。

---

① Matteo Pucciarelli, "Elezioni amministrative, flop M5S: per Conte il risultato più basso di sempre", *La Repubblica*, 13 giugno 2022, https://www.repubblica.it/politica/2022/06/13/news/conte_m5s_crollo_elezioni_comunali-353777142/, 最后访问日期：2022年11月22日。

② Pier Francesco Borgia, "Ora il Capitano vede nero e attacca Draghi, Pd e Ue", *ilGiornale.it*, 12 giugno 2022, https://www.ilgiornale.it/news/politica/ora-capitano-vede-nero-e-attacca-draghi-pd-e-ue-2041865.html, 最后访问日期：2022年11月22日。

③ "Crescono le tensioni dopo le elezioni amministrative", *Agenzia Nova*, 17 giugno 2022, https://www.agenzianova.com/news/m5s-e-scontro-tra-di-maio-e-conte-crescono-le-tensioni-dopo-le-elezioni-amministrative/, 最后访问日期：2022年11月22日。

（三）提前大选：右翼政府上台

提前大选可谓 2022 年意大利政坛最大的黑天鹅事件。2022 年 7 月 14 日，由于不满政府出台的《援助法案》中包含在罗马修建垃圾电站等计划，五星运动在参议院投票时选择弃权，这成为引发政府危机的导火索。① 之后，德拉吉以失去议会第一大党支持、大联合政府基础不再为由提出辞职，但被总统马塔雷拉拒绝。经过一周的紧张斡旋，在 7 月 20 日的参议院信任投票中，联盟党和意大利力量党选择同五星运动一起，撤销对德拉吉政府的支持，导致大联合政府失去了在参议院的绝对多数，正式宣告倒台。随后，马塔雷拉接受德拉吉辞职，并宣布于 9 月 25 日举行提前大选。

与 2018 年相比，2022 年大选呈现更为"碎片化"的政党格局，这主要是在过去四年中民主党和五星运动的内部分裂造成的。参与大选的主要政党和政党联盟如下：（1）中右阵营，包括意大利兄弟党、联盟党、意大利力量党和"我们温和派"（Noi moderati）；（2）中左阵营，包括民主党、"公民参与"（Impegno Civico）、"绿色和左翼联盟"（Alleanza Verdi e Sinistra）与"欧洲+"（+Europa）；（3）五星运动；（4）"第三极"（Terzo Polo），包括意大利活力党（Italia Viva）和行动党（Azione）。从整体的竞选格局来看，民主党书记莱塔设想的"新橄榄树联盟"最终未能形成。② 虽然迪马约离开五星运动后自立门户，成立新党派"一起向未来"（Insieme per il futuro），并加入了民主党领导的中左阵营（即"公民参与"），但民主党在五星运动引发政府危机后，就关闭了与其联合竞选的大门。③

① Cesare Zapperi, "Perché c'è la crisi di governo? Tutto quello che c'è da sapere", *Corriere della Sera*, 14 luglio 2022, https://www.corriere.it/politica/22_luglio_14/perche-c-crisi-governo-tutte-ragioni-scontro-conte-draghi-25222cda-0338-11ed-8009-0c35e39ec03f.shtml, 最后访问日期：2022 年 11 月 22 日。
② 石豆：《意大利政治：迈向"下一代欧盟"》，载孙彦红主编《意大利发展报告（2020～2021）》，社会科学文献出版社，2022，第 22~39 页。
③ "Letta chiude a M5s: 'Rottura irreversibile'. Conte: 'Pd arrogante, i progressisti siamo noi' - Politica", *Agenzia ANSA*, 25 luglio 2022, https://www.ansa.it/sito/notizie/politica/2022/07/24/letta-la-scelta-per-il-paese-e-o-noi-o-meloni_59f7a18d-79d0-4a2c-b0d8-1d6abd1af038.html, 最后访问日期：2022 年 11 月 26 日。

从民主党分裂出来的意大利活力党和行动党选择抱团竞选，但同样未加入中左阵营。因此，中右阵营形成了相对于中左阵营的巨大优势。

此次大选适用的选举法仍是 2018 年大选时的《罗萨托法》，即 63% 的席位采用多数制分配，37% 的席位按照比例制分配。在孔特二期政府时期，意大利通过议员削减法案，众议院席位从 630 个减少到 400 个，参议院席位从 315 个减少到 200 个。议会改革后，民主党和五星运动曾提议修改《罗萨托法》，但两党联合提出的比例制选举法《布雷西亚法》最终搁浅。由于中左阵营分裂严重，《罗萨托法》明显有利于更加团结的中右阵营，而大选结果证实了这一点：中右阵营最终以较大优势赢得大选，在众议院获得了 237 个席位，在参议院获得 115 个席位。意大利兄弟党凭借 26% 的得票率，跃居议会第一大党，而四年前该党还只是一个得票率仅为 4.3% 的边缘小党；民主党获得 19.06% 的得票率，与四年前几乎持平，排名第二；五星运动得票率虽然腰斩，仅为 15.42%，却好于预期，位列第三；得票率同样腰斩的还有联盟党，最终仅获得 8.78% 的得票率，略高于意大利力量党（8.12%）和"第三极"（7.78%），排在第四位。各党派得票率及赢得议会席位的详细数据见表 1。另外，值得注意的是，本次大选的投票率仅为 63.91%，创下意大利共和国历届议会选举新低，相较于 2018 年大选（72.9%）下降近 9 个百分点，降幅创历史新高。

表 1　各政党（政党联盟）得票率及参众两院席位分布

联盟	党派	众议院席位（400 个）		参议院席位（200 个）	
		得票率（%）	席位（个）	得票率（%）	席位（个）
中右阵营	意大利兄弟党	26.00	119	26.02	65
	联盟党	8.78	66	8.86	30
	意大利力量党	8.12	45	8.28	18
	我们温和派	0.91	7	0.89	2
	合计	43.81	237	44.05	115
中左阵营	民主党	19.06	69	18.96	40
	绿色和左翼联盟	3.63	12	3.53	4
	欧洲+	2.83	2	2.94	0

续表

联盟	党派	众议院席位（400 个）		参议院席位（200 个）	
		得票率（%）	席位（个）	得票率（%）	席位（个）
中左阵营	公民参与	0.60	1	0.56	0
	合计	26.12	85*	25.99	44
其他	五星运动	15.42	52	15.56	28
	"第三极"	7.78	21	7.73	9

注：有个小党派获得 1 个席位，未列在表中。
资料来源：笔者根据意大利内政部数据整理，https：//elezioni.interno.gov.it/。

按照中右阵营内部协议，得票最多的政党领袖将成为联盟的总理候选人，梅洛尼最终成为意大利共和国历史上的首位女总理。在此之前，梅洛尼还保持了两个纪录：第一，她是意大利共和国历史上最年轻的部长；第二，她于 2020 年 9 月当选欧洲议会"欧洲保守派和改革主义者"党团（ECR）主席，成为首位担任欧洲议会党团主席的意大利女性。2022 年 10 月 22 日，梅洛尼政府正式成立，意大利政府在时隔十一年后重新由中右阵营执掌，标志着该国政治进入新的发展周期。鉴于执政联盟中占主导的是意大利兄弟党和联盟党两个极右翼政党，梅洛尼政府成为二战后意大利"最右"的政府。

二　大选过后：不平衡的"三极"格局

2022 年大选过后，意大利政党格局总体呈现高度"碎片化"和高度不稳定的特点。首先，虽然意大利政党体系仍基本呈现"三极"格局，但已从 2013 年议会选举以来形成的中右阵营、中左阵营与五星运动"三足鼎立"的局面，转变为更为不平衡的"三极"格局。从得票率来看，中右阵营略高于中左阵营与五星运动之和。卡兰达领导的"第三极"虽然获得了 7.78% 的得票率，与意大利力量党接近，但由于在多数制选区的劣势，其在议会中的席位尚不及意大利力量党的一半（见表 1）。目前来看，"第三极"在议会中处于相对边缘的位置，却仍是意大利中左翼力量不可或缺的一块"拼图"。其次，2022 年大选中各党派的得票率波动幅度很大，在历届议会选举中仅次于 1994 年和 2013 年大选。[1] 针对选民流向的分析显示，意大利兄弟党增加的选票主要来自中右阵营内部，即联盟党和意大利力量党；民主党的一部分选票虽然流向了"第三极"，但从五星运动那里得到了补偿；而五星运动失去的选票主要流向了意大利兄弟党和民主党。[2] 可见，当前意大利主要政治力量仍在快速地分化重组，尚未形成相对稳定的政党体系。

（一）中右阵营：梅洛尼成新盟主

2022 年大选中右阵营以绝对优势获得胜利，其内部也再次迎来"大洗牌"。在 2018 年大选中，萨尔维尼领导的联盟党完成了从地方分离主义政党到全国性"主权主义"政党的蜕变并且实现了对意大利力量党的超越，[3] 第一次撼动了意大利力量党在中右阵营中的核心地位。然而，联盟党在过去几年经历了一个高开低走的发展曲线，其支持率在 2019 年欧洲议会选举时达到 34.3% 的峰值，此后便一路下滑。联盟党第一阶段的衰落始于 2019 年 8 月，当时萨尔维尼撤销了对孔特一期政府的支持，引发了政府危机。然而，萨尔维尼在错误的时机妄图提前大选，这被证明是极其错误的举动，不仅使联盟党沦为反对党，也严重损害了其政治信誉。联盟党第二阶段的加速衰落始于其加入德拉吉政府。在 2021 年 2 月德拉吉政府成立之时，联盟党的民调支持率仍维持在 23.4% 左右，位列所有党派第一（见图 1）。在加入德拉

---

[1]　Vincenzo Emanuele e Bruno Marino, "Volatilità elettorale sopra i 30 punti: sistema partitico instabile per la terza elezione di fila", *CISE*, 26 settembre 2022, https://cise. luiss. it/cise/ 2022/09/26/volatilita-elettorale-sopra-i-30-punti-sistema-partitico-instabile-per-la-terza-elezione-di-fila/, 最后访问日期：2022 年 11 月 25 日。

[2]　Salvatore Vassallo e Rinaldo Vignati, "Elezioni 2022: I Flussi di Voto Rispetto Alle Politiche Del 2018 e Alle Europee Del 2019", *Istituto Cattaneo*, 27 settembre 2022, https://www. cattaneo. org/wp-content/uploads/2022/09/2022-09-27_flussi. pdf, 最后访问日期：2022 年 11 月 25 日。

[3]　石豆：《意大利政治："民粹政府"谢幕，不确定性加剧》，载孙彦红主编《意大利发展报告（2019~2020）》，社会科学文献出版社，2020，第 47~49 页。

吉政府的一年半时间内，联盟党的支持率下降了超 14 个百分点。与联盟党持续衰落并行的是意大利兄弟党的持续走强。[①] 在德拉吉政府成立之时，意大利兄弟党的民调支持率已经上升至 16.4%，仅次于联盟党和民主党。而梅洛尼决定不加入德拉吉政府，为其赢得 2022 年大选起到了决定性作用。联盟党与意大利兄弟党加入大联合政府后，不可避免地受到执政联盟的限制，而意大利兄弟党作为唯一的反对党，能够继续有力推动自身的激进右翼政治议程，[②] 其支持率也随之持续飙升。

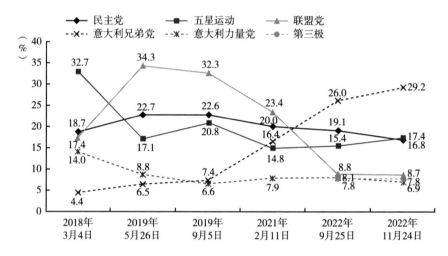

图 1　2018 年大选以来意大利主要政党支持率走势

资料来源：笔者根据意大利民调网站 Youtrend 数据整理，https：//www.youtrend.it/2022/11/18/supermedia-youtrend-agi-sorpasso-m5s-sul-pd-nei-sondaggi/，最后访问日期：2022年 11 月 26 日。

　　作为本次大选中唯一真正的赢家，梅洛尼领导的意大利兄弟党成为中右阵营的绝对核心。意大利兄弟党自 2012 年成立以来一直处在意大利主流政党政治光谱的最右端。针对该党成立以来的政治话语分析表明，其意识形态

---

① 石豆：《意大利政治：重回"两极"格局》，载孙彦红主编《意大利发展报告（2020~2021）》，社会科学文献出版社，2021，第 20~36 页。

② Alessia Donà，"The Rise of the Radical Right in Italy：The Case of Fratelli d'Italia"，*Journal of Modern Italian Studies*，Vol. 27，No. 5，2022，pp. 775-794.

融合了民族主义、主权主义、权威主义和疑欧主义，并在 2017 年后转向了激进右翼立场。虽然有时意大利兄弟党也被归类为民粹政党，[①] 但梅洛尼在她的自传中强调了意大利兄弟党的内核是主权主义，并区别于五星运动所代表的民粹主义。在梅洛尼看来，主权主义主张国家主权应回归人民和国家，其实质是"爱国主义"，是一种明确的价值观。而民粹主义恰恰相反，其缺乏价值观内核，认为政治的作用是"迎合民众情绪，追逐当下的冲动，是跟在社会后面，而非引领社会"。[②]

意大利兄弟党的崛起对于中右阵营以及整个意大利政局意味着什么？从新政府的施政纲领中，我们可窥见一二。2022 年 10 月 25 日，梅洛尼在出任总理后的首次议会演说中提到以下值得关注的内容：第一，宪法改革，直接选举总统，以"保证政治稳定，恢复人民主权中心地位"；第二，提高公共服务水平；第三，减轻个人和企业税收负担；第四，废除全民基本收入计划，这项政策"对那些有能力为自己、为家人、为意大利做出贡献的人而言是一种失败"；第五，打击非法移民，以"最终打击地中海地区的人口贩运"。[③] 上述内容表明，梅洛尼在执掌政府后，政治主张更趋于务实，并未偏离中右阵营的基本价值观，即在经济层面坚持新自由主义、在社会层面坚持保守主义。[④] 意大利兄弟党的主权主义立场主要体现在总统制改革上，但这反映的其实也是意大利政治精英长久以来的诉求，即解决意大利政治不稳定的问题，要解决这一问题就必须让公民直接选举国家领导人，以确保其权力。梅洛尼在议会发言中表示，愿意就宪法

---

① M. Rooduijn, et al., "The Populist: An Overview of Populist, Far Right, Far Left and Eurosceptic Parties in Europe", 2019, Available at: www. popu-list. org.

② Giorgia Meloni, *Io sono Giorgia: le mie radici, le mie idee*, Rizzoli, 2021, p. 224.

③ "Le dichiarazioni programmatiche del Governo Meloni", *www. governo. it*, 25 ottobre 2022, https: //www. governo. it/it/articolo/le-dichiarazioni-programmatiche-del-governo-meloni/20770, 最后访问日期：2022 年 11 月 27 日。

④ James L. Newell, "What Giorgia Meloni's Maiden Speech to Parliament Told Us about Italy's Future", EUROPP, 28 October 2022, https: //blogs. lse. ac. uk/europpblog/2022/10/28/what-giorgia-melonis-maiden-speech-to-parliament-told-us-about-italys-future/, 最后访问日期：2022 年 11 月 26 日。

改革听取议会各党派意见，以达成共识，但不会在原则问题上退缩。不过，中右阵营虽获得了参众两院的多数席位，却未达到总席位的 2/3，因此无法绕开反对党去推动宪法改革。[①]

（二）民主党：莱塔过后，前途未卜

虽然中左翼政治力量（中左阵营、五星运动与"第三极"）的支持率总和超过了中右阵营，但莱塔终究未能建立起"新橄榄树联盟"。在此次大选前的一年中，莱塔试图构建更广泛的中左阵营，并与五星运动在市政选举中联合。然而，德拉吉政府倒台后，民主党与五星运动联合竞选的基础随之消失。与此同时，卡兰达领导的活力党最终拒绝加入中左阵营，理由是民主党选择与绿色和左翼联盟联合，而后者同样是导致德拉吉政府倒台的原因之一。[②] 最终，民主党的支持率几乎与 2018 年大选持平，但远未达到预期。大选过后，莱塔虽未立即辞职，但也宣布不再参与下届党内书记竞选。

民主党在竞选过程中提出了《意大利计划 2027》施政纲领，包括三大支柱，即"可持续发展和生态及数字转型"、"工作、知识和社会公平"和"权利和公民身份"，但其竞选的核心战略实际上是对"德拉吉议程"的延续与坚持。[③] 对技术-大联合政府议程的过度依赖，反而凸显了民主党无力提出反映意大利政治现实的中左翼政治议程。在一些学者看来，这正是民主

---

① 《意大利共和国宪法》第一百三十八条规定：修改宪法的法律以及其他的宪法性法律，须经每一议院以其间隔期不少于三个月的连续两次决议，且在第二次投票中获得每一议院的成员的绝对多数支持才得以通过。在该法律公开发表后三个月内，如果一个议院的成员的 1/5 或 50 万名选民或者 5 个地区议会提出要求，那么该法律须接受全民公决投票。如果该法未经有效选票的多数通过，则不得发布。如果某项法律在每一议院的第二次投票中均以其成员的 2/3 多数通过，则该法律无须接受全民公决投票。

② "Calenda ha detto che Azione non si allerà con il PD", *Il Post*, 7 agosto 2022, https://www.ilpost.it/2022/08/07/calenda-alleanza-azione-partito-democratico/，最后访问日期：2022 年 11 月 29 日。

③ "Il programma del Pd per le elezioni 2022", *Corriere della Sera*, 25 settembre 2022, https://www.corriere.it/elezioni/22_settembre_25/programma-pd-5b7f008a-3b5c-11ed-8e93-4aa9ade4f3e7.shtml，最后访问日期：2022 年 11 月 29 日。

党在此次大选中表现不及预期的原因。① 正如民主党议员戈弗雷多·贝蒂尼（Goffredo Bettini）所言，民主党需要在接下来的全国大会上"明确选择一条政治路线，一个关于当今世界矛盾的观点，一个要追求的基本方案，一个政府的替代方案"。②

然而，对于民主党而言，由于长期受到党内派系纷争困扰，达成上述目标绝非易事。2022年11月19日，民主党召开全国大会，通过了对党章部分条目的修改，其中主要涉及选举新书记的时间节点以及选举规则。从2022年11月24日至2023年1月22日，民主党将进入"制宪会议"阶段。在此期间，民主党将修订并批准新的"价值观和原则宣言"。此后，要在2023年1月27日之前确定书记候选人名单，初选时间最终定在2023年2月19日。

关于民主党下任书记的候选人，截至2022年底，艾米利亚-罗马涅大区主席博纳奇尼（Stefano Bonaccini）是最热门人选。他在2022年11月19日民主党全国大会后，正式宣布参与竞选民主党书记。博纳奇尼于2014年当选艾米利亚-罗马涅大区主席，并于2019年连任。博纳奇尼的优势主要体现在两个方面：第一，他拥有丰富的地方工作经验，与民主党内其他领导人相比，他与民众的联系更为紧密，也更容易获得地方的支持；第二，他从未担任过意大利议会或欧洲议会议员，甚至不属于民主党内部派系的任何一支，这反而可能有助于他超越派系纷争，获得更广泛的支持。而博纳奇尼最有力的挑战者恰恰是他在艾米利亚-罗马涅大区的副手——埃利·施莱因（Elly Schlein），后者于2022年12月4日正式宣布参与竞选。施莱因出生于1985年，是中左阵营中一颗冉冉升起的新星。她于2014年当选欧洲议会议员，

① 参见 Lorenzo De Sio, "Dietro il successo di Meloni: il nuovo bipolarismo, le strategie giuste e sbagliate, e il dilemma del Pd", *CISE*, 29 settembre 2022, https://cise. luiss. it/cise/2022/09/29/dietro-il-successo-di-meloni-il-nuovo-bipolarismo-le-strategie-giuste-e-sbagliate-e-il-dilemma-del-pd/; James L. Newell, "Italy's General Election Was No Electoral Revolution.", *EUROPP*, 27 September 2022, https://blogs.lse. ac. uk/europpblog/2022/09/27/italys-general-election-was-no-electoral-revolution/, 最后访问日期：2022年11月25日。

② Andrea Carugati, "Bettini: 'Al Pd Serve Autocritica Sugli Errori, No a Nuove Scissioni'", *il manifesto*, 26 novembre 2022, https://ilmanifesto. it/bettini-al-pd-serve-autocritica-sugli-errori-no-a-nuove-scissioni/, 最后访问日期：2022年11月29日。

2020年当选艾米利亚-罗马涅大区议会议员，并担任大区副主席。在2022年9月25日的大选中，她作为中左阵营独立候选人参加众议院选举，并当选议员。相较于民主党内其他领导人，施莱因更加符合民主党在重建过程中对"新面孔"的期待——女性、年轻、现代且持更加激进的进步主义立场。此外，施莱因是真正的民主党"局外人"，在宣布参选时，她甚至还不是民主党的注册党员。① 尽管如此，施莱因还是得到了现任书记莱塔和前文化部长达里奥·弗朗切斯基尼等多位民主党要人的公开支持。从当前民调来看，民主党的初选很有可能将是博纳奇尼与施莱因的对决。②

（三）五星运动：孔特的"失"与"得"

如果在2022年6月观察五星运动，其前途似乎一片黯淡：市政选举溃败、内部分裂、政府危机……多重因素叠加之下，五星运动的民调支持率一度跌破10%。③ 然而，2022年大选成了五星运动的转折点：虽然其得票率较2018年大选时下降超过一半，却扭转了民调支持率不断下滑的趋势。更为重要的是，大选过后五星运动进一步明确了其政治身份。经历过去四年的蜕变，五星运动告别了"非左非右"的民粹主义阶段，在孔特领导下进入了进步主义的"2.0时代"。④ 在竞选过程中，五星运动打出了"站在公平正义一边"的旗号，继续捍卫全民基本收入计划，并突出了在就业、环保与和平等议题上的立场。⑤ 相较于民主党对"德拉吉议程"的坚持，五星运动

---

① 施莱因于2022年12月12日正式成为民主党的注册党员。

② "Sondaggi Pd：Bonaccini doppia Elly Schlein. I numeri di Pagnoncelli"，*Affaritaliani. it.*，8 dicembre 2022，https：//www. affaritaliani. it/politica/sondaggi-pd-bonaccini-doppia-elly-schlein-i-numeri-di-pagnoncelli-829694. html，最后访问日期：2022年12月13日。

③ Andrea Turco，"Sondaggi Quorum：Fdi e Pd lanciati，M5S sotto il 10%"，*Termometro Politico*，28 luglio 2022，https：//www. termometropolitico. it/1601832_sondaggi-quorum-fdi-e-pd-lanciati-m5s-sotto-il-10. html，最后访问日期：2022年11月30日。

④ 石豆：《意大利政治：迈向"下一代欧盟"》，载孙彦红主编《意大利发展报告（2021~2022）》，社会科学文献出版社，2022，第31~34页。

⑤ "Elezioni politiche 2022-Programma M5S"，*Movimento 5 Stelle*，13 settembre 2022，https：//www. movimento5stelle. eu/elezioni-politiche-2022-programma-m5s/，最后访问日期：2022年11月30日。

则更加明确地为穷人和失业者发声。

事实证明，五星运动的选举策略是有效的，该党不仅保持了在南方选区的优势，[①] 还在意大利的政治光谱中占据了一个位于民主党左侧的位置。此外，当民主党还在等待下一任领导人时，孔特巩固了其在五星运动中的领导地位。大选过后，五星运动创始人格里洛也第一时间发文，用"枇杷树"比喻五星运动的"重生"。[②] 格里洛的确有理由高兴，虽然在孔特的领导下，五星运动已褪去反建制和民粹主义的"外衣"，但它似乎回归了成立之初的形态——一个激进的左翼政党。[③] 这一点也反映在了民调结果中，欧洲媒体研究（Euromedia Research）的一项调查表明，有更多的选民认为，五星运动比民主党更能代表左翼政党的价值观。[④]

大选过后，五星运动更加明确了自己的"进步主义"议程。在就业议题上，五星运动出现在了意大利全国总工会（CGIL）在罗马的游行集会上，因为二者"在社会议题上有许多共通之处"。[⑤] 在环境议题上，五星运动明确表示，在 2023 年拉齐奥大区的选举中，将反对在罗马修建垃圾电站。[⑥] 在俄乌冲突问题上，五星运动也保持了有别于民主党的和平主义立场。对于

---

① Davide Angelucci, Federico Trastulli e Ester Flumeri, "Tiene la correlazione Reddito di Cittadinanza-voto al M5S", *CISE*, 27 settembre 2022, https://cise.luiss.it/cise/2022/09/27/tiene-la-correlazione-reddito-di-cittadinanza-voto-al-m5s/, 最后访问日期：2022 年 11 月 25 日。

② "Elezioni 20220: Grillo e il nespolo, viva il M5s-Politica", *Agenzia ANSA*, 26 settembre 2022, https://www.ansa.it/sito/notizie/politica/2022/09/26/elezioni-20220-grillo-e-il-nespolo-viva-il-m5s_88d42e93-8be0-4101-94ca-3ec75bf3f7c7.html, 最后访问日期：2022 年 11 月 30 日。

③ Pasquale Colloca and Piergiorgio Corbetta, "Beyond Protest: Issues and Ideological Inconsistencies in the Voters of the Movimento 5 Stelle", in Filippo Tronconi (ed.), *Beppe Grillo's Five Star Movement*, Routledge, 2015, pp. 195-212.

④ "Secondo gli italiani è il M5s il vero partito di sinistra (più del Pd)", *Il Foglio*, 18 ottobre 2022, https://www.ilfoglio.it/politica/2022/10/18/news/secondo-gli-italiani-e-il-m5s-il-vero-partito-di-sinistra-piu-del-pd--4560756/, 最后访问日期：2022 年 11 月 30 日。

⑤ "Cgil, Conte: 'M5S in prima fila per la dignità del lavoro'", *Il Messaggero*, 9 ottobre 2022, https://www.ilmessaggero.it/video/politica/cgil_conte_m5s_in_prima_fila_per_la_dignita_del_lavoro-6978429.html, 最后访问日期：2022 年 12 月 1 日。

⑥ "Elezioni Lazio, Conte: 'Accordo Su Programma Progressista, No Inceneritore'", *Adnkronos*, 8 novembre 2022, https://www.adnkronos.com/lazio-conte-no-a-voto-utile-programma-radicalmente-progressista_5teWORwSsnXUU0V05kzvvp, 最后访问日期：2022 年 12 月 1 日。

民主党而言，五星运动正逐渐成为一个强大的竞争对手，并抢占了原本属于自己的政治空间。甚至民意也站在了五星运动一边，在大选后的两个月，五星运动的支持率已经反超民主党（见图1）。

虽然大选前后，五星运动走出了一条先抑后扬的曲线，但无法掩盖其在地方选举中的糟糕表现。在9月25日与大选一同举行的西西里大区选举中，五星运动候选人农齐奥·迪保拉（Nunzio Di Paola）仅获得15.4%的得票率，排在中右阵营、独立候选人和民主党之后，位列第四。而在上一届选举中五星运动获得了34.7%的得票率，仅次于中右阵营，位列第二。[①] 虽然在国家选举层面，五星运动仍是南方第一大党，但在大区选举和市政选举中，五星运动的得票率均出现大幅下滑。因此，五星运动短期内民调支持率回升，可能会促使其走上一条更加独立的道路，但鉴于其在地方选举中的劣势，孔特应该也会认真考虑与民主党的合作关系。

三 结语与展望

2022年大选见证了中右阵营重新执掌政府。然而，梅洛尼政府上台究竟是意味着民粹主义的又一次胜利，还是意大利选民真正出现"右转"，还有待进一步观察。与此同时，在五星运动去掉民粹主义的"标签"后，一个有待重组的中左阵营也已浮现。在过去十多年中，随着五星运动崛起以及意大利力量党和民主党的衰落，意大利"第二共和"以来形成的中左、中右阵营交替执政的"两极"格局被打破，取而代之的是一个个迅速崛起又迅速陨落的政治领袖与"技术总理"之间的交替，这种政治混乱在过去的一个立法任期达到顶峰——四年变更了三届政府，且每届政府的执政联盟都

---

① "Riepilogo Risultati Elezioni Sicilia-Regionali-5 Novembre 2017", *Repubblica. it.*, ultimo aggiornamento：6 novembre 2017，http：//www. repubblica. it/static/speciale/2017/elezioni/regionali/sicilia. html，最后访问日期：2022 年 12 月 1 日；"Elezioni Sicilia 2022-Risultati-Riepilogo Regionale-La Repubblica", *Repubblica. it.*, ultimo aggiornamento：3 ottobre 2022，https：//elezioni. repubblica. it/2022/elezioni-regionali/sicilia/，最后访问日期：2022 年 12 月 1 日。

不相同。现在，维持意大利政府稳定性的任务落在中右阵营肩上。然而，意大利政治体系能否回到"两极"格局，还存在很大的不确定性。

对于中右阵营而言，关键在于能否弥合核心议题上的分歧，维持政府团结。应当说，中右阵营内部并不存在原则上的分歧。在竞选过程中，中右阵营推出了联合施政纲领，而且新政府成立后，梅洛尼对政府路线的阐释也并未偏离之前的纲领。2022 年底，梅洛尼政府通过了成立以来的第一次考验，即制定 2023 年预算案。该预算案总额达 350 亿欧元，内容包括改革养老金制度、收紧全民基本收入计划，以及实施一系列应对通货膨胀和能源价格高涨的税收政策等。[1] 2022 年 11 月 21 日，部长会议正式批准该预算案，此后通过了议会参众两院审核，并于 12 月 24 日获得欧盟委员会批准。尽管如此，中右阵营内部各党在一系列内政外交议题上仍持有不同看法。在国内议题方面，虽然中右阵营内部各党均同意推进总统制改革和地方自治改革，但意大利兄弟党认为前者更为重要，而联盟党认为后者更加紧迫。另外，在全民基本收入计划议题上，意大利兄弟党更为激进，倾向于逐步取消，而联盟党则倾向于部分保留。在外交议题方面，2022 年 9 月欧洲议会通过了针对匈牙利政府的一项决议，不再将匈牙利视为"完全民主国家"。在投票过程中，意大利力量党投了支持票，而意大利兄弟党与联盟党投了反对票。梅洛尼认为，欧尔班赢得了大选，匈牙利政府自然具备合法性；而贝卢斯科尼强调，匈牙利对欧洲的看法与意大利不同，不应成为意大利效仿的对象。[2] 在对待制裁俄罗斯的态度上，意大利兄弟党与意大利力量党立场更为强硬，而联盟党多次质疑制裁的有效性。

除此之外，梅洛尼政府的稳定性还取决于中右阵营内部力量的动态变

---

① "DDL Bilancio approvato dal Cdm: manovra da 35 miliardi", *MEF*, 22 novembre 2022, https: //www. mef. gov. it/inevidenza/DDL-Bilancio-approvato-dal-Cdm-manovra-da-35-miliardi/, 最后访问日期：2022 年 12 月 2 日。

② Emanuele Lauria, "La destra si divide su Orbán, Berlusconi avverte: 'Fuori dal governo se è antieuropeista'", *La Repubblica*, 16 settembre 2022, https: //www. repubblica. it/politica/ 2022/09/16/news/lega_fratelli_italia_contro_condanna_ue_ungheria-365832460/, 最后访问日期：2022 年 11 月 28 日。

化。虽然意大利兄弟党在大选中的得票率比联盟党和意大利力量党的总和高9.1个百分点，但在混合制选举法的作用下，意大利兄弟党的议会席位仅略高于两党的总和（见表1），而在梅洛尼政府的内阁中，意大利兄弟党的成员总数（28人）甚至少于另外两党的总和（29人）。① 此外，意大利力量党和联盟党还分别获得了外交与国际合作部长和经济与财政部长等关键职位。因此，在中右阵营内部，联盟党和意大利力量党的实际影响力远超其获得的支持率，而这种实际影响力与民意支持率之间的差距，可能会为执政联盟未来的稳定性埋下隐患。实际上，自2022年10月22日梅洛尼政府成立至年底，意大利兄弟党的支持率在持续上升，而联盟党和意大利力量党的支持率则持续下滑（见图1）。如果执政联盟内部各党实力不平衡持续扩大，可能会令处于弱势的政党运用超过其支持率的力量影响政府议程，进而破坏政府团结。

对于反对党而言，关键在于能否真正形成一个相对于中右政府的替代方案。目前，中左翼政治力量仍处于四分五裂的状态，而民主党能否充当中左阵营的黏合剂还要打上一个巨大的问号。目前而言，民主党在北方面临中右阵营的竞争，在南方面临五星运动的竞争，在其传统的"红色大本营"还面临着"第三极"的竞争。无论如何，民主党的"重建"可能无法仅仅通过更换领导人来实现，其政治身份在一定程度上也并非由自身界定，而是取决于它在意大利政党体系中的相对位置。无论谁出任下任书记，民主党首先都要妥善处理与五星运动和"第三极"的关系。与此同时，梅洛尼政府的一些政治议程也可能推动中左翼政治力量达成某种共识。例如，上文提到，中右阵营希望通过宪法改革解决意大利政局不稳的问题，但是假如宪法改革可能削弱议会对政府的问责能力，则很可能促使三个主要反对党走向团结。②

---

① 统计范围包括总理、部长、副部长和部长秘书。数据参见意大利政府网，https：//www. governo. it/it/i-governi-dal-1943-ad-oggi/governo-meloni/20727。

② James L. Newell，"What Giorgia Meloni's Maiden Speech to Parliament Told Us about Italy's Future"，*EUROPP*，28 October 2022，https：//blogs. lse. ac. uk/europpblog/2022/10/28/what-giorgia-melonis-maiden-speech-to-parliament-told-us-about-italys-future/，最后访问日期：2022年11月26日。

2023 年，各党派角逐的战场将回到地方选举，届时将有四个大区举行选举，按照时间顺序依次为拉齐奥大区、伦巴底大区、弗留利-威尼斯朱利亚大区和莫里斯大区。在 2018 年的选举中，中左阵营赢得了拉齐奥大区；中右阵营赢得了其余三个大区；五星运动单独竞选，在莫里斯大区排名第二，在其他三个大区均排名第三。在上述四个大区中，中左、中右阵营在各自赢得的大区都保持了明显优势，唯一的变数取决于五星运动是选择单独竞选，还是与民主党联合竞选。此外，2023 年上半年还有 759 个城市将迎来市政选举，其中 18 个是省会城市。在过去四年中，地方选举基本上是中左、中右阵营之间的较量，五星运动的影响力大幅降低。地方选举的结果不仅将影响中右阵营的团结，也将影响中左翼政治力量之间的合作与竞争。对于五星运动而言，能否在孔特的带领下扭转其在地方选举中的颓势，是其从民粹主义转向进步主义的道路上必须迈过的"坎"。

B.3
意大利经济：已走出低谷了吗？

〔意〕洛伦佐·科多尼奥*

摘　要：　继2021年实现了强劲复苏后，意大利经济在2022年继续扩张，全年保持了相对较高的增速。然而，随着俄乌冲突的爆发及其对意大利的能源价格和对外贸易条件的影响日趋严重，2022年意大利的经济活动越来越受到抑制，经济增长最终在第四季度陷入停滞。尽管如此，2022年底能源价格已出现显著下降，这会逐步降低通胀水平并支持经济增长，因此2023年意大利的经济前景并非那么悲观。此外，未来三年，由"下一代欧盟"复苏基金资助的大规模公共投资计划将使得意大利经济每年多增长约1个百分点。长期而言，意大利经济的健康发展与公共债务的可持续性仍有赖于推行大胆而具有深远意义的改革。

关键词：　意大利　经济增长　能源危机　总体生产率　财政政策

一　从德拉吉到梅洛尼

2022年，意大利的政治领导层发生了重大变化。由马里奥·德拉吉（Mario Draghi）任总理的大联合政府被由焦尔吉娅·梅洛尼（Giorgia Meloni）领导的中右政府取代。梅洛尼政府的经济政策在初期对德拉吉政府有一定的

---

* 洛伦佐·科多尼奥（Lorenzo Codogno），意大利经济与财政部前首席经济学家，现为英国伦敦经济学院（LSE）欧洲研究所访问教授，主要研究领域为意大利经济、欧洲经济。

延续性，然而，随着时间推移，其政策方向很可能会发生较大变化。

2021 年 2 月 13 日，欧洲中央银行前行长德拉吉宣誓就任意大利总理，领导新一届技术-大联合政府。该政府由政治家和独立的技术官僚构成，得到了意大利议会内几乎所有主要政党的支持，这些政党包括反建制的五星运动、极右翼的联盟党、中右翼的意大利力量党、中左翼的民主党、中间派的意大利活力党。意大利兄弟党选择继续做反对党。2022 年初，马塔雷拉当选连任意大利总统，开始了 7 年的新任期。2022 年 7 月 21 日，五星运动决定取消对德拉吉政府的支持，随后联盟党和意大利力量党也做出类似决定，这迫使总理德拉吉递交辞呈。2022 年 9 月 25 日，意大利提前举行了大选，在新政府产生之前，德拉吉政府继续作为看守政府运转。

大选结果显示，由梅洛尼领导的中右翼联盟获得压倒性胜利。意大利兄弟党在众议院获得了超过 26% 的选票，成为议会第一大党。此后梅洛尼政府迅速组建成功，于 2022 年 10 月 22 日宣誓就职。尽管在德拉吉执政期间，意大利兄弟党是主要政党中唯一的反对党，但是政府更替后并未出现大转折。至少在最初，梅洛尼政府延续了德拉吉政府采取的大部分政策，特别是在经济和外交政策方面。新政府成立后，制定 2023 年预算的时间非常紧迫，而应对能源成本上升导致的生活成本危机又成为最优先事项。为落实意大利的国家复苏与韧性计划（PNRR），梅洛尼政府在年底前紧锣密鼓地制定了 2023 年预算，其中德拉吉政府时期推出的大量措施得以延续。此外，2023 年预算中还有一些财政支出规模较小但旨在兑现中右翼联盟竞选承诺的举措，其中部分措施颇具争议。

德拉吉总理在一年半的执政时间里为意大利经济做出了重要贡献。此外，得益于他本人的国际声望，意大利在欧盟决策过程和欧盟对外政策的制定中也发挥了重要作用。除了在国内较为成功地应对新冠疫情外，德拉吉政府还在国际层面（主要依托 2021 年意大利担任二十国集团轮值主席国的身份）和欧盟层面推动了加快接种疫苗的倡议，以及为欧盟出台应对新冠疫情和俄乌冲突的经济政策发挥了一定的引导作用。

在经济领域，德拉吉推动意大利在 2021 年和 2022 年实行了宽松的财政

政策，并计划于 2023 年及之后逐步收紧财政支出。虽然梅洛尼政府推出的 2023 年预算仍是扩张性的，但是与前两年相比确实有所收缩。在 2023 年经济增长会放缓的情况下，梅洛尼政府仍延续了德拉吉政府收紧财政支出的政策方向。

德拉吉政府还启动了多项重大改革，并力保在与梅洛尼政府交接权力的过程中继续推进改革。到 2022 年底，意大利如期实现了国家复苏与韧性计划中 55 个既定的改革里程碑和目标，这是德拉吉政府与梅洛尼政府进行了良好协调的体现，背后需要付出非凡的努力。另外，截至目前国家复苏与韧性计划取得的成绩也显示出意大利的公共行政部门具备履行职责的能力，这令人鼓舞。

2023 年，意大利政府的态度可能会发生变化，改革将更具中右翼色彩，并触及税收制度和竞争等争议性问题的核心。未来梅洛尼政府政策不可避免的"政治化"可能会导致当前计划发生重大变化甚至"脱轨"。因此，能否确保继续推进现有的二级立法与监管层面的工作，同时确保充分实施已经启动的改革，特别值得关注。

梅洛尼政府在议会拥有稳定多数，即便在大选过后，意大利兄弟党的民意支持率仍保持了上升势头。由于意大利兄弟党支持率的提升主要以联盟党支持率的流失为代价，因此在未来某个时点，这两个党派之间的关系可能会出现紧张进而削弱执政联盟。然而，到目前为止，梅洛尼政府在议会仍拥有坚如磐石的多数席位支持，党派之间也保持了团结一致。

2023 年，意大利经济还面临来自日益复杂甚至危险的国际环境的挑战。2022 年俄乌冲突爆发后，地缘政治格局、全球事务与治理、国际贸易和投资以及国际金融秩序等领域均发生了重大变化。此外，俄乌冲突正在推动全球主要政治阵营的对立，威胁着国际市场的开放，导致全球经济变得极为脆弱。总之，2022 年底和 2023 年初，得益于天然气价格大幅下跌，意大利经济表现有所好转，但是复苏的基础仍然薄弱，而且蕴藏着诸多不容低估的潜在风险。

二 疫后经济复苏渐失动力

2022 年初，各大预测机构普遍认为，在继 2020 年衰退 9.0% 和 2021 年反弹 6.7% 之后，2022 年意大利经济将再度实现大幅增长。然而，随后爆发的俄乌冲突使得经济不确定性陡增，而天然气价格和通胀率飙升开始快速侵蚀居民可支配收入并抑制投资活动。在此背景下，2022 年意大利未能实现强劲增长，但得益于 2021 年经济增长的惯性加之意大利经济自身的韧性，全年经济增长率仍达到了 3.9% 的相对较高的水平。

受到放松防疫措施后被压抑的服务业需求大部分释放殆尽、能源成本上涨对居民可支配收入的压缩效应以及欧央行紧缩货币政策的抑制效应等因素影响，2022 年第四季度意大利经济增长不可避免地陷入了停滞，季度环比下滑了 0.1%。

在国际层面，新冠疫情及其应对措施本就留下了通货膨胀"隐患"，俄乌冲突爆发进一步加剧了大宗商品和能源供应的紧张程度，这共同导致发达经济体的通胀率进入持续上升的通道。为遏制通胀继续"横冲直撞"，发达经济体必须进一步收紧货币政策和财政政策，而这又会抑制经济活动。

如果从总需求方面看 GDP 的构成，自 2020 年第三季度起，疫情"封锁"期间累积的额外储蓄为消费和投资提供了实质性支持。此外，意大利政府在新冠大流行期间推出的企业和家庭收入支持措施也增加了家庭可支配收入，进而支持了家庭购买力和消费。尽管 2022 年家庭可支配收入的购买力开始缩水（第三季度同比下降 1.2%），但是消费表现出人意料地强劲，第二季度和第三季度均环比大幅上升了 2.5%。预计 2022 年家庭消费将比 2021 年增长约 5.0%，而 2021 年同比增长了 5.2%，2020 年同比下降了 10.5%。家庭储蓄率在 2020 年第二季度达到 19.6% 的峰值，此后逐步下滑，到 2022 年第三季度下降至 7.1%，低于新冠大流行之前三年的平均水平（8.1%）（见图 1）。至 2022 年第三季度末，累计家庭额外储蓄占家庭年收入的比重保持在 13% 左右。鉴于此，预计 2023 年家庭累积的额外储蓄可能

会继续释放，尽管速度要明显放慢。当然，实际情况还取决于不同收入阶层的消费倾向和财政政策的分配效应。

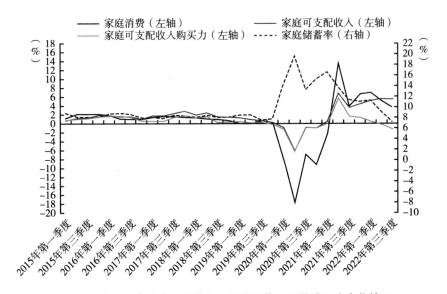

图1　意大利家庭消费、储蓄率、可支配收入及其购买力变化情况

资料来源：笔者根据 ISTAT 和 Refinitiv（Datastream）数据自制。

随着疫情期间被压抑的需求逐步得到释放，服务业在 2022 年表现良好，但是制造业活动在 2022 年下半年出现收缩，2023 年上半年甚至会更加疲软。总体而言，与其他大多数发达国家相比，意大利的制造业部门多样化程度高，因此更好地抵御了供应链中断和供应链瓶颈带来的冲击。尽管如此，由于制造业企业仅能将一部分提高的生产成本转嫁给消费者，制造业的表现整体上不如服务业，两者的分化仍在加剧。

随着生活成本危机加剧，意大利的消费者信心指数已降至新冠大流行前的水平之下，2022 年 10 月降至谷底，此后随着能源价格有所下降而出现小幅反弹。2023 年初，能源价格的进一步下跌、劳动力市场的弹性增强以及俄乌冲突造成的不确定性有望降低等因素，将共同支持消费者信心指数继续回升。尽管疫情反弹带来的消费增长特别是服务业消费的增长将在 2023 年逐渐减缓，但是能源价格下降以及整体通胀率（headline inflation）的走低可能部分地抵消信贷条件收紧的负面影响，居民可支配收入有望恢复增长，进而为消费和经济增长提供进一步支持。

至 2022 年底，欧洲的天然气价格已显著下降，因为许多国家已通过供应来源多样化、增加储存容量、减少消费以及使用其他替代能源等方式，显著减少了对俄罗斯天然气的进口需求。意大利原本高度依赖俄罗斯的天然气供应，因此在能源危机中显得尤为脆弱，但是也已开始选择从阿塞拜疆（经阿尔巴尼亚）和北非（经突尼斯和阿尔及利亚）进口管道天然气。此外，意大利还加强了再气化能力，以便接收更多来自世界各地供应商的船运液化天然气。尽管 2023～2024 年冬季的天然气供应仍有缺口需要填补，但是意大利 2022～2023 年冬季并未被迫采取配给制，也未受到能源价格冲击的显著影响。若不出进一步的意外，2023 年国际天然气价格可能会徘徊在远低于 2022 年夏季的水平，但仍会高于俄乌冲突爆发前的水平。

总体而言，在新冠疫情期间以及此后的生活成本危机中，欧元区的货币政策和意大利的财政政策及应对措施在稳定需求、防止企业违约潮以及减轻对最脆弱家庭的冲击方面都取得了较好成效，比以往危机时期的政策效果好得多。

在通货膨胀方面，直到 2022 年底通胀率出现飙升之前，意大利的表现与欧洲其他国家大体一致。2022 年 10 月，意大利的通胀率［以消费者价格协调指数（HICP）衡量］达到了峰值，同比涨幅为 11.8%（当月欧元区通胀率为 10.6%），此后在 12 月小幅降至 11.6%。预计意大利通胀率很可能在 2023 年的前几个月继续走低，与欧元区之间的差距也会逐步缩小。截至 2022 年底，通胀仅对工资水平产生了较为温和的助推效应，2022 年 12 月的合同时薪同比小幅增长了 1.5%。生产者价格通胀率在 2022 年 9 月达到峰值，同比涨幅为 41.7%，12 月降至 31.7%。2022 年 4～8 月，进口价格同比涨幅接近 21.5%，此后开始略有缓和。鉴于此，虽然意大利的整体通胀率在 2023 年初将大幅下降，但是核心通胀率（core inflation）仍将保持在高位，这是因为价格上涨从能源领域向整体消费领域的传导仍在进行当中（见图 2）。可见，通胀的"魔鬼"一旦被放出瓶子，想要再关回去会非常

困难。这就是为什么意大利和欧元区的通胀率可能需要两至三年时间才会恢复至欧央行设定的 2.0% 的目标。

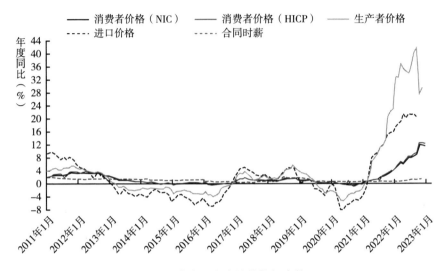

图 2　意大利各类价格指标走势

资料来源：笔者根据 ISTAT、Refinitiv（Datastream）和 Eurostat 数据自制。

2022 年 7 月，欧央行近 11 年来首次加息，将三大关键利率分别上调了 50 个基点，其中存款便利利率从 -0.50% 上调至 0。此后，欧央行的货币政策正常化进程一直在持续。2022 年底欧元区存款便利利率升至 2.00%，2023 年 2 月初升至 2.50%。未来利率可能会持续提高，有可能在 2023 年中达到 3.50%，这将不可避免地弱化能源价格下降对总需求的积极影响。但是，若不发生意外，欧央行将有望在 2025 年初将通胀率降至 2.0% 的目标水平。

三　进口能源成本飙升　对外账户总体表现良好

虽然意大利的出口在新冠大流行期间波动很大，但是 2022 年上半年净出口对经济增长的贡献仍然很大。然而，到 2022 年第三季度，净出口急剧恶化，拖累了季度经济增长。在进入 2022 年后的几个季度，意大利的对外贸易表现相当不稳定。2022 年前三个季度，净出口对经济增长的净贡献为-1个百分点，主要原因是进口额大幅增加。

2022 年，整个欧元区的贸易受到了巨大冲击。与美国不同的是，整个欧元区尤其是意大利严重依赖进口能源。图 3 显示，2022 年欧元区的贸易受到的负面影响相当大，而美国的情况与之正相反。

图 3 欧元区与美国对外贸易条件变化趋势

注：2020 年 1 月 = 1。

资料来源：笔者根据 Refinitiv（Datastream）和 Eurostat 数据自制。

2022 年，意大利对非欧盟国家的出口额同比增长了 20.8%，进口额同比增长了 55.1%。欧盟内部的进出口数据显示，2022 年前 11 个月，意大利对欧盟国家的出口额同比增长了 21.1%，进口额同比增长了 25.0%。2022年前 11 个月，意大利对外贸易逆差总额为 321 亿欧元。如不将能源部门计算在内，意大利的对外贸易实现了 702 亿欧元的盈余，相当于 GDP 的3.7%，而能源部门的贸易赤字高达 1023 亿欧元。除能源部门外，2022 年意大利贸易平衡的恶化程度并不算大（见图 4）。

就贸易额而言，意大利的出口额已在 2021 年第四季度恢复至新冠大流行前的水平，2021 年全年增长了 13.5%，2022 年前三季度同比增长了

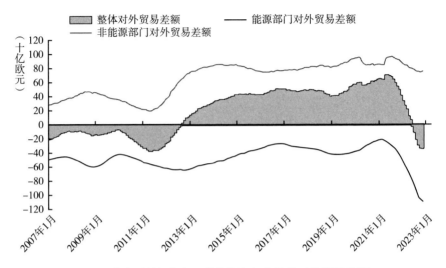

图 4　意大利能源部门、非能源部门和整体对外贸易差额

资料来源：笔者根据 Refinitiv（Datastream）和 ISTAT 数据自制。

10.8%。进口额的增长势头更加强劲，2021 年增长了 14.8%，2022 年前三季度同比增长了 15.0%。

2021 年，意大利的经常账户实现了 537 亿欧元的盈余。2022 年前 11 个月，经常账户赤字达 163 亿欧元。经常账户由盈余转为赤字的主要原因在于 2022 年能源进出口平衡的急剧恶化。2022 年全年，意大利的经常账户赤字接近 180 亿欧元，占 GDP 的比重约为 1%；而 2021 年全年经常账户盈余占 GDP 的比重为 3.1%。截至 2022 年第三季度末，意大利的净国际投资头寸约为 1058 亿欧元，占 GDP 的比重为 5.7%，2021 年底这一比重约为 8.1%，总体上保持了稳定的盈余。如果天然气和石油价格稳定在当前水平，2023 年意大利的经常账户可能会扭转为盈余。

2022 年之前的若干年里，意大利的对外贸易和经常账户收支状况一直在稳步改善。2022 年，意大利出口额的增长比多数其他欧洲国家强劲，几乎所有部门都做出了积极贡献。出口部门的多样化使得意大利并未出现大规模的供应链中断。然而，需要注意的是，未来国内储蓄和投资之间的再平衡过程可能会令经常账户盈余和净国际投资头寸有所减少。

四 谨慎而负责任的公共预算

梅洛尼政府上台后明确表示，将致力于延续德拉吉政府的要求推行负责任的预算政策。迄今为止，这一声明的确落实了。梅洛尼政府 2022 年秋季发布的财政状况展望与欧盟现有的预算规则和欧盟委员会的指导方针基本上一致，释放了适度紧缩的财政政策、合规的支出模式以及总体上谨慎而负责任的公共预算的信号。根据这一展望，梅洛尼政府用于应对生活成本危机的财政支出措施到 2023 年第一季度即将终止。此外，2023 年预算中用于兑现选举承诺（从增加养老金支出到减税）的资金也很少。因此，梅洛尼政府必须想办法为未来的财政支出举措筹集资金，同时还要保持合理的财政支出结构。

意大利政府原本预计 2022 年本国 GDP 增长率为 3.3%，最终统计结果显示为 3.9%。鉴于对全球贸易活跃度预期的降低、欧元汇率走强以及利率走高等因素，意大利政府于 2022 年 9 月将该国 2023 年经济增长率的预测值由之前的 0.6% 下调至 0.3%。此后，在 2023 年预算案通过以及 2022 年末出台了新的《援助法令》后，政府又将 2023 年的经济增长预测值回调至 0.6%。考虑到 2022 年末的诸多积极事态，0.6% 的预期增长率或许仍有些保守。此外，意大利政府将未来几年的经济增长率预测值都相应地进行了上调，2024 年上调为 1.9%，2025 年上调为 1.3%。意大利政府还将 2023 年本国 GDP 平减指数和消费平减指数分别调整为 4.2% 和 5.9%，并且基于劳动力市场的滞后效应将单位劳动力成本增长率由 3.7% 调整至 3.9%。实际上，上述各项预测最终可能都会被证明过于谨慎。

此外，由于能源产品增值税收入增长强劲，同时名义经济增长率较高，意大利近几个季度的财政收入好于预期。2022 年前 11 个月的财政收入与2021 年同期相比增长了 9.7%，其中税收同比增长了 11.2%，企业社会贡献同比增长了 6.4%。此外，2022 年国有部门的累计现金借款需求从 2021 年的 1060 亿欧元大幅下降至 669 亿欧元，减少了 391 亿欧元。考虑到未来一

次性项目的支出规模与时间节点以及"下一代欧盟"复苏基金的拨款情况，预计 2022 年意大利政府财政赤字占 GDP 的比重约为 5.1%，2023 年将降至 3.4%。到目前为止，财政收入增长部分抵消了政府应对生活成本危机措施的支出、更高的经常性支出（例如，由于养老金与通胀指数挂钩，实际支出在增加）以及更高的公共债务利率支出（一方面债务收益率提高了，另一方面与通胀指数挂钩的债券利息支出也增加了）。目前 2023 年预算仅在第一季度安排了针对家庭和企业的救助措施，而且提出未来将逐步转向财政紧缩，预计这一趋势将会持续下去。对此，欧盟委员会给予了肯定，欧元集团 2022 年 12 月发布的关于意大利政策适当性的声明也给予了积极评价。

目前看来，梅洛尼政府不太可能很快对养老金体系做出任何实质性改变或大幅减税。政府的大部分财政盈余将被用于减少公共债务，而包括增加养老金支出和减税在内的旨在兑现选举承诺的财政支出都只能通过增加财政收入或削减其他项目支出来筹集资金。

五　欧央行收紧货币政策及其对意大利公共债务市场的影响

当前全球主要经济体的债务可持续状况都在恶化。2021 年，全球利率周期的整体趋势开始扭转，2022 年的通胀率飙升加剧了这一趋势。更高的利率和更低的经济增长水平几乎对全球所有地区的公共和私人债务的可持续性构成了挑战，同时加剧了潜在的金融稳定问题。

由于欧洲的通胀率飙升主要与能源价格有关，因此 2022 年末天然气价格的下跌有望令通胀形势有所缓解，从而令欧洲不需要实施过于严厉的货币紧缩政策。然而，考虑到高能源价格可能会持续较长时间，同时价格-工资螺旋上升的风险犹在，而金融市场预期尚未稳定，预计欧元区将进一步收紧货币政策，到 2023 年中存款便利利率可能会接近 3.50%。这是否会将欧元区国家的主权债券市场推向"糟糕的平衡"和危机的边缘呢？

当前，意大利公共债务与 GDP 之比超过 150%。众所周知，当利率低于经济增长率时，公共债务的实际成本比人们普遍认为的要低。在过去十年中，持续低于名义经济增长率的利率实际上提升了各国的债务承受能力。然而，当前持续的结构性高通胀加上创纪录的高债务率（公共债务/GDP）正在"破坏"人们对债务前景的看法，这导致意大利的处境变得特别微妙。

在 2020 年新冠大流行期间，发达经济体的宏观经济政策应对措施，包括取消财政规则、放宽监管以及实行宽松预算等，实际上代表着决策者的悲观谨慎心态，即竭力避免系统性压力和金融不稳定，同时控制潜在的主权违约风险。然而，自那时以来，新冠疫情造成的供应端紧张与供应链中断、贸易政策的不确定性、被广泛讨论的"去全球化"、能源市场的结构性变化、应对气候变化变得更为紧迫以及在乌克兰爆发的大规模军事冲突，都导致了通货膨胀和价格水平的结构性上升。此外，更高的成本和对总供给的任何损害都可能导致生产力和潜在产出持续下降，这意味着即便需求温和增长也将助推价格继续上涨。

欧央行必须确保欧元区的相对价格和成本水平在不引发通胀持续波动的情况下调整到新的平衡，因此它别无选择，只能适度加息，以避免金融市场预期和价格/工资制定者的行为失控。然而，加息的后果很可能是欧元区成员国主权债务长期成本的急剧上升。

过去多年，欧央行通过大量购买成员国政府债券来实行量化宽松政策。至关重要的是，这使得金融市场长期处于"麻醉状态"之下。由于过去20~25 年欧洲的通胀水平几乎没有上升，这一状态似乎已被看作常态。事实上，欧央行的量化宽松政策帮助了意大利等陷入困境的高债务国家，使得这些国家的国债与普遍被认为无风险的德国国债的利差稳定在低水平上。在通胀持续低于货币政策目标的情况下，欧央行的干预措施一方面不违背维持价格稳定的首要任务，另一方面还可以适度地支持成员国政府的财政支出政策。然而，欧央行大量购买成员国国债又造成金融市场无法再依靠传统指标来评估违约风险。实际上，当欧央行承诺大量购买债务时，金融市场的指标就严重失真了。

随着通胀率的飙升，欧央行和其他诸多发达国家的央行不得不提高利

率。此外，各主要央行还需要进行"量化紧缩"，即减少其资产负债表中政府债券的存量。此外，除了再次强调要保证价格稳定外，欧央行还力图将一些高债务成员国国债与德国国债的利差维持在一定范围内，从而避免货币政策传导中的"碎片化"效应。欧央行在 2022 年 9 月 8 日发布的解释货币政策和再投资政策的声明中表示，"新冠大流行紧急采购计划（PEPP）组合中到期的赎回资金正在灵活再投资，以应对与大流行相关的货币政策传导机制带来的风险"。更为关键的是，欧央行决定建立一个新的政策传导保护工具（TPI），专门"对抗对所有欧元区国家的货币政策传导构成严重威胁的无端、无序的市场动态，从而使（欧央行）执委会能更有效地履行其保证价格稳定的职责"。[①] 这一新工具对于意大利而言至关重要，但是其执行也可能会令形势变得更加复杂。

那么，当前诸多关键变量的长期趋势发生重大变化将如何影响意大利公共债务与 GDP 之比（有时也称为"债务率"）的变化趋势呢？如果公共债务与 GDP 之比未呈现随时间增长的趋势，债务就可被视为"可持续"的。在新冠疫情蔓延的情况下"下一代欧盟"复苏基金出台，各方预计未来几年意大利的经济增长将得到公共投资的支持，同时通货膨胀也将逐步恢复至目标水平。在此背景下，随着时间的推移，货币政策很可能会逐步回归正常，仍保持较低的利率。而且，当实际利率低于实际经济增长率时，公共债务与 GDP 之比自然会逐步下降，甚至会出现初级财政平衡。然而，2021 年以来能源价格的持续上涨推高了预期通胀率，同时潜在经济增长率下降，而货币政策持续收紧将使得实际利率高于实际经济增长率。在此情况下，除非政府有足够多的初级财政盈余，否则经济必然走上公共债务与 GDP 之比不断攀升的道路。若金融市场因此改变了对实际利率和潜在实际经济增长率的长期预期，进而改变了对一国债务可持续性的看法，那么该国要稳定甚至逐步降低公共债务与 GDP 之比将变得更具挑战性。金融市场一旦形成预期，

① European Central Bank, "Monetary Policy Decisions", press release, 8 September 8 2022, https://www.ecb.europa.eu/press/pr/date/2022/html/ecb.mp220908 ~ c1b6839378.en.html, 最后访问日期：2022 年 12 月 30 日。

通常会很快做出反应，会要求意大利等公共财政脆弱的国家在发行国债时提供更高的风险溢价，从而迫使这些国家转向财政紧缩。然而，在这种情况下，出于周期性和结构性的原因，这些国家又往往亟须增加财政开支。本国与其他国家之间更高的国债利差意味着更高的企业和家庭借贷成本，会造成国内金融条件恶化，削弱金融中介机构的韧性。因此，相关国家将陷入一种"糟糕的平衡"，负面预期可能将在持续的金融动荡和经济下行情况下自我实现。鉴于此，高债务国家要实现金融市场稳定，关键要做到两点：其一，在"下一代欧盟"复苏基金执行结束时实现更高的潜在经济增长率；第二，在遵守整个欧元区政策规定的前提下，通过制定可信的财政紧缩计划来控制本国与其他国家之间的国债收益率利差。

通常而言，欧盟委员会首先就与债务可持续性相关的所有变量做出预测，之后模拟所有成员国公共债务与 GDP 之比的变化趋势。在变量方面，欧盟委员会重点对所有成员国国债的实际利率（用隐性借贷成本减去欧央行设定的 2% 的通胀目标计算得出）和潜在经济增长率做出中期预估。对大多数国家而言，债务平均到期日越晚、未偿还债务的期限越长，对较高平均借贷成本的调整速度就越缓慢。因此，可以想象的是，欧盟委员会预测的隐性借贷成本难以将预测期内的潜在成本增长全部考虑进去。此外，欧盟委员会对成员国潜在经济增长率的预测纳入了"下一代欧盟"复苏基金支持的投资与改革项目的积极影响，但实际上目前这些项目仍在纸面上，尚未真正落实。鉴于此，金融市场对个别国家经济增长与借贷成本之间实际相互作用的中期预测可能比欧盟委员会预测的更加不乐观。考虑到这些情况，如果要确保逐步降低公共债务与 GDP 之比，则几乎所有欧盟成员国的实际经济增长率都要比利率高出约 2 个百分点才行，其中也包括非欧元区国家，非欧元区国家的利率变化趋势与欧元区类似。图 5 显示了"危险区"，在这一区域，成员国兼具高债务率和需要实现大规模初级财政盈余才能稳定债务率这两个特征。毫不奇怪，意大利在"危险区"中处于突出位置。值得注意的是，法国、比利时和西班牙也处于"危险区"，虽然它们的债务率不如意大利那么高，但是要稳定债务率也需要做出相当大甚至比意大利更大的财政调整。

2020 年至 2021 年初的全球宏观经济环境和市场情绪有较强的独特性，现在那个阶段已经结束了。进入 2022 年，全球宏观经济形势已彻底改变。没有一家重要经济体的央行能够容忍更高的通胀率，因此必须提高利率。这么做不仅是为了对抗既有的通胀，还为了防止通胀率和通胀预期的进一步攀升。如果不这样做，更高的通胀溢价将继续推高长期借贷成本，而这需要在将来采取带来更多痛苦的反通胀政策。换言之，如果各国央行不提高利率，那么债务的可持续性将更糟糕，甚至可能立即引发债务危机。

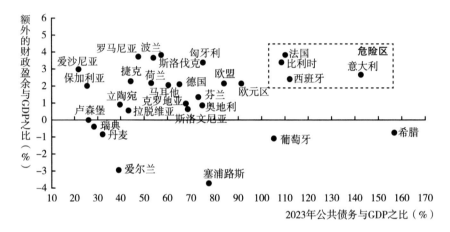

图 5　2023 年欧盟成员国债务率以及稳定债务率需要的额外财政盈余（预测）

资料来源：笔者根据 Eurostat 数据自制。

历史经验表明，公共债务的风险溢价往往呈指数而非线性增长，这必然会加剧借贷成本上升，将高债务国推向"糟糕的平衡"。可能有人会认为，长期以来，欧央行一直在有意通过量化宽松措施来压缩风险溢价。此外，"下一代欧盟"复苏基金为最脆弱的成员国提供廉价融资，而欧央行的 TPI 也可能会减轻相应的潜在负面后果。然而，这些政策的成功更多地取决于成员国提高政策可信度和调整初级财政平衡的能力。特别是，欧央行新出台的 TPI 只有在相关成员国达到以下四项标准时才能启动：（1）遵守欧盟财政框架；（2）没有严重的宏观经济失衡；（3）公共财政具有可持续性；（4）具有健全和可持续的宏观经济政策。在实际操作层面，TPI 或许仅可用作预防性工具。通常而言，一旦某个国家的国债市场承受压力，该国几乎不可能完全达到所有四项标准。在这种情况下，可用的政策工具更可能是直接货币交易计划（OMT），而非 TPI。

综上所述，未来几年意大利的财政可持续性前景将取决于两个先决条件。其一，实行审慎的财政政策和明智的宏观审慎监管政策，这对于降低甚至消除金融市场情绪突然转变的风险至关重要，而这种市场情绪转变可能将意大利政府的债务推向"糟糕的平衡"。其二，应加快推进改革和投资，以便在尽可能短的时间内获得回报，更快地提高经济潜在增长率。应更多地将经济资源用于提高生产力，在增加物质资本和人力资本存量的同时提高其利用效率。那么，意大利能做到这两点吗？

六 意大利能扭转持续数十年的经济颓势吗？

2020 年，意大利获得大约 2000 亿欧元的"下一代欧盟"复苏基金赠款和低息贷款，加之国内的配套资金，可以进行大规模的公共投资，因此获得了一个提高潜在经济增长率的千载难逢的机会。这些公共投资将会增加生产性资本存量，并与供给端的诸多改革一起，有望将对需求的短期提振转化为对潜在经济增长的更持久的支撑。据意大利政府的预测，意大利的潜在经济增长率将跃升至 1.1%，这明显高于新冠大流行前各大机构的预测。

全要素生产率（TFP）是增长问题的根源。全要素生产率代表产出增长的一部分，而这一部分无法通过传统计量方法中的劳动力和资本投入来解释。它反映了技术进步和创新，以及生产要素的配置效率和生产组织优化，同时也与政府和公共部门的组织效率相关。在意大利，全要素生产率增长在 20 世纪 70 年代中期陷入停滞。

在二战结束后的头 30 年里，意大利的全要素生产率经历了大幅增长。所谓"意大利奇迹"，实际上发生在意大利仍在追赶更发达国家的时期。然而，自 20 世纪 70 年代中期以来，意大利的全要素生产率停止了增长。在第一次石油危机前后，发达国家的实际经济增长与全要素生产率的表现开始出

现分化。与意大利不同的是，其他主要欧洲国家的全要素生产率仍继续增长。20 世纪 70 年代和 80 年代，意大利的经济增长率与其他欧洲国家持平，但这并不是通过创新获得的，更多是受到扩大财政赤字和货币贬值等需求措施的刺激。这些措施是不可持续的，不仅引起了高通胀，还造成公共赤字和公共债务的增加。20 世纪 80 年代，高通胀和公共财政赤字的问题进一步加剧。直到 20 世纪 90 年代中期，意大利的经济仍在继续增长，虽然速度进一步放缓，而全要素生产率的贡献仍接近于 0。从总供给来看，1975～1995 年，经济增长主要由资本的贡献驱动，其中部分原因是资本对劳动力的加速替代。其间，意大利的劳动力市场变得过于僵化和低效。

20 世纪 90 年代中期，意大利与其他发达国家在经济增长方面的差距变得明显。从 1998 年到 2019 年，即新冠疫情暴发之前，意大利全要素生产率对经济增长的贡献为负，惊人地下降了 13.7 个百分点，这表明意大利在创新、资源配置和组织生产要素方面的能力出现了倒退。20 世纪 90 年代后半期，意大利的经济增长陷入停滞。1995～2019 年，与欧元区整体水平相比，意大利的经济增长率累计低了 29.5 个百分点。

有关意大利经济的持续低增长，人口结构变化和就业率仅能给出部分解释。意大利的就业率确实较低，但自 1995 年以来一直处于增长态势，与法国、德国和英国的变化趋势大体一致。这一时期的就业总人数之所以能增长 16%，主要原因在于女性的劳动力市场参与率稳步提高。此外，意大利劳动力队伍的年龄中位数相对较高，但是并不比德国高。因此可以说，尽管某些行业和企业的劳动力老龄化比较严重，但是意大利经济低增长的"罪魁祸首"并不在于人口的年龄结构。

综上所述，导致意大利经济表现低迷、与其他发达国家差距逐步拉大的主要原因是生产率增长停滞，而不是其他经济现象。而且，意大利经济的反常的颓势并非像人们通常认为的那样始于 20 世纪 90 年代，而是始于 20 世纪 70 年代。那么意大利能扭转持续了 50 余年的经济低迷局面吗？我们认为，通过推进大胆而深远的改革，同时充分利用大规模公共投资计划，意大利仍有机会恢复经济可持续增长。

七 结语与展望

2022 年，在新冠大流行的影响犹在，同时国际形势日益复杂甚至危险的情况下，意大利经济仍在进一步复苏。俄乌冲突爆发后，地缘政治、全球事务和治理、国际贸易和投资以及国际金融秩序等领域都发生了重大变化。2022 年意大利经济增长速度逐步放缓的趋势预计会持续到 2023 年第一季度，在能源价格大幅下降的背景下，意大利经济有望在 2023 年某个时点开始改善。然而，应该看到，意大利的经济复苏仍然脆弱，面临诸多潜在风险。在未来三年，考虑到"下一代欧盟"复苏基金支持的投资计划仍将继续为经济提供较强刺激，预计意大利经济每年将额外增长至少 1 个百分点。从长期来看，如果意大利不通过深层次的结构性改革来提高其潜在经济增长率，那么其经济和财政可持续性的前景仍然不那么乐观。迄今为止，在公共财政上，梅洛尼政府释放了负责任的且令人心安的信号，但是未来的任务仍然艰巨。

（孙彦红译）

B.4

意大利社会：多措并举力保民生，
官民齐动安置难民

臧宇 秦珂*

摘 要： 2022年俄乌冲突爆发，随后在欧洲和意大利引发了能源危机等一系列连锁反应。能源等大宗商品价格上涨导致通货膨胀率飙升，民众生活成本随之大幅提高，中低收入群体致贫、返贫风险加大，急需社会救助。此外，十余万乌克兰难民的涌入也给意大利社会带来巨大挑战，难民安置成为政府不得不面对的难题。在民生方面，意大利政府为缓解生活成本上升的压力采取了诸多救助举措，通过降税减费、发放系列津贴等措施为困难群体的基本生活"兜底"，同时精准帮扶特殊人群，在整体上维护了社会稳定。在难民安置方面，意大利依托现有接收体系，整合社会资源，克服困难，较为妥善地安置了大批乌克兰难民。

关键词： 意大利 能源危机 通货膨胀 社会救助 乌克兰难民

对于意大利社会而言，2022年无疑又是不寻常的一年。在新冠疫情尚未退散、全球粮食减产的大背景下，俄乌冲突爆发导致欧洲陷入能源危机，意大利国内主要商品价格全面上涨，其中尤以水、电、气和食品为最，民众

---

* 臧宇，文学博士，广东外语外贸大学西方语言文化学院意大利语系副教授，中国人类学民族学研究会国际移民研究专业委员会理事，广东外语外贸大学国际移民研究中心研究员，主要研究领域为地中海移民治理、中意跨文化交流；秦珂，广东外语外贸大学西方语言文化学院欧洲语言文学专业2020级硕士生。

生活成本和企业生产成本大幅提高，原本处于强劲复苏中的国民经济遭遇"当头一棒"，大批民众生活困难，贫困群体进一步扩大。在此背景下，意大利政府出台"点面结合"的社会救助措施，有针对性地保障弱势群体的基本权益，较为有效地规避了"能源贫困"可能造成的道义风险。同时，意大利整合官方、民间多方资源，接纳了十多万乌克兰难民，为其提供基本生活保障。经济社会的困难局面引发了意大利社会心态的微妙变化，或许会对未来意大利人的生活方式产生重要影响。

一　物价持续上涨，民生压力陡增

2022 年，意大利的通货膨胀愈演愈烈，消费品价格持续上涨，民众生活成本显著上升，居民收入实际购买力下降。就业状况较 2021 年有明显改善，但考虑到企业成本上升，外部需求环境欠佳，制造业和服务业前景堪忧，就业状况能否持续改善仍待观察。

2022 年，意大利以消费者物价指数（CPI）衡量的通货膨胀率延续了 2021 年初以来的持续上涨势头，1 月即环比上升 1.6%，其后除在 4 月环比小幅回落 0.1% 之外，其他月份都在一路飙升，至 11 月同比涨幅高达 11.8%，创近 40 年来最高水平。能源和食品价格上涨尤其明显，11 月同比涨幅分别为 67.3% 和 13.3%，成为通胀攀升的主要推手。根据意大利国家统计局的估算，如剔除能源商品，11 月 CPI 的同比增幅为 6.1%，如剔除能源和食品、饮料、烟酒，CPI 同比增幅为 4.2%。[①]

从家庭收入、消费和储蓄等几个方面来看，2022 年第一季度，意大利家庭的经济状况整体良好。尽管 1~3 月物价环比连续上涨，[②] 然而得益于家庭可支配收入的提升幅度更大（第一季度环比增长 2.6%），扣除通胀因素

[①] ISTAT，"Prezzi al consumo-novembre 2022"，2022，https：//www.istat.it/it/files//2022/11/Prezzi-al-consumo_Prov_Novembre2022.pdf，最后访问日期：2022 年 12 月 7 日。

[②] "Italy Inflation Rate MoM"，2022，https：//tradingeconomics.com/italy/inflation-rate-mom，最后访问日期：2022 年 12 月 10 日。

后，家庭实际购买力仍提高了 0.3%，① 可谓稳中有增。第一季度，家庭消费继续增长，环比增幅达 1.4%；家庭储蓄率升至 12.6% 的高位，环比提高了 1.1 个百分点。总之，虽然物价开始上涨，但是居民收入实际购买力不减，且大部分家庭有能力将收入中更多的部分投入储蓄，意大利民众的整体生活水平并未受到明显影响。

随着俄乌冲突持续升级以及物价进一步走高，2022 年第二季度的情况骤变，居民收入实际购买力开始下降，人们不得不减少储蓄，将更多的收入用于消费，以应对大幅上涨的生活成本。根据意大利国家统计局发布的数据，2022 年第二季度意大利家庭可支配收入环比增长 1.5%，但收入增长终究"跑不过"通胀，家庭实际购买力缩水了 0.1%。家庭储蓄率也随之降至 9.3%，比第一季度降低 3.3 个百分点，② 幸而仍高于疫情前的水平。这说明为了应对"直冲云霄的通胀和暴涨的水、电、气价格"，大批民众不得不减少储蓄，艰难维持生活。③ 另一部分居民入不敷出，被迫动用储蓄来应付生活开支。据《24 小时太阳报》网站称，2022 年有 14.9% 的居民的支出高于自己的可支配收入，这一比例比 2021 年高出 3.1 个百分点。④

物价持续上涨对居民消费产生了多重影响，其主要后果在下半年变得逐渐清晰。2022 年 6～10 月，意大利居民购买的零售商品数量连续 5

① ISTAT, "Conto trimestrale delle amministrazioni pubbliche, reddito e risparmio delle famiglie e profitti delle società-i trimestre 2022", luglio 2022, https：//www.istat.it/it/files//2022/07/comunicato-QSA-2022Q1.pdf，最后访问日期：2022 年 12 月 10 日。
② ISTAT, "Conto trimestrale delle amministrazioni pubbliche, reddito e risparmio delle famiglie e profitti delle società-ii trimestre 2022", ottobre 2022, https：//www.istat.it/it/files//2022/10/comunicato-QSA-2022Q2.pdf，最后访问日期：2022 年 12 月 10 日。
③ "ISTAT: sale la pressione fiscale, in calo il potere d'acquisto delle famiglie", *Tgcom*, 5 ottobre 2022, https：//www.tgcom24.mediaset.it/economia/istat-potere-d-acquisto-delle-famiglie-in-lieve-calo_55634683-202202k.shtml，最后访问日期：2022 年 12 月 10 日。
④ "Reddito di cittadinanza, chi sono i 660mila 'occupabili' che potrebbero subire una stretta", *Il Sole 24 Ore*, 2 novembre 2022, https：//podcast.ilsole24ore.com/serie/start-ADRW1cD/reddito-cittadinanza-chi-sono-i-660mila-occupabili-che-potrebbero-subire-stretta-AEZddMDC，最后访问日期：2022 年 12 月 12 日。

个月减少。[①] 1~10 月社会消费品零售总额同比增长 1.3%，销售的商品数量却锐减 6.3%，这表明居民收入实际购买力的缩水和民众消费状况的恶化。具体来看，同期食品类商品销售总额同比上升 4.7%，销量却下降 7.9%；而非食品类商品销售总额和销量分别下降了 1.1%和 5.2%。[②] 民众物质生活水平的整体下降由此可见一斑。康菲塞尔钱蒂基金会（Fondazione Confesercenti）的估算提供了另一个观察角度：2022 年下半年，平均每个意大利家庭的购买力缩水了 470 欧元，[③] 相当于同期意大利人均月净收入的 27.6%。[④]

意大利储蓄基金与储蓄银行协会（ACRI）联合益普索集团（Ipsos）于"世界储蓄日"（10 月 31 日）共同发布了第 22 版调查报告《意大利人与储蓄：充满不确定性的年代中储蓄的价值》（后文简称《储蓄报告》），其中的数据也间接印证了民生正处于恶化之中：有 38%的受访者表示难以维持当前的生活水平，19%的受访者（较上年提高 9 个百分点）宣称最近两至三年的生活水平下降。[⑤]

生活成本上升，消费水平持续下降，令越来越多的民众产生了不满情绪。《储蓄报告》显示，宣称"对当前经济形势十分不满"的受访者比例高达 17%，比 2020 年和 2021 年分别高出 9 个和 7 个百分点。[⑥] 同时，民众还对未来缺乏信心，对经济前景和个人经济状况的预期明显趋向悲观。消费

① "Commercio：Istat，vendite ottobre − 0，4% mese，+1，3% anno"，*ANSA*，7 dicembre 2022，https：//www. ansa. it/sito/notizie/economia/2022/12/07/commercio-istat-vendite-ottobre-04-mese-13-anno_2cc39c37-871f-472d-9280-25cd13fe3ec0. html，最后访问日期：2022 年 12 月 10 日。

② ISTAT，"Commercio al dettaglio-ottobre 2022"，dicembre 2022，https：//www. istat. it/it/archivio/278576，最后访问日期：2022 年 12 月 10 日。

③ Confesercenti，"Confesercenti，inflazione brucia 12 miliardi di potere d'acquisto"，9 ottobre 2022，https：//www. confesercenti. it/blog/consumi-confesercenti-caro-energia-ed-inflazione-bruciano-il-potere-dacquisto-delle-famiglie/，最后访问日期：2022 年 12 月 10 日。

④ Eamond，"Reddito medio Italia 2022"，22 settembre 2022，https：//eamond. com/reddito-medio-italia-2022/，最后访问日期：2022 年 12 月 11 日。

⑤ ACRI e Ipsos，"Gli italiani e il risparmio：il valore del risparmio nell'era dell'incertezza"，31 ottobre 2022，https：//www. ipsos. com/sites/default/files/ct/news/documents/2022-11/node-9 60256-972491. zip，最后访问时间：2022 年 12 月 6 日。

⑥ ACRI e Ipsos，"Gli italiani e il risparmio：il valore del risparmio nell'era dell'incertezza"，31 ottobre 2022.

者信心指数（CCI）断崖式下跌是民众心理的写照。2022 年 1 月，意大利 CCI 尚处在 114.2 的高位，高于 2021 年的平均水平（111.4），随着俄乌冲突的爆发和不断升级，该指数一路下挫，于 3 月骤降 11.6 点，4 月更是跌至 100（中值），自 2021 年下半年经济强势复苏带来的乐观情绪逐渐消退。2022 年 7~11 月 CCI 持续保持在中值以下，10 月甚至创造了近十年来的最低纪录(90.1),[①] 足见民众对经济前景、个人收入状况的预期变得越来越悲观。

与上述状况形成鲜明对比的是就业数据的持续改善。2022 年，意大利的就业率从 1 月的 59.4%稳步提升至 11 月的 60.5%，达到 2004 年以来的最高水平。6~11 月，就业率始终稳定在 60%以上。比较历史数据不难发现，2022 年的就业率整体上处于历史高位，优于 2004 年以来几乎所有年份的情况，新冠疫情带来的劳动力市场阴霾已逐渐散去。相应的，就业人数也稳步增长，走出了前两年的低谷，由 1 月的 2286.857 万人增至 10 月的 2323.100 万人，创造了新的历史纪录，而超过 15.8%的增幅也是 21 世纪以来罕见的。1~10 月，全部月份的就业人数均高于 2020 年同月和 2021 年同月的水平。[②] 总体而言，2022 年的就业人数已与 2019 年的情况大致相当，优于近 20 年来的绝大部分年份。

失业统计数据同样印证了就业状况的好转。2022 年的失业率延续了 2021 年以来的下降趋势，从 1 月的 8.7%稳步降至 10 月的 7.8%,[③] 失业人数由 1 月的 216.654 万人一路降至 10 月的 196.9 万人。[④] 青年失业问题依然严重，但也有明显改善。1~10 月，青年失业率处于持续波动中，最低曾于

① "Italy Consumer Confidence", 2022, https：//tradingeconomics. com/italy/consumer-confidence，最后访问日期：2022 年 12 月 8 日。
② "Italy Employed Persons", 2022, https：//tradingeconomics. com/italy/employed-persons，最后访问日期：2022 年 12 月 10 日。
③ "Italy Unemployment Rate", 2022, https：//tradingeconomics. com/italy/unemployment-rate，最后访问日期：2022 年 12 月 10 日。
④ "Italy Unemployed Persons", 2022, https：//tradingeconomics. com/italy/unemployed-persons，最后访问日期：2022 年 12 月 10 日。

8 月降至 22.1%，但即使是年度最高值 25.4%（出现在 1 月）也低于此前十年间的几乎所有月份。[①]

然而，随着能源和原材料价格大幅上涨，企业生产经营成本持续提升，加之海外市场疲软，意大利企业生存状况趋于恶化。1～11 月，综合采购经理人指数（PMI）整体处于下行态势，7～11 月始终低于近十年来的平均水平（51.33），也低于荣枯分水线（50），[②] 经济复苏受阻，制造业与服务业的前景令人担忧。在此背景下，就业改善能否持续也存在高度不确定性。

贫困群体是否随着持续通胀而扩大，也成为备受各界关注的问题。意大利明爱（Caritas Italiana）于 2022 年 10 月 17 日发布的贫困问题报告并未如同往年那样明确给出有关 2022 年受助群众和"新穷人"的全国性数据，但是也给出了三个值得关注的重要信息：其一，截至报告发布之际，当年接受该组织帮助的困难民众数量已超过 2019 年全年的总和，"贫困群体规模并未缩小"；其二，2022 年接受该组织帮助的贫困群体规模将超过 2021 年；其三，导致贫困群体扩大的主要并非传统意义上的"新穷人"，而是在脱贫和返贫之间反复"摇摆"的那部分民众。[③]

二 社会救助"点面结合"，力图为民生"兜底"

基于减轻困难群体负担、防止"贫者愈贫"的考虑，意大利政府兼顾点面，出台了一系列帮扶措施，并取得了较好成效。

家庭在意大利的传统价值体系中具有极其重要的地位，家庭经济保障事关全社会稳定。意大利政府 2021 年底推出的单一普遍津贴（Assegno

---

① "Italy Youth Unemployment Rate", 2022, https://tradingeconomics.com/italy/youth-unemployment-rate，最后访问日期：2022 年 12 月 10 日。

② "Italy Composite PMI", 2022, https://tradingeconomics.com/italy/composite-pmi，最后访问日期：2022 年 12 月 10 日。

③ Caritas Italiana, "L'Anello debole: Rapporto 2022 su povertà ed esclusione sociale in Italia", 17 ottobre 2022.

unico universale）于 2022 年 3 月正式生效。这是一项面向大多数家庭的普惠性帮扶工具，既涵盖有 21 岁及以下子女（从怀孕 7 个月算起）的核心家庭，也包括失业家庭和子女（不限年龄）有残疾的核心家庭。根据意大利国家社会保障局的估算，2022 年这一津贴可惠及 700 万户家庭，包括约 1100 名儿童。① 申领该津贴的限制较少，没有家庭经济状况换算示数（ISEE）② 或 ISEE 超过 4 万欧元的家庭亦可申请。津贴具体金额因申请时提供的 ISEE 以及子女的数量、年龄而有所不同。ISEE 不超过 1.5 万欧元的家庭每名未成年子女每月最多可领取 175 欧元，每名成年子女每月最多可领取 85 欧元。ISEE 超过 1.5 万欧元或没有 ISEE 的家庭每名未成年子女每月最多可领取 50 欧元，每名成年子女每月最多可领取 25 欧元。此外，针对低龄（21 岁及以下）母亲、多子女核心家庭、双职工家庭、子女有残疾的核心家庭，津贴数额还会适度提高。③ 简言之，家庭困难越大，负担越重，帮扶力度就越大。津贴还有利于鼓励生育，应对人口老龄化问题。自 2008 年以来，作为欧盟人口出生率最低的国家之一，意大利新生儿数量持续下降，2021 年新生儿数量跌破 40 万人，创下该国 1861 年统一以来的最低水平。④ 意大利国家社会保障局发出警告称："新冠疫情导致的健康危机将在中长期内对意大利出生率造成严重的负面影响，加上俄乌冲突影响，情况将更不乐观。"⑤ 从这个意义上看，适时发放单一普遍津贴，不仅有助于稳定家庭和社会，还有助于提升民众的生育信心，具有特殊的政治意义。

① INPS，"XXI Rapporto annuale"，luglio 2022，https：//www. inps. it/docallegatiNP/Mig/Dati_analisi_bilanci/Rapporti_annuali/XXI_Rapporto_Annuale/XXI_Rapporto_Annuale. pdf，最后访问日期：2022 年 12 月 9 日。
② ISEE＝［核心家庭年收入+（动产价值+不动产价值）×20%］/换算参数。
③ INPS，"XXI Rapporto annuale"，luglio 2022，https：//www. inps. it/docallegatiNP/Mig/Dati_analisi_bilanci/Rapporti_annuali/XXI_Rapporto_Annuale/XXI_Rapporto_Annuale. pdf，最后访问日期：2022 年 12 月 9 日。
④ "Il calo delle nascite dopo l'emergenza Covid"，*openpolis*，31 maggio 2022，https：//www. openpolis. it/il-calo-delle-nascite-dopo-lemergenza-covid/，最后访问日期：2022 年 12 月 9 日。
⑤ INPS，"XXI Rapporto annuale"，luglio 2022.

"2022 年预算法案"（后文简称"预算法案"）中也包含一系列帮扶家庭的措施，涉及个税、能源、养老、住房、教育、文化、生育等不同领域，而且特别向低收入者、青年、妇女等弱势群体倾斜。① 其中部分措施，如针对青年的首套住房津贴、帮扶女性养老的女性选择计划等是上年政策的延续，没有明显变化。

预算法案对个人所得税（IRPEF）的纳税区间和税率均做了调整。首先，纳税区间由之前的五档调整为四档。第一档区间（年收入不超过 15000 欧元）及税率（23%）保持不变；第二档区间（15000～28000 欧元）不变，税率下调 2 个百分点，变为 25%；第三档区间由 28000～55000 欧元变更为 28000～50000 欧元，税率下调 3 个百分点，变为 35%；第四档区间由 55000～75000 欧元变更为 50000 欧元以上，税率上调 2 个百分点，变为 43%。此前第五档的区间为超过 75000 欧元的部分，税率为 43%，预算法案取消此档。根据意大利国家统计局的测算，本次调整使得全体纳税人平均税率下降了 1.5 个百分点，中等和中高等收入群体（约占纳税人总数的 60%）减负程度最高。② 个税调整减轻了多数民众的生活负担，客观上有助于促进消费，进而刺激经济复苏。

为应对能源价格上涨引发的民生问题，意大利政府多次调整政策并分阶段出台了一系列举措。早在俄乌冲突爆发前，意大利能源价格就处于持续上涨态势。2022 年初，意大利政府首先在预算法案的框架内专门拨款约 32 亿欧元，用于应对能源价格上涨问题：18 亿欧元用于免除电力用户的一部分系统费用（oneri generali di sistema）；4.8 亿欧元用于减免部分天然气用户的系统费用；9.12 亿欧元用于减免经济困难和有成员患有重大疾病的家庭电力和天然气用户的税额。此外，无力缴清 2022 年 1 月 1 日～4 月 30 日能源账单的家庭电力用户或家庭天然气用户可申请由政府先行垫付，之后在最

---

① Ministero dell'Economia e delle Finanze, *Legge di Bilancio*, 28 gennaio 2022, https：//www. mef. gov. it/focus/Legge-di-Bilancio-2022/，最后访问日期：2022 年 12 月 9 日。

② ISTAT，"La redistribuzione del reddito in Italia-anno 2002"，23 novembre 2022, https：//www. istat. it/it/archivio/277878，最后访问日期：2022 年 12 月 14 日。

长不超过 10 个月的时间内无息分期偿还。[1]

　　然而，随着第一季度能源价格持续大幅上涨，民众生活负担持续加重。[2] 政府于 3 月出台《能源法令》（Decreto Energia），在预算法案之外再拨 10.28 亿欧元，用于应对第二季度能源价格飙升可能对家庭和社会造成的严重影响。[3] 随着俄乌局势的变化，意大利政府又于 5 月、8 月和 9 月相继出台《援助法令》（Decreto Aiuti）[4]、《援助法令 2.0》（Decreto Aiuti Bis）[5]、《援助法令 3.0》（Decreto Aiuti Ter）[6]，以应对新情况。电气津贴是最直接的帮扶措施，最早在 3 月的《能源法令》中推出，[7] 并在随后两版的《援助法令》中得以保留，有效期至 2022 年底。该津贴主要惠及经济困难的家庭用户。ISEE 不超过 12000 欧元的核心家庭、ISEE 不超过 20000 欧元的多子女（至少有 4 名子女）核心家庭、领取全民基本收入计划补助的家庭皆可

① "Bilancio di previsione dello Stato per l'anno finanziario 2022 e bilancio pluriennale per il triennio 2022-2024", *Gazzetta Ufficiale*, 30 dicembre 2021, https：//www. gazzettaufficiale. it/eli/id/2021/12/31/21G00256/sg，最后访问日期：2022 年 12 月 9 日。

② ARERA，"Prezzi e tariffe"，2022，https：//www. arera. it/it/prezzi. htm，最后访问日期：2022 年 12 月 9 日。

③ "Misure urgenti per contrastare gli effetti economici e umanitari della crisi ucraina", *Gazzetta Ufficiale*, 22 marzo 2022, https：//www. lavoro. gov. it/documenti-e-norme/normative/Documents/2022/DL-21032022-n-21. pdf，最后访问日期：2022 年 12 月 9 日。

④ "Misure urgenti in materia di politiche energetiche nazionali, produttività delle imprese e attrazione degli investimenti, nonché in materia di politiche sociali e di crisi ucraina", *Gazzetta Ufficiale*, 17 maggio 2022, https：//www. gazzettaufficiale. it/eli/id/2022/05/17/22G00059/sg，最后访问日期：2022 年 12 月 14 日。

⑤ "Misure urgenti in materia di energia, emergenza idrica, politiche sociali e industriali", *Gazzetta Ufficiale*, 9 agosto 2022, https：//www. gazzettaufficiale. it/eli/id/2022/08/09/22G00128/sg，最后访问日期：2022 年 12 月 14 日。

⑥ "Ulteriori misure urgenti in materia di politica energetica nazionale, produttività delle imprese, politiche sociali e per la realizzazione del Piano nazionale di ripresa e resilienza (PNRR)", *Gazzetta Ufficiale*, 23 settembre 2022, https：//www. gazzettaufficiale. it/atto/serie_generale/caricaDettaglio Atto/originario? atto. dataPubblicazioneGazzetta = 2022 - 09 - 23&atto. codiceRedazionale = 22G00 154&clcnco30giorni = truc，最后访问日期：2022 年 12 月 14 日。

⑦ "Misure urgenti per contrastare gli effetti economici e umanitari della crisi ucraina", *Gazzetta Ufficiale*, 22 marzo 2022, https：//www. lavoro. gov. it/documenti-e-norme/normative/Documents/2022/DL-21032022-n-21. pdf，最后访问日期：2022 年 12 月 9 日。

申请该津贴。此外，有成员患重大疾病的家庭用户亦可凭国家医疗卫生系统出具的相关证明申领电气津贴。[①] 电气津贴针对性强，补贴力度较大，每个受助家庭可获 141~236 欧元不等的电费津贴以及 205~816 欧元不等的天然气费津贴，每户每年限领一次，[②] 旨在解决困难家庭的燃眉之急。

发放各类普惠性的一次性津贴是上述法令的另一大特点。例如，3 月颁布的《能源法令》规定，私营企业可向员工发放最高 200 欧元的汽油代金券。5 月颁布的《援助法令》规定在 7 月发放 200 欧元/人的一次性津贴，发放对象包括所有在 2022 年第一季度至少享受了一个月社保减免的公营和私营企业员工（家政员工除外），居住在意大利且持有任意一项强制性社保、养老金、社会津贴的主体，2021 年全年个人收入（扣除社保后）不超过 35000 欧元的主体，家政工人，领取农业失业津贴的主体，季节性工人，参加演艺人员养老金项目的主体，未提供税号且未参与任何强制性社保的个体经营者、房屋销售人员和全民基本收入计划补助领取者等，发放总金额高达 35.44 亿欧元。8 月颁布的《援助法令2.0》规定的一次性津贴在发放对象上进行了调整，受惠范围进一步扩大，预计发放总金额将提升至 40 亿欧元。9 月颁布的《援助法令 3.0》推出的一次性津贴额度下调至 150 欧元/人，申领者 2021 年个人收入不得超过 20000 欧元。此外，为减轻交通成本上升对学生和劳动者造成的负担，5 月意大利政府通过《援助法令》划拨 7900 万欧元，用于发放可在全国范围内使用的公交代金券，2021 年总收入不超过 35000 欧元的个人皆可申领不超过 60 欧元/人的公交代金券。此举大受民众欢迎，截至 2022 年 9 月 23 日，已累计发放公交代金券 72.8 万张。此后，通过《援助法令 2.0》和《援助法令 3.0》，意大利政府分别划拨 1.01 亿欧元和 1000 万欧元，继续用于发放上述代金券。此外，法令还规定发放"心理津贴"等多种类型的津贴，精准应对各类民生问题。

① "Misure urgenti per contrastare gli effetti economici e umanitari della crisi ucraina", *Gazzetta Ufficiale*, 22 marzo 2022, https：//www.lavoro.gov.it/documenti-e-norme/normative/Documents/2022/DL-21032022-n-21.pdf，最后访问日期：2022 年 12 月 9 日。

② ARERA, "Quali sono i requisiti per beneficiare dei bonus sociali", 2022, https：//www.arera.it/it/consumatori/bonus_requisiti.htm，最后访问日期：2022 年 12 月 13 日。

养老问题一直是意大利社会的热议话题。2022年，意大利继续推行配额计划，该年度申请者须年满64周岁，社保缴纳时长至少为38年。① 作为削减公共养老支出、建立灵活退休机制的重要举措之一，配额计划引起的争议颇多。第一，配额计划是否真正有助于削减政府开支尚无定论。据意大利国家社会保障局估算，2019~2025年，配额计划可为意大利节省公共养老支出约100亿欧元。② 然而事实却是，意大利政府的公共养老支出在2020~2021年连续增长。③ 第二，配额计划参与者的年均退休金低于旧模式下的退休者。意大利国家社会保障局2022年的年度报告显示，个体经营者的年均退休金减少了4.5%，而私企雇员和公职人员的年均退休金降幅分别为3.8%和5.2%，因此民众参与配额计划的积极性并不高。2019年1月1日~2021年12月31日，国家社会保障局仅收到约48万份申请，其中仅有约38万份得到受理，与预期的100万份相差甚远。④ 第三，配额计划对劳动力市场产生了一定负面影响。据意大利央行（Banca d'Italia）估算，配额计划将使就业率下降0.4个百分点。⑤ 此外，配额计划也未能如政府宣称的那样促进年轻人就业，⑥ 故其落实前景堪忧。

① INPS, "Pensione anticipata con 64 anni di età e 38 anni di contribuzione", 2022, https：//www.inps.it/prestazioni-servizi/pensione-anticipata-con-64-anni-di-eta-e-38-anni-di-contribuzione, 最后访问日期：2022年12月14日。

② INPS, "Circolare n° 114 del 13-10-2022", 13 ottobre 2022, https：//servizi2.inps.it/Servizi/CircMessStd/VisualizzaDoc.aspx？sVirtualUrl =/circolari/Circolare% 20numero% 20114% 20del% 2013-10-2022.htm, 最后访问日期：2022年12月14日。

③ "Pensioni, quota 100 costa meno del previsto ma la spesa totale è 'monstre'：233 miliardi", *Il Sole 24 Ore*, 5 gennaio 2020, https：//www.ilsole24ore.com/art/frenata-costi-quota-100 - 52-miliardi-2020-ACbdRR9？refresh_ce, 最后访问日期：2022年12月14日。

④ Valentina Conte, "Quota cento, il governo prevede un milione di nuovi pensionati in tre anni", *La Repubblica*, 17 gennaio 2019, https：//www.repubblica.it/cronaca/2019/01/17/news/quota_cento_il_governo_prevede_un_milioni_di_nuovi_pensionati-301103453/, 最后访问日期：2022年12月21日。

⑤ Banca d'Italia, "Bollettino Economico", gennaio 2020, https：//www.bancaditalia.it/pubblicazioni/bollettino-economico/2020-1/boleco-1-2020.pdf, 最后访问日期：2022年12月14日。

⑥ "'Quota 100' non ha dato lavoro a oltre '200 mila' giovani", *Pagella Politica*, 26 ottobre 2021, https：//pagellapolitica.it/fact-checking/quota-100-non-ha-dato-lavoro-a-oltre - 200-mila-giovani, 最后访问日期：2022年12月14日。

此外，考虑到能源危机带来的诸多影响，意大利政府 2022 年出台的《能源法令》和系列《援助法令》特别注重保障养老金领取者的基本权益。5 月的《援助法令》划拨 27.4 亿欧元用于向养老金领取者发放金额为 200 欧元/人的一次性津贴，惠及对象包括参加强制性社保的主体，养老金领取者或社会津贴领取者，残疾人养老金或津贴领取者，盲人、聋哑人养老金或津贴领取者。只要申请者 2021 年全年个人收入（扣除社保后）不超过 35000 欧元，便可领取该津贴。此外，为保障高通胀水平下养老金领取者的基本生活水平，《援助法令 2.0》中还将养老金均等化计算[1]提前，规定 2022 年 10~12 月，每月养老金不超过 2692 欧元的个人每月养老金额度将上调 2%，每月最高能增领 52 欧元，即当月养老金最高可达 2744 欧元。[2] 此外，2023 年的年度养老金均等化计算也将仅以 2022 年最后三个月养老金额为基础进行。《援助法令 2.0》和《援助法令 3.0》还将债权人禁止强制征收的养老金额度由 750 欧元上调至 1000 欧元。上述举措有助于在一定程度上保障高通胀下养老金领取者的基本生活水平。

综上所述，为应对能源危机造成的民生问题，意大利政府投入大量资源，将应急性措施与长效措施、普惠性措施与针对性措施相结合，旨在帮助民众应对生活压力和实际困难，总体上维护了社会稳定。

三 整合各类社会资源，安置乌克兰难民

近二十余年来，在意大利，移民难民问题始终受到高度关注。2022 年意大利安置移民难民问题又有其特殊性，即除了要接收"中地中海线"的非常规移民之外，还须承担国际义务，为大批因俄乌冲突逃离家园的乌克兰难民提供避难之所。除少数人直飞罗马、米兰等大城市外，多数乌克兰难民是先进入波兰、斯洛伐克等国，继而乘火车抵达意大利。意大利各界为接收难民做出了巨大努力，也付出了高昂的经济和社会代价。

---

① 年度养老金均等化计算将养老金发放额度与生活成本挂钩，主要目的是保障通货膨胀下养老金领取者的基本生活水平。

② INPS，"Circolare n° 114 del 13-10-2022"，13 ottobre 2022.

面对日益紧张的乌克兰局势，意大利德拉吉政府反应迅速，2月25日即通过政令，划拨乌克兰难民安置专款，2022年的拨款高达9140万欧元，2023年和2024年的拨款额度均为4490万欧元。① 2月28日，德拉吉政府宣布全国进入"紧急状态"，由民防局牵头开展难民接收工作。3月3日，内政部下发通知，要求地方移民局做好各项准备，要求省督公署（Prefettura）启动多样化的安置计划，扩建、重启接待设施，以应对快速变化的形势。② 国家警察网站提供乌克兰语服务，多地警局开设乌克兰难民服务窗口，并大量编制、派发多语种宣传小册子。

欧盟于3月初出台《临时保护指令》，为成员国接收乌克兰难民提供了法律依据。根据该指令，俄乌冲突爆发后逃离乌克兰、进入欧盟的乌克兰公民以及持有乌克兰合法居留证的外国人或无国籍人士均可向抵达国申请临时保护，获得合法居住、工作的许可，并享受住房、医疗、子女教育等基本社会福利。③ 该指令赋予了乌克兰难民独特的法律身份，也赋予接收国简化程序、特事特办的权力。基于该指令，意大利移民管理部门得以简化大量繁复的程序，节省大量精力，更为专注、高效地应对难民安置及融入事宜。乌克兰公民凭护照即可在意大利境内合法居留90天，如需延长居留，可申请临时保护。临时保护居留的有效期可至2023年3月，到期后仍有途径可申请延期半年甚至更久。④ 难民从提交临时保护申请之日起，即有权在意大利合

① "Ucraina：dal permesso per motivi umanitari alla diaria，le tutele previste in Italia per i profughi"，*Il Sole 24 Ore*，5 marzo 2022，https：//www. ilsole24ore. com/art/ucraina-permesso-motivi-umanitari-diaria-tutele-previste-italia-i-profughi-AE0XtxHB？refresh＿ce&nof，最后访问日期：2022年12月20日。

② "Ucraina：dal permesso per motivi umanitari alla diaria，le tutele previste in Italia per i profughi"，*Il Sole 24 Ore*，5 marzo 2022，https：//www. ilsole24ore. com/art/ucraina-permesso-motivi-umanitari-diaria-tutele-previste-italia-i-profughi-AE0XtxHB？refresh＿ce&nof，最后访问日期：2022年12月20日。

③ European Commission，"EU invokes Temporary Protection Directive to help those fleeing Ukraine"，23 March 2022，https：//ec. europa. eu/migrant-integration/news/eu-invokes-temporary-protection-directive-help-those-fleeing-ukraine-en，最后访问日期：2022年12月12日。

④ Polizia di Stato，"Cittadini Ucraini"，2 settembre 2022，https：//questure. poliziadistato. it/it/Como/articolo/952622f0d165f86d953589922/，最后访问日期：2022年12月20日。

法就业，无须等到居留证下发之日。① 此举有利于减轻难民涌入对社会治安造成的威胁，同时也有助于促进难民尽快融入社会。

尽管在3月因信息发布不畅而遭遇激烈批评，② 4月又因安置资金不到位而遭遇信用考问，③ 意大利的乌克兰难民安置工作整体上稳步推进。具体而言，意大利安置乌克兰难民的途径主要有三个。一是由政府主导的接待机构接收，包括内政部直辖、省督管理的特别接待中心（CAS），以及由市镇政府管理、在第三方机构协助下运转的接待与融入体系（SAI）。CAS和SAI是意大利移民难民安置的核心力量，常年接收大批"中地中海线"非常规移民，机动资源有限，仅能为乌克兰难民挤出16500个位置。④

二是纳入了"分散接收"体系的第三方机构。它们主要采用市场化运作，整合民间资源，总共可向约15000名乌克兰难民提供食宿等基本服务，同时按每名难民每日33欧元的标准获得意大利政府的资助。⑤

三是"自主安置"。随着乌克兰难民不断涌入，意大利政府几乎每个月都要追加新拨款，出台新的法令、政令，还启用了大批签约酒店，充当临时安置之所，但是床位缺口依然很大。在此背景下仍未酿成大乱，还应归功于难民亲友大量参与支持的自主安置。在一众难民接收国中，意大利在社会福利方面的优势并不突出，其既非乌克兰的陆上邻国，距离也较远。十余万乌

---

① Insurance Italy, "Lavoro e protezione temporanea per i profughi ucraini", 12 settembre 2022, https://www.insuranceitaly.it/lavoro-e-protezione-temporanea-per-i-profughi-ucraini/，最后访问日期：2022年12月20日。

② Linda Di Benedetto, "Profughi ucraini in Italia：è caos", *Panorama*, 1 marzo 2022, https://www.panorama.it/news/dal-mondo/profughi-ucraina-italia-caos，最后访问日期：2022年12月20日。

③ Linda Di Benedetto, "I soldi del governo per chi accoglie i profughi ucraini non ci sono", *Panorama*, 21 aprile 2022, https://www.panorama.it/news/cronaca/soldi-governo-profughi-ucraina，最后访问日期：2022年12月20日。

④ "Accoglienza profughi Ucraini：novità dal Decreto Aiuti", *Fisco e Tasse*, 5 maggio 2022, https://www.fiscoetasse.com/approfondimenti/14728-accoglienza-profughi-ucraini-novita-dal-decreto-aiuti.html，最后访问日期：2022年12月20日。

⑤ "Accoglienza profughi Ucraini：novità dal Decreto Aiuti", *Fisco e Tasse*, 5 maggio 2022, https://www.fiscoetasse.com/approfondimenti/14728-accoglienza-profughi-ucraini-novita-dal-decreto-aiuti.html，最后访问日期：2022年12月20日。

克兰人长途跋涉抵达意大利，其中相当一部分人正是出于投亲靠友的考虑。俄乌冲突爆发前，意大利境内就分布着全欧盟规模最大的乌克兰移民社群，[①] 约有23.6万名持有合法居留证的乌克兰公民长期在意大利生活，[②] 约占旅居欧盟的乌克兰移民总数的1/4，[③] 其中老年人、未成年人所占比例很低，约八成为有劳动能力的中青年妇女。旅意乌克兰人为就业比例很高的移民群体，主要从事餐饮、服务、交通运输等行业。相当一部分难民舍近求远来到意大利，正是因为有旅意亲友的支持。亲人同胞可为新入境者提供物质帮助和工作生活信息，还能给予其心理疏导和情感支持。这既为难民融入提供了助力，又能弥补政府在人力、物力上的不足。意大利政府高度重视自主安置，5月初即为其规划了约6万人的接待规模。旅意乌克兰人每接纳1名成年同胞，即可获得每月300欧元的资助（未成年人资助减半）。[④] 由于乌克兰难民数量日益增多，而前两个途径的安置能力提升有限，自主安置的规模持续扩大。

安置场地紧张的问题于10月逐渐缓和，根据民防局10月20日出台的新规，自11月20日起，原本集中安置于签约酒店中的难民将被转运、分流至"分散接待"类的居住地。[⑤] 此举在拉齐奥、阿布鲁佐等大区引发难民的抵制与抗议。[⑥] 难民不愿前往位于小镇或郊区的新居所，一是担心居住条件降级，二是由于新安置地过于偏远，对其就业、就医、子女入学

① Antonio Palma, "Quanti sono gli ucraini in Italia e cosa farà il governo per i profughi della Guerra", *Fanpage*, 25 febbraio 2022, https：//www. fanpage. it/attualita/quanti-sono-gli-ucraini-in-italia-e-cosa-fara-il-governo-per-i-profughi-della-guerra/，最后访问日期：2022年12月18日。
② "Cittadini stranieri in Italia‐2021", *Tuttitalia*, 2022, https：//www. tuttitalia. it/statistiche/cittadini-stranieri-2021/，最后访问日期：2022年12月20日。
③ Antonio Palma, "Quanti sono gli ucraini in Italia e cosa farà il governo per i profughi della Guerra", *Fanpage*, 25 febbraio 2022.
④ "Accoglienza profughi Ucraini：novità dal Decreto Aiuti", *Fisco e Tasse*, 5 maggio 2022.
⑤ "Ordinanza 20 ottobre 2022", *Gazzetta Ufficiale*, 7 novembre 2022, https：//www. gazzettaufficiale. it/eli/id/2022/11/07/22A06338/sg，最后访问时间：2022年12月12日。
⑥ "Ucraini in Abruzzo, è rivolta contro trasferimenti, 'in nuove strutture condizioni disumane'", *Abruzzo Web*, 14 novembre 2022, https：//abruzzoweb. it/ucraini-in-abruzzo-rivolta-contro-trasferimenti-in-campania-condizioni-disumane/，最后访问日期：2022年12月20日。

造成不便。① 尽管纷争随着民防局、内政部和民间组织的共同介入而平息，但也再次证明了一个基本事实，安置难民绝非提供食宿那么简单，而是一项系统工程。②

这项系统工程中最具难度的环节是难民就业。尽管意大利政府努力加强宣传、培训，试图降低乌克兰难民融入劳动力市场的门槛，护理协会等行业性组织积极为有专业资质的难民提供对接服务，③ 时尚界也向难民提供了专门岗位，④ 但这均对大局的推动效果有限，难民就业不可能一蹴而就。就业问题专家、全意职业介绍所联合会主席拉希扎（Rasizza）总结了制约乌克兰难民就业的三大问题，可谓切中要害。其一，信息化建设落后。关于难民的信息片面、零散、更新不同步，不同组织机构各自为政，缺少统一、可共享的旅意乌克兰难民就业数据库，导致政府决策缺乏依据，难以统一部署，劳动力供求双方也难以对接。其二，绝大多数乌克兰难民意大利语水平不够，难以胜任一般性岗位。其三，难民中相当一部分是带孩子的母亲，她们不可能将未成年子女单独留在家中自己外出工作，因而难以担任住家保姆或护工，或在餐饮、旅游、服务等需要在晚间工作的行业就业。⑤ 而上述行业原本正是被政府、专家和慈善组织寄予厚望的难民就业行业。

旅意乌克兰难民安置任重道远，有待改进之处甚多，但意大利全社会的

---

① "Profughi ucraini in Italia, costretti a trasferirsi da albergo", *Parstoday*, 20 novembre 2022, https：//parstoday. com/it/news/world-i316324-profughi_ucraini_in_italia_costretti_a_trasferirsi_da_albergo，最后访问时间：2022 年 12 月 12 日。

② Barbara Massaro, "Lavoro ai profughi ucraini in Italia; la solidarietà si scontra con la burocrazia", *Panorama*, 20 maggio 2020, https：//www. panorama. it/economia/lavoro-profughi-ucraini-italia，最后访问日期：2022 年 12 月 20 日。

③ "Infermieri ucraini in Italia, Nursing Up chiede chiarimenti al Consiglio dei ministry", Nursetimes, 23 marzo 2022, https：//nursetimes. org/infermieri-ucraini-in-italia-nursing-up-chiede- chiarimenti-al-consiglio-dei-ministri/138734/amp，最后访问日期：2022 年 12 月 20 日。

④ "Camera Nazionale della Moda Italiana aiuterà i rifugiati ucraini a trovare lavoro qui, in Italia", *Elle*, 15 aprile 2022, https：//www. elle. com/it/moda/ultime-notizie/a39733359/rifugiati-ucraini-supporto-lavoro-italia/，最后访问日期：2022 年 12 月 20 日。

⑤ Barbara Massaro, "Lavoro ai profughi ucraini in Italia; la solidarietà si scontra con la burocrazia", Panorama, 20 maggio 2020, https：//www. panorama. it/economia/lavoro-profughi-ucraini-italia，最后访问日期：2022 年 12 月 20 日。

积极贡献不容低估。截至 2022 年 12 月 6 日，意大利共接收乌克兰难民173231 人，在欧盟国家中名列第四，仅落后于波兰、德国和捷克。[①] 截至10 月底，意大利安置乌克兰难民的总费用约为 7.37 亿欧元，在经合组织国家中排名第六。[②] 需要强调的是，在接收"中地中海线"约 10 万名非常规移民[③]的同时完成上述任务，对任何一个欧盟成员国而言都极为不易。

四 结语与展望

对意大利而言，2022 年是经济复苏之年，也是挑战之年。2021 年第四季度至 2022 年第三季度这 12 个月中，意大利经济增长了 2.6%，是同期德国的 2 倍、法国的 2.6 倍。[④] 据安莎社（ANSA）预测，2022 年意大利经济增速将接近 4%。[⑤] 但在俄乌冲突的阴霾中，意大利能源紧张，物价持续全面上涨，民众收入增长整体跟不上通货膨胀的速度，导致居民收入实际购买力缩水。食品和水、电、气等生活必需品的疯狂涨价迫使意大利人在日常基本消费方面更加精打细算，为数不少的民众实际生活水平下降，贫困群体规模扩大。为保障民生，维护社会稳定，当局推出了"点面结合"、长效与应

① "Estimated number of refugees from Ukraine recorded in Europe and Asia since February 2022 as of December 6, 2022, by selected country", *Statista*, 6 December 2022, https：//www. statista. com/statistics/1312584/ukrainian-refugees-by-country/，最后访问日期：2022 年 12 月 15 日。

② "Estimated total costs associated with welcoming and supporting Ukrainian refugees in the European OECD countries as of October 2022, by type", *Statista*, 22 November 2022, https：// www. statista. com/statistics/1346570/costs-of-receiving-ukrainian-refugees-by-country/，最后访问日期：2022 年 12 月 15 日。

③ Ministero dell'Interno, "Cruscotto statistic giornaliero", 20 dicembre 2022, https：// www. interno. gov. it/it/stampa-e-comunicazione/dati-e-statistiche/sbarchi-e-accoglienza-dei-migranti-tutti-i-dati，最后访问日期：2022 年 12 月 20 日。

④ "PIL 2022, Italia 'doppia' Francia e Germania", *La Repubblica*, 20 dicembre 2022, https：// finanza. repubblica. it/News/2022/12/20/pil_2022_italia_doppia_francia_e_germania-129/，最后访问日期：2022 年 12 月 22 日。

⑤ "Pil：nel 2022 potrebbe superare il 4%", *ANSA*, 22 dicembre 2022, https：//www. ansa. it/emiliaromagna/notizie/2022/12/22/pil-e-r-nel-2022-4-nel-2023-previsto-06_812a2fdd-a9f1-4941-b4c7-8a9a57c7e979. html，最后访问日期：2022 年 12 月 22 日。

急相结合的多样化措施。单一普遍津贴以普惠的方式减轻广大家庭负担，鼓励生育、维护意大利的传统价值观，有利于缓解低出生率问题。个税改革减轻了多数纳税人的负担，对中产阶级家庭的减负效果尤其明显，未来对消费增长和经济发展的贡献可期。政府密切关注能源价格变化，适时发放系列津贴，帮助群众解决家庭用电、用气、交通出行等方面的实际困难。在国内社会问题重重、"中地中海线"非常规移民压力不减的大背景下，意大利尚能整合官民资源，调动旅意乌克兰移民社群积极性，接收、安置十余万乌克兰难民，虽在难民就业方面存在不足，但也瑕不掩瑜。

2023 年，意大利很可能会告别高增长，物价上涨的速度将有所放缓，但整体继续上涨的趋势难以扭转。据《2022 年度南方发展报告》（Rapporto SVIMEZ 2022）预测，届时将出现 70 万"新穷人"，[①] 其中 50 万人在经济更为落后的南方地区，[②] 扶危济困工作任重而道远。普通民众对本国的前景并不看好。《储蓄报告》显示，认为未来三年意大利状况趋向恶化的国民所占比例高达 56%，比持积极预期者的比例高出 40 个百分点。可喜的是，悲观预期反倒强化了民众对欧盟的认同和对国家复苏与韧性计划的支持，69% 的意大利人认为脱欧是"严重错误"，而国家复苏与韧性计划则被普遍视作意大利脱困的"唯一机会"。[③] 其实，能源涨价、生活成本上升也为意大利人提供了一次重新审视自己生活方式的机会，或许有利于加深其对绿色转型的理解。未来乌克兰难民对意大利造成的压力可能有所减轻：一是因为部分人已经开始回流；二是由于更多难民将在政府、慈善组织和旅意亲友的帮助下找到工作，逐步融入意大利社会。

---

① Gabriella De Rosa, "Caro energia：oltre 700mila nuovi poveri", *News Mondo*, 28 novembre 2022, https：//newsmondo. it/nuovi-poveri-sud/economia/，最后访问日期：2022 年 12 月 5 日。

② "Sud in recessione, rischio mezzo milione di nuovi poveri", *ANSA*, 29 novembre 2022, https：//www. ansa. it/sito/videogallery/economia/2022/11/29/sud-in-recessione-rischio-mezzo-milione-di-nuovi-poveri_63d95bd6-d606-483f-a3e4-4e4f7cda0d34. html，最后访问日期：2022 年 12 月 5 日。

③ ACRI e Ipsos, "Gli italiani e il risparmio：il valore del risparmio nell'era dell'incertezza", 31 ottobre 2022, https：//www. ipsos. com/sites/default/files/ct/news/documents/2022-11/node-960256-972491. zip，最后访问日期：2022 年 12 月 6 日。

B.5

意大利外交：从德拉吉到
梅洛尼的延续与变化*

钟准　高蒲岳扬**

摘　要： 2022 年，意大利再次发生政府更迭。德拉吉大联合政府在政府
危机后下台，由意大利兄弟党领袖焦尔吉娅·梅洛尼任总理的右
翼政府自 2022 年 10 月开始执政。从德拉吉到梅洛尼，意大利对
外政策在总体上保持了稳定。德拉吉时期意大利与欧盟和法德合
作紧密，梅洛尼在延续这一趋势的同时，在"下一代欧盟"复
苏基金使用等问题上与欧盟进一步讨价还价。在俄乌冲突中，德
拉吉政府坚决站在西方立场制裁俄罗斯、援助乌克兰，梅洛尼承
诺继续该路线，但两任政府都需要克服冲突带来的能源危机。德
拉吉在中美之间明显倾向于美国，梅洛尼的右翼政府在保持该立
场的同时，仍会与中国开展务实合作。移民难民问题是右翼政党
的核心关切，与此相关，梅洛尼政府可能在地中海及周边政策上
做出调整。

关键词： 意大利外交　欧盟　德拉吉　梅洛尼　俄乌冲突

---

* 本文受到重庆市社会科学规划项目"民粹主义思潮下世界政党政治发展趋势研究"
（2020QNZZ05）资助。
** 钟准，重庆大学人文社会科学高等研究院副教授，意大利 LUISS 大学政治学博士，主要研究
领域为欧洲政治、意大利外交、中欧关系；高蒲岳扬，意大利 LUISS 大学国际关系专业硕士
研究生，主要研究领域为意大利外交、中意关系。

2022 年 7 月，意大利总理马里奥·德拉吉因未获得信任投票而辞职，意大利政治再次进入动荡周期。德拉吉大联合政府的脆弱性是其政府垮台的主要原因。导火索是执政党之一的五星运动抵制一项由德拉吉主导的帮助意大利人应对生活成本的《援助法案》的投票。德拉吉为此辞职，但并未得到总统马塔雷拉的同意。此后的第二次信任投票因三个主要政党都拒绝参与而陷入僵局，德拉吉最终辞职。9 月，意大利提前进行大选，梅洛尼领导的极右翼政党意大利兄弟党赢得超过 26% 的选票，其右翼盟友意大利力量党和联盟党分别获得约 8% 和约 9% 的选票，三党主导组成新一届联合政府。梅洛尼成为意大利首位女性总理，该届联合政府是 2011 年贝卢斯科尼政府下台后的第一个右翼政府，也被认为是二战后意大利"最右"的政府。相比 2018 年大选，意大利兄弟党得票率大幅攀升，反映了右翼民粹主义政党在该国的崛起。

实际上，德拉吉在 17 个月的任内政绩尚可，特别是在领导意大利经济复苏与控制新冠疫情方面成效显著。在经济方面，意大利 2022 年第一季度的 GDP 增长率与新冠大流行前相比，仅仅相差 0.4 个百分点。[1] 作为欧央行前行长，德拉吉深谙欧盟层面的经济政策基调，其主导意大利政府制定的国家复苏与韧性计划顺利获得欧盟委员会批准。他力主结构改革，推动司法改革，提高了意大利对外国投资者的吸引力，公共行政改革则提高了政府部门对经济相关事项的审批效率。这也是"下一代欧盟"复苏基金所要求的改革措施。在疫情控制方面，德拉吉政府为督促民众接种疫苗，采取了一系列与疫苗接种相关联的严格的公共区域活动限制措施，取得了良好成效。随着疫苗接种率的上升，新冠致死病例数也在逐渐减少。

鉴于德拉吉政府的上述政绩，梅洛尼政府并不会在短期内改弦更张，包括外交政策。在就任总理的首次演说中，她跟德拉吉一样承诺，意大利是欧洲和西方世界的一部分，意大利将留在欧盟和欧元区内，并计划让意大利在

---

[1] OECD, "GDP Growth- first quarter of 2022, OECD", 23 May 2022, https://www.oecd.org/newsroom/gdp-growth-first-quarter-2022-oecd.htm，最后访问日期：2022 年 10 月 29 日。

欧盟中发挥更大的作用。① 在内阁的关键职位上，梅洛尼提名了出自其领导的意大利兄弟党的 10 名部长，并为萨尔维尼领导的联盟党和贝卢斯科尼领导的意大利力量党各保留了 5 个部长职位，其余则是技术官僚。在能够影响对外政策的关键职位上，意大利力量党的安东尼奥·塔亚尼（Antonio Tajani）出任外交部长兼副总理，曾在德拉吉政府担任要职、来自联盟党的吉安卡罗·乔尔杰蒂（Giancarlo Giorgetti）出任经济部长，萨尔维尼出任基础设施部长兼副总理，意大利兄弟党的圭多·克罗塞托（Guido Crosetto）任国防部长。② 其中，外交部长塔亚尼曾担任过欧盟委员会委员和欧洲议会议长，过去与欧盟的合作关系良好。

一 与欧盟关系：在"讨价还价"中合作

在德拉吉政府时期，意大利与欧盟的关系处于"蜜月期"。然而，长期以来，梅洛尼和意大利兄弟党对欧盟的经济政策并不满意。近两年，"下一代欧盟"复苏基金的使用问题是意大利与欧盟的合作重点，也是梅洛尼政府与欧盟的主要分歧之一。尽管德拉吉政府为推进经济复苏做出了大量努力，但是在俄乌冲突导致的能源危机的冲击下，意大利的经济走势不容乐观。由欧盟拨款的"下一代欧盟"复苏基金旨在通过实施改革和投资计划来促进意大利经济复苏。截止到 2022 年 11 月，意大利共计获得了 669 亿欧元资金。③

---

① Governo Italiano Presidenza del Consiglio dei Ministri, "Il Presidente Meloni alla Camera dei Deputati per le dichiarazioni programmatiche", 25 October 2022. https：//www. governo. it/it/media/il-presidente-meloni-alla-camera-dei-deputati-le-dichiarazioni-programmatiche/20766，最后访问日期：2022 年 10 月 30 日。

② "Ecco il governo Meloni：i ministri del primo esecutivo della Repubblica guidato da una donna", *Rai News*, 22 October 2022, https：//www. rainews. it/articoli/2022/10/ecco-il-governo-meloni-i-ministri-del-primo-esecutivo-della-repubblica-guidato-da-una-donna-d59f66b2 - 9fbb - 441e-b0a2 - 883734abaee7. html，最后访问日期：2022 年 11 月 15 日。

③ European Commission, "Commission disburses € 21 billion to Italy under the Recovery and Resilience Facility", 8 November 2022, https：//economy-finance. ec. europa. eu/news/commission-disburses-eu21-billion-italy-under-recovery-and-resilience-facility-2022-11-08_en，最后访问日期：2022 年 11 月 27 日。

"下一代欧盟"复苏基金的发放规则以绩效为基准，取决于意大利实施国家复苏与韧性计划中投资和改革项目的进展。总体而言，国家复苏与韧性计划一旦获批，就不能随意调整。受到俄乌冲突影响，梅洛尼希望调整协议，改变部分资金的用途，特别是将其更多地用于保障能源供应安全。这也是右翼政党在竞选时向民众做出的承诺。

2022 年 11 月初，梅洛尼在就任总理后出访的第一站就去了欧盟总部所在地布鲁塞尔，这显示了她对与欧盟合作的重视，旨在奠定新政府与欧盟关系的主基调。在访问期间，梅洛尼会见了欧盟三大机构的领导人，即欧盟委员会主席冯德莱恩、欧洲理事会主席米歇尔，以及欧洲议会议长梅措拉。尽管没有发表任何共同声明，但梅洛尼强调交流是"坦率"和"积极"的，冯德莱恩也认为此次会面发出了积极信号，双方在关键问题上交换了立场。在能源问题上，梅洛尼提出了意大利自己的观点，强调应尽可能找出欧盟共同的解决方案，例如设置天然气价格上限。在乌克兰问题上，欧洲议会议长梅措拉表示意大利与欧盟具有高度共识。在 12 月的欧洲理事会会议上，梅洛尼继续要求欧盟在能源问题上出台更有效的措施，以及在意大利关心的移民难民问题上提供"结构性"的解决方案。可以看出，梅洛尼政府有意愿与欧盟沟通合作，她在不同议题上与欧盟"讨价还价"，旨在为意大利争取更符合本国利益的解决方案。

如果说意大利是在经济上需要欧盟的慷慨相助，那么在战略和防务自主上，欧盟则需要来自意大利的贡献。当前，意大利作为欧盟内部仅次于法国的军事强国，是欧盟在防务领域实现一体化的关键成员。欧盟在俄乌冲突中承诺支持乌克兰，这要求其必须进一步实现共同防务的目标。2022 年 3 月，欧盟通过了"欧洲战略指南"，确定了加强欧盟安全和防务的阶段性战略目标，提出到 2030 年令欧盟成为一个更强大的、更有能力的安全提供者。[1]意大利对此持支持态度。到 2022 年底，欧洲防务基金共投资 19 亿欧元用于

---

[1] European Union, "A Strategic Compass for Security and Defense", 3 March 2022, https：//www. eeas. europa. eu/eeas/strategic-compass-security-and-defence-1_en，最后访问日期：2022 年 10 月 18 日。

国防能力研发项目，刺激成员国在国防领域的研发投资。① 此外，意大利前总理德拉吉主张在移民和防务等问题上加快欧洲一体化进程，他在任期间与法国总统马克龙保持了密切沟通。此外，在俄乌冲突的背景下，德拉吉、马克龙与德国总理朔尔茨在决定给予乌克兰和摩尔多瓦欧盟候选国资格上发挥了重要的推动作用。可以说，如果缺少意大利的支持与配合，欧盟很难实现战略自主，而这也是意大利在其他问题上与欧盟"讨价还价"的重要"筹码"。

值得注意的是，欧洲内部有关梅洛尼的右翼政府可能会威胁欧盟决策一致性的担忧仍然存在。尤其是，梅洛尼政府可能与同为右翼民粹主义政党执政的波兰与匈牙利加强合作，从而形成对欧盟主流价值观的有力挑战。意大利兄弟党和波兰执政党法律与正义党、匈牙利执政党青民盟同为欧洲右翼民粹主义政党，后两者在本国是否遵守欧盟法治和民主原则的问题上与布鲁塞尔的关系长期紧张。目前意大利兄弟党和波兰法律与正义党在欧洲议会中同为"欧洲保守派和改革主义者"党团（ECR）的重要成员，该党团持保守右翼和欧洲怀疑主义立场，要求对欧盟进行改革。梅洛尼在2020年当选该党团主席。随着跨国政党联盟的壮大，右翼民粹主义政党将有可能打破欧洲议会的平衡，在分配顶级职位上拥有更大发言权，包括在决定欧盟委员会主席冯德莱恩能否连任等关键议题上。具有强烈自由民主价值观倾向的欧盟领导层对意大利极右翼政党也持负面看法。2022年9月，冯德莱恩在意大利大选前夕曾警告说，若意大利兄弟党执政，该国可能会偏离西方民主原则。

二 俄乌冲突中的意大利

2022年2月爆发的俄乌冲突对包括意大利在内的欧洲国家造成了巨大冲击。意大利首先是在外交上做出选择。作为欧盟和北约成员国，意大利选择追随西方主流，在制裁俄罗斯的同时向乌克兰提供武器和资金支持。这一政策

---

① Alessandro Azzoni，"European Defence：Time to Act"，Istituto Affari Internazionali，July 2022，https：//www.iai.it/en/pubblicazioni/european-defence-time-to-act，最后访问日期：2022年12月20日。

实际上有悖于长期以来意大利与俄罗斯的良好合作关系。因此，意大利并不愿意看到冲突持续下去，而是希望通过外交手段解决冲突。其次是应对冲突导致的能源危机。由于能源价格大涨、通胀率持续走高，作为工业强国的意大利受到严重冲击，因此寻找能源替代方案也成为 2022 年度意大利外交的重要任务。

（一）既"站队"又调停

德拉吉属于西方建制派人士，在俄乌冲突爆发之初，德拉吉政府的立场与欧美主流完全一致。德拉吉严厉谴责俄罗斯的军事行动，呼吁立即停火，并承诺"不惜一切代价恢复乌克兰主权"。他声称"不可能与莫斯科进行有意义的对话"，要求俄罗斯无条件地将军队撤回到既定边界。[1] 德拉吉在与乌克兰总统泽连斯基的通话中，同意支持将俄罗斯排除在国际金融交易系统 SWIFT 之外。[2] 他也支持冻结俄罗斯中央银行的外汇储备。同时，意大利也是支持乌克兰申请加入欧盟最积极的成员国之一。德拉吉甚至提出，欧盟应放弃在对外决策上需要成员国一致同意的原则，而要以有效多数表决的方式来处理俄乌冲突，为此可以修改欧盟条约，令欧盟迈向"实用的联邦主义"。

尽管对俄态度极其强硬，意大利仍试图在俄乌冲突中扮演调停者的角色。2022 年 2 月，在俄乌冲突爆发前，德拉吉与俄罗斯总统普京通电话讨论了地缘政治形势与双边关系。两位领导人认为"需要为乌克兰危机找到有效的解决方案"，为此需要互相信任。德拉吉强调了危机进一步升级的严重后果和缓解乌克兰紧张局势的重要性。[3] 5 月，德拉吉和普京再次通话讨论乌克兰局势，普京评估了谈判局势，同时表达了以西方取消制裁为前提的

---

[1] "Italy's Draghi Promises 'Whatever It Takes to Restore Ukrainian Sovereignty'", *Reuters*, 24 February 2022, https://www.reuters.com/world/europe/italys-draghi-promises-whatever-it-takes-restore-ukra inian-sovereignty-2022-02-24, 最后访问日期：2022 年 12 月 5 日。

[2] "*Draghi-Zelensky caso chiuso, aiuti e Mosca fuori da Swift*", *Ansa*, 26 February 2022, https://www.ansa.it/sito/notizie/mondo/2022/02/26/draghi-zelensky-caso-chiuso-aiuti-e-mosca-fuori-da-swift_42a648a1-d4eb-4772-aad5-aff5c81047f2.html, 最后访问日期：2022 年 12 月 5 日。

[3] "Italy's Draghi and Russia's Putin Discuss Ukraine -statement", *Reuters*, 1 Feburaty 2022, https://www.reuters.com/world/europe/italys-draghi-russias-putin-discuss-ukraine-statement-2022-02-01/, 最后访问日期：2022 年 11 月 3 日。

谷物出口意愿。在谈到能源危机时，普京表示愿意以合同价格向意大利提供天然气。①

意大利对待俄乌冲突的立场受到国内和国际双重因素的影响，其很难在欧盟对俄制裁中发出自己的声音。自俄乌冲突爆发以来，意大利一直坚定地支持乌克兰，但是随着时间推移，该国各界对于援助基辅逐渐感到疲惫。就国内而言，在梅洛尼的执政联盟内，过去包括贝卢斯科尼和萨尔维尼在内的意大利右翼政客都与俄罗斯关系密切。意大利兄弟党内部也有支持俄罗斯的政客，例如皮埃蒙特大区的党领导毛里西奥·马罗内（Maurizio Marrone）。实际上，在2022年2月俄乌冲突爆发前，梅洛尼也曾在多个场合表达过对俄罗斯和普京的友好态度。因此，不排除未来意大利国内在是否继续制裁俄罗斯上出现新的争论。就国际而言，梅洛尼宣誓就职时表示要坚定站在西方阵营，继续制裁俄罗斯，同时向乌克兰提供经济支持和军事援助。然而，这也意味着，意大利必须要面对能源危机持续、国内企业利益受损和乌克兰难民增加的压力。

俄乌冲突令意大利外交长期面临的关键挑战再次凸显，即如何在捍卫西方联盟和维护本国利益之间寻找"最优解"。传统上，目前意大利的三个右翼执政党都强调本国利益要优先于维护联盟的团结，都主张改善与俄罗斯的关系。接下来意大利可能由德拉吉时期基于价值观的坚定亲欧亲美，转向基于本国实际利益的与西方盟国合作。早在竞选期间，梅洛尼便直言她希望意大利能够捍卫其国家利益，如同法国和德国在欧盟内所做的那样。同时，意大利也不会放弃与美国的牢固关系。在10月上任后与拜登通话中，梅洛尼表示愿意在跨大西洋联盟框架下共同努力以应对挑战，诸如履行向乌克兰提供援助的承诺、应对来自中国的挑战以及确保可持续能源等。② 值得注意的

---

① "Telephone Conversation with Prime Minister of Italy Mario Draghi", *President of Russia* (website), 26 May, 2022, http：//en. kremlin. ru/events/president/news/68486，最后访问日期：2022年11月19日。

② "Readout of President Joe Biden's Call with Prime Minister Giorgia Meloni of Italy", U. S. Embassy & Consulates in Italy, 25 October 2022, https：//it. usembassy. gov/readout-of-president-joe-bidens-call-with-prime-minister-giorgia-meloni-of-italy/，最后访问日期：2022年11月28日。

是，意大利右翼政党与美国民主党的关系总体而言不如与共和党的关系紧密，被视作"意大利特朗普"的梅洛尼与拜登之间建立互信也需要时间。

（二）能源外交

2022年，意大利深陷能源危机的泥沼，而克服能源危机是稳定经济的关键所在。在俄乌冲突爆发前，意大利自俄罗斯进口的天然气占其进口总量的40%左右。① 意大利积极响应欧盟对俄制裁，加之北溪输气管道遭到破坏，其国内天然气和电力价格飙升，大量企业被迫停工甚至倒闭，通胀率连续多月持续飙升，意大利不得不限制本国能源使用。根据政府法令，冬季供暖时间向后推迟半个月，并调低供暖温度。

能源危机发生后，欧盟各国均在寻求俄罗斯之外的可替代能源来源地。虽然意大利希望欧盟以集体行动的方式度过危机，但成员国更多的是在自救。例如，德国计划于2023年起投入2000亿欧元，以减少本国家庭和企业受能源成本的影响。意大利则将希望投向了广阔的地中海区域。2022年4月，德拉吉出访阿尔及利亚，两国签署了能源部门双边合作协议。根据该协议，到2023年底，阿尔及利亚通过TransMed管道②向意大利运输的天然气将从21亿立方米增加到30亿立方米。与此同时，意大利还计划与阿尔及利亚在能源领域开展深度合作，特别是联合开发可再生能源和绿色氢气。③ 此外，意大利有意成为地中海的天然气枢纽，致力于连接地中海南岸与欧洲其他地区的天然气管道和电力线，来自阿塞拜疆、利比亚和阿尔及利亚的天然气都将经由意大利到达欧洲。如果意大利愿意，还可以将部分天然气储存在

---

① "Italy Needs at Least 3 Years to Replace Russian Gas Imports, Minister Says", *Reuters*, 16 March 2022, https：//www. reuters. com/business/energy/italy-needs-least-3-years-fully-replace-russian-gas-imports-minister-2022-03-16/, 最后访问日期：2022年11月19日。
② 这条管道通过突尼斯将阿尔及利亚的天然气运往意大利。
③ "As North African Energy Links Are Redrawn, Italy becomes Europe's Southern Gas Hub", *CIDOB*, July 2022, https：//www. cidob. org/publicaciones/serie_de_publicacion/notes_internacionals_cidob/276/as_north_african_energy_links_are_redrawn_italy_becomes_europe_s_southern_gas_hub, 最后访问日期：2022年11月28日。

本国的波河谷气田中。欧盟委员会提供了约 3 亿欧元的共同资金，用于意大利和突尼斯之间的电力互联，由意大利国家输电网公司 Terna 和突尼斯 Steg 公司合作建立能源走廊，以支持欧盟的能源供应安全。

实际上，意大利一直致力于改善本国能源结构，俄乌冲突无疑加速了这一进程。意大利现行的能源结构调整方向最初是为应对气候变化而确定的。近两年，意大利计划利用"下一代欧盟"复苏基金促进能源结构加速向可持续方向转型。2022 年，意大利简化了可再生能源并网认证的程序。预计到 2023 年 3 月底，以风能和太阳能为主的可再生能源发电厂将为意大利提供 7000 兆瓦电力，这将帮助意大利实现 2030 年欧盟 55% 的脱碳目标。[①] 2022 年 3 月，欧盟发布 REPower EU 计划，提出通过大力发展可再生能源和加强欧盟范围内的能源合作，提高整个欧盟能源系统的韧性，在 2022 年内减少 2/3 自俄进口天然气，到 2027 年完全摆脱对俄能源依赖。[②]

三　中美博弈中的意大利

中美关系是当今世界最重要的一对双边关系，两国关系的复杂性也令第三国在外交上需要谨慎采取对华和对美政策。虽然意大利在地理上远离中美，但仍然受到了中美关系变化的影响。一方面，与大多数国家一样，在中美之间"选边站队"并不符合意大利的国家利益；另一方面，作为西方成员的意大利并不能独善其身，在外交上必须要和欧盟以及美国进行协调并追求一致。因此，无论是德拉吉还是梅洛尼，都在正式场合表达了对美国的倾向和支持，但同时仍保持与中国的务实合作。

① Matteo Di Castelnuovo, "Andrea Biancardi: Italy's Energy Future at a Crossroad", Italian Instituite for International Political Studies, 24 November 2022, https://www.ispionline.it/en/pubblicazione/italys-energy-future-crossroads-36772, 最后访问日期：2023 年 1 月 6 日。

② European Commission, "REPower EU: Affordable, Secure and Sustainbale Energy for Europe", 12 October 2022, https://ec.europa.eu/info/strategy/priorities-2019-2024/european-green-deal/repowereu-affordable-secure-and-sustainable-energy-europe_en, 最后访问日期：2022 年 11 月 24 日。

（一）中美博弈对意大利的影响

中美日趋激烈的竞争在很大程度上重塑了欧盟和意大利的战略选择。由于中欧、中意相距遥远，相互间不存在直接的安全冲突，因此这种影响主要体现在经济方面。例如，2022 年美国出台了严格的出口管制措施，并通过《芯片法案》限制本国企业向中国部分企业出口芯片，旨在减缓中国科技与经济发展的步伐。中国是全球半导体供应链上的重要环节，中美直接的芯片摩擦冲击了欧盟的相关产业链，欧盟不得不转变思路，推出了欧盟层面的"芯片法案"。[①] 作为落实该法案的系列行动之一，欧盟委员会批准了在意大利西西里岛建立半导体工厂的项目，承建公司意法半导体（STMicroelectronics）表示在芯片供应短缺时将优先满足欧盟内部需求，并计划投资研发下一代微芯片。[②]

德拉吉在执政期间，多次强调意大利完全与欧洲和跨大西洋联盟持共同价值观，在中美之间他无疑更倾向于美国。特别是，德拉吉政府对于启动美欧贸易与技术理事会（TTC）颇为积极，热衷于推动欧美在贸易投资领域的沟通对话，支持所谓"基于共同价值观的技术和工业领导力"。从表面上看，这一时期意大利和美国的对华政策似乎是一致的。在经济领域，二者均指责中国限制外国企业进入市场，为本国企业提供补贴。在政治领域，跨大西洋联盟致力于批评中国的"人权问题"，倾向于将合作重点放在推进西方国家认可的国际规则上。然而，与此同时，跨大西洋联盟在对待中国的态度上也呈现一些重要差异。美国主要基于大国竞争与亚太地缘政治安全的考虑

---

① European Commission, "The European Chips Act", https：//commission. europa. eu/strategy-and-policy/priorities－2019－2024/europe-fit-digital-age/european-chips-act＿en#：~：text＝European%20Chips%20Act%20The%20European%20Chips%20Act%20will, by%20strengthening%20Europe E2%80%99s%20technological%20leadership%20in%20the%20field，最后访问日期：2022 年 12 月 3 日。

② European Commission, "State Aid：Commission Approved €292. 5 Million Italian Measure Under Recovery and Resilience Facility to Support STMircoeletronics in Construction of a Plant in the Semiconductor Value Chain", 5 October 2022, https：//ec. europa. eu/commission/presscorner/detail/en/IP_22_5970，最后访问日期：2022 年 12 月 4 日。

制定其对华政策，而欧盟更希望在双边层面与中国接触。欧盟与美国在中国仍存在市场份额竞争的利益分歧，而意大利的利益与欧盟整体以及法国、德国也并不完全一致。因此，在必须做出抉择的情况下，梅洛尼领导的意大利政府仍会以国家利益优先，力图在对美国的坚定承诺、对欧盟的忠诚以及与中国的务实合作之间寻求平衡。

（二）梅洛尼政府的对华政策

美国强调中国对西方主导的国际秩序构成了所谓"挑战"，近年来加大了对跨大西洋盟友的游说和压力，要求对中国采取更强硬的路线，包括对中国内政问题进行干涉。2022年8月，美国国会众议长南希·佩洛西窜访中国台湾地区，令中美关系紧张进一步加剧。就在佩洛西窜访的前几天，尚未成为意大利总理的梅洛尼便接见了"台湾地区驻意大利"代表。这表明了梅洛尼及其领导的意大利兄弟党持有较明显的大西洋主义立场，积极响应美国的主张。实际上，意大利右翼政党大多对中国持有一定偏见，梅洛尼政府中意大利力量党领导人贝卢斯科尼和联盟党党首萨尔维尼都曾发表过关于中国的不友好言论。

2022年印度尼西亚担任二十国集团（G20）的轮值主席国，11月在印尼巴厘岛的二十国集团领导人第十七次峰会成为观察意大利与中美关系的重要窗口。峰会期间，中美、美意以及中意领导人分别举行了会谈。中美两国领导人讨论了中美关系、中国台湾问题以及区域安全等议题。中方强调中美两国具备许多共同利益，而"贸易战"、技术壁垒、脱钩以及切断供应链等行为违背了市场经济原则。美国方面则强调在与中国"积极"竞争的同时，仍会共同应对跨国挑战，一个中国的原则也没有改变。① 在梅洛尼与拜登的谈话中，意美两国重申了跨大西洋联盟的牢固性，承诺继续共同应对安全问

---

① "Readout of President Joe Biden's Meeting with President Xi Jingping of the People's Republic of China", The White House, 14 November 2022, https://www.whitehouse.gov/briefing-room/statements-releases/2022/11/14/readout-of-president-joe-bidens-meeting-with-president-xi-jinping-of-the-peoples-republic-of-china/，最后访问日期：2022年12月5日。

题，并就俄乌冲突、中国和能源问题进行了讨论。

中意两国领导人会谈的议题则涉及多个方面。一是贸易问题。2021年，中意贸易总额达到740亿美元，与2020年相比增长了34%，中国顺差为133.1亿美元。① 在此背景下，中意达成了一项贸易协议，中国决定在2035前至少购买250架意大利-法国产的Atr飞机，② 增加自意进口以促进双边贸易平衡。二是台湾问题。中方领导人重申一个中国原则，梅洛尼承诺将坚持该原则，并希望避免地区局势冲突。三是区域安全问题，两国就俄乌冲突交换了意见。最后，梅洛尼接受了中国领导人的访华邀请。会谈结果表明，尽管梅洛尼政府对华政策基调难称"亲华"，但是中意两国仍会继续务实合作。这与过去贝卢斯科尼右翼政府的对华政策路线大体一致。

综合G20峰会上的三次领导人会谈不难发现，意大利在中美之间的外交政策总体上向跨大西洋联盟靠拢，中意之间的分歧还将继续存在。但在经济与贸易方面，意大利没有理由放弃中国市场，会继续与中国开展具体的合作项目。值得注意的是，预计梅洛尼政府将继续实行德拉吉政府严格审查中国投资的政策。德拉吉政府曾利用其"黄金权力"多次否决中资企业在意大利的收购案，包括在2022年6月阻止意大利ROBOX公司向中国企业埃夫特转让工业机器人技术。

四　地中海周边外交

长期以来，地中海地区一直是意大利外交的重点关注区域。在德拉吉执政期间，意大利在地中海地区采取了积极的外交政策，以扩大本国的影响力。其中，应对该地区的移民问题是重要内容。为控制非法移民，意大利与

① 《2021年中意贸易总额达740亿美元，创历史新高》，中国商务部网站，2022年1月26日，http：//www.mofcom.gov.cn/article/zwjg/zwxw/zwxwoz/202201/20220103239460.shtml，最后访问日期：2022年12月5日。

② "Italia-Cina, tutte le partite economiche dalla Cdp ai porti agli aerei Atr", *Il Sole 24 Ore*, 17 November, 2022, https：//www.ilsole24ore.com/art/italia-cina-ecco-tutte-partite-economiche-cdp-porti-aerei-atr-AENbOgHC，最后访问日期：2022年12月5日。

邻国利比亚开展深度合作。两国现有的移民谅解备忘录签署于 2017 年，并在 2020 年延长了三年。该备忘录的主要目的是限制移民流向欧洲，为此意大利和欧盟投入了大量资金帮助利比亚海岸警卫队加强海上监视能力。但是，有人权组织认为，这种合作是以牺牲移民和难民的人权为代价的。几乎所有被利比亚海岸警卫队拦截的人最终都被关押在利比亚的拘留中心，意大利与利比亚的双边协议默认了移民受到虐待的可能性。①

作为极右翼政党，梅洛尼所在的意大利兄弟党对待非法移民的态度较为强硬。虽然梅洛尼政府承诺致力于打击非法移民，但其执政联盟内部以及意大利与欧盟针对移民问题的分歧将影响其政策实施力度。梅洛尼上任后着手恢复欧盟"索菲亚行动"（MED Operation Sophia）任务的提案，并希望在安全、合法的情况下妥善管理移民流动。"索菲亚行动"是意大利在 2015 年难民危机时推出的，旨在打击走私和非法贩运人口。该行动主要分为三个阶段：第一阶段旨在部署并收集与走私者作案有关的信息；第二阶段工作队负责逮捕、检查、扣押涉嫌用于贩运的船只；第三阶段阻止贩运者处置船只。② 但是，梅洛尼执政联盟内的萨尔维尼对此持不同意见，理由为该行动在如何分配被解救难民以及不同欧盟成员国港口轮流接收难民上岸等方面对意大利存在不合理之处。早在 2018 年，时任内政部长的萨尔维尼便阻止了该行动，认为意大利承担了过多的责任。事实上，意大利和法国在安置移民问题上一直存在矛盾。如今该行动重启，仍然面临上述问题。2022 年 11 月，意大利拒绝了载有 234 人的非政府组织的移民救援船"维京号"靠岸，随后法国接受了该船只。马克龙指责意大利违反了国际海洋法和欧洲精神，为此加强了法意边境管制。此外，重启该行动也存在政治障碍，即需要联合国和利比亚政府的双重授权，程序上的复杂性也会减缓行动重启进程。

---

① "Italy-Libya Agreement: Five Years of EU-sponsored Abuse in Libya and the Central Mediterranean", *Medecins Sans Frontiers*, 2 February 2022, https://www.msf.org/italy-libya-agreement-five-years-eu-sponsored-abuse-libya-and-central-mediterranean，最后访问日期：2022 年 11 月 30 日。

② Ministero della Difesa, "Approfondimenti Operazione Sophia", 15 December 2021, https://www.marina.difesa.it/cosa-facciamo/per-la-difesa-sicurezza/operazioni-concluse/Pagine/approfondimenti_operazione_sophia.aspx，最后访问日期：2022 年 11 月 29 日。

为避免独自承担责任，意大利希望在欧盟框架下限制非法移民。12月，梅洛尼于参加欧洲理事会前夕在国内众议院的演讲中强调，欧盟成员国要共同捍卫欧盟的外部边界，需要一个基于合法流动和有效行动的合作框架，以打击非正常移民流动，以及在欧盟层面管理移民遣返。[①] 作为南欧地区的重要成员国，意大利试图在欧盟共同打击非法移民的行动中发挥主导作用。在2022年12月于西班牙阿利坎特举行的南欧国家首脑会议上，各国一致同意必须加强地中海国家在能源、粮食安全和移民方面的合作。

实际上，意大利在地中海地区的政策目标之一是进一步深入欧盟睦邻政策的南向维度，将其转变为长期的"地中海伙伴关系"，而不是仅限于移民和安全危机管理。这也意味着在打击非法移民的同时，意大利需要继续深化与南部地中海国家的经济合作，支持该地区的稳定与发展。梅罗尼上任后积极推动支持非洲的"马泰计划"（Mattei Plan），该计划以意大利政治家和埃尼集团（Eni）创始人恩里科·马泰的姓氏命名，是欧盟与非洲国家的发展合作行动计划，旨在促进非洲的经济增长和就业。2022年12月，意大利和利比亚就建设后者境内的一条沿海高速公路达成协议。这条公路长达1700公里，将连接利比亚与埃及接壤的东部边境以及与突尼斯接壤的西部边境，意大利承诺为该项目提供50亿美元。[②] 值得注意的是，中国与利比亚的经济合作也较为密切。中国是亚洲最大的利比亚石油进口国。[③] 利比亚最大的大学的黎波里大学（主要是其下的工程、信息技术和科学学院）于2022年6月宣布重启与华为公司的合作协议。该协议计划为利比亚相关领域培养数千名学生。就此而言，中意两国在利比亚等北非国家开展第三方合作存在契合点，且潜力较大。

---

① "President Meloni's Address to the Chamber of Deputies Ahead of the European Council Meeting on 15 December", *Governo Italiano*, 13 December 2022, https：//www. governo. it/it/node/21281，最后访问日期：2022年12月30日。

② "Libya and Italy Reach Agreement on Construction of Coastal Highway Section", *Indiplomacy*, 4 January 2022, https：//indiplomacy. it/en/libya-italy-coastal-highway-construction-2021/，最后访问日期：2022年12月5日。

③ "Libyan Parliament Praises Relations with China", *Libya Review*, 15 September 2022, https：//libyareview. com/27049/libyan-parliament-praises-relations-with-china/，最后访问日期：2022年12月5日。

五 结语

德拉吉政府时期的意大利对外政策具有明显的"价值观外交"倾向，并在一定程度上达成了目标。意大利重新获得了欧盟和美国的信任，并通过"下一代欧盟"复苏基金获得了"真金白银"的利益。因此，德拉吉政府的"遗产"实际上为梅洛尼政府设定了"边界"，即必须在亲欧和亲美的框架下开展外交。梅洛尼的上任让"国家利益"一词重新进入意大利的视野。尽管右翼政治家与西方主流共享的价值观相对少一些，但是梅洛尼仍然可以沿着德拉吉设定的方向，以力图在欧盟和北约内发挥更大影响力的方式来争取意大利的国家利益。当然，这一前景要成为现实有一个前提，即梅洛尼被大西洋两岸国家的建制派领导人所接纳，并且能够在重要事务上拥有相应的谈判权和决定权。与在美国麻省理工学院取得经济学博士学位、曾经领导欧洲中央银行的75岁的德拉吉相比，年仅46岁的梅洛尼能否做到这一点值得我们观察。

专　题　篇
Special Reports

B.6

2022年大选：如何看待
梅洛尼领导的"右翼偏中"政府

〔意〕吉安·玛丽亚·法拉*

摘　要： 本文着重分析2022年9月25日大选后意大利政治体系呈现的新变化。随着"右翼偏中"阵营赢得大选，焦尔吉娅·梅洛尼当选为意大利共和国第一位女总理，这或将对欧盟的政治平衡也产生一定影响。为便于读者更好地理解这些变化，本文简要回顾了意大利过去三十年的政治经验，即中左政府、中右政府以及非议员总理领导的"技术政府"之间的交替，指出中左翼政党在2022年大选中的分裂客观上也促成了中右阵营的胜利。为充分理解"梅洛尼现象"，本文分析了意大利兄弟党从反对党走到执政党的特殊路径，以及指导该党政治实践的原则。意大利兄弟党的成功向整个意大利政治体系提出了新问题，即梅洛尼能否以及

---

* 吉安·玛丽亚·法拉（Gian Maria Fara），意大利政治、经济与社会研究所（EURISPES）创始人兼所长，社会学家，主要研究领域为意大利政治、欧洲一体化。

如何在她呼唤的"传统"和希望带来的"新意"之间找到平衡。

关键词： 焦尔吉娅·梅洛尼　意大利兄弟党　意大利政治体系　2022年大选

2022年10月，随着焦尔吉娅·梅洛尼出任总理，意大利共和国历史上第一个"右翼偏中"政府宣告成立。二战结束后意大利成为共和国，在此后近五十年时间里，执政联盟主要由中间党派天民党领导，意大利共产党则一直处于反对党位置。在这段漫长的时期，出现过许多"中间偏右"政府（后简称"中右政府"），但从来未出现过"右翼偏中"政府。意大利第一届中右政府成立于20世纪60年代初，时任总理为天民党人费尔南多·塔姆布罗尼（Fernando Tambroni）。这届政府非常"短命"，仅维持了四个月（1960年3月25日~7月25日），其间还发生了大范围激烈的街头抗议。20世纪90年代初，随着柏林墙倒塌和地缘政治集团长期历史性对抗的结束，意大利政治体系也遭遇"巨震"，"第一共和"最终垮台。西尔维奥·贝卢斯科尼领导的中右政府成立于这段政治过渡期，并一直延续至21世纪的头十年。①

自1993~1994年至今，意大利进入了所谓的"第二共和"时期。随着传统政党的分崩离析，新的政治体系在旧体系的灰烬上建立起来。总体而言，这一阶段意大利的政治生活中出现了两个重大变化。第一，意大利开始出现"技术政府"，即将总理一职委托给议会以外的非民选人物：卡洛·阿泽格里奥·钱皮（1993年4月28日~1994年5月9日）和兰贝托·迪尼（1995年1月17日~1996年5月16日）是意大利最早的两位"技术总理"，二人均

---

① 贝卢斯科尼领导的历届中右政府时间如下：第一届，1994年5月10日至1995年1月16日；第二届，2001年6月11日至2005年4月22日；第三届，2005年4月23日至2006年5月16日；第四届，2008年5月7日至2011年11月15日。

为银行界人士，更准确地说，他们都曾任职于意大利银行（即意大利央行）。第二，经历了最初的"技术政府"后，在此后将近二十年（1994~2011）的时间中，意大利政治体系见证了贝卢斯科尼领导的中右政府与以罗马诺·普罗迪、马西莫·达莱马和朱利亚诺·阿马托领导的中左政府之间的交替。

2011年，贝卢斯科尼领导的第四届中右政府倒台后，由于民选的执政联盟无力应对国家的严重危机，意大利共和国总统不得不再次求助议会之外的"技术"或"技术-政治"专家领导政府：从马里奥·蒙蒂（2011~2013）开始，之后是恩里科·莱塔（2013~2014）、马泰奥·伦齐（2014~2016）、朱塞佩·孔特（第一届政府2018~2019、第二届政府2019~2021）和马里奥·德拉吉（2021~2022）。这一时期唯一的例外是保罗·真蒂洛尼（2016~2018），只有他是议会议员。

经历了大约十年的"技术政府"后，在梅洛尼的领导下，意大利政府重新由民选议员领导，并且执政联盟获得了明确而又稳固的议会多数。除此之外，本届政府还有另外一个特点，即右翼力量明显强于中间力量。

一 由意大利兄弟党主导的"右翼偏中"政府

德拉吉领导的大联合政府解体后，意大利于2022年9月25日提前举行了大选，这也是二战结束以来意大利首次在秋季举行大选。最终，梅洛尼领导的意大利兄弟党获得了26%的支持率，成为议会第一大党。意大利兄弟党自成立以来，一直位于意大利政治光谱的"最右端"，它是意大利主要政党中唯一一个在上届立法任期以及过去十年中始终处于反对党位置的党派。中右阵营的另外两大政党——联盟党和意大利力量党分别只获得8.8%和8.1%的支持率。[①] 基于上述选举结果，2022年10月22日成立的梅洛尼政府可以被称为右翼政府，或最多是"右翼偏中"政府，我们在前言中已经谈及这一特点。如果考虑到意大利兄弟党在此次大选中的"飞跃"，这种变

---

① 数据参考的是众议院选举结果。

化则更加令人瞩目：2018 年大选时该党仅获得了 4.3% 的支持率，远远低于 2022 年大选的水平。

意大利兄弟党的政治文化根基肯定不是反法西斯的。尽管该党前身的领导层与法西斯主义进行了切割，但其至少在情感上仍保留了对法西斯主义的标志性人物——独裁者墨索里尼的接纳。因此，在意大利和欧洲的讨论中，人们对意大利民主体系是否有能力继续维持产生了怀疑和警惕。然而，这些担忧在很大程度上是没有根据的，因为没有任何迹象表明意大利在滑向专制主义。对于梅洛尼这样一位 1977 年出生的年轻领导人而言，人们应当肯定她成为意大利共和国首位女性总理的成就，而非将二十年法西斯时期的历史包袱扣在她身上。此外，虽然意大利兄弟党前身的许多领导人以及一小部分选民并不掩饰对法西斯历史的怀旧与好感，但我们也要看到，这部分选民的重要性必将下降，因为在短短几年内，意大利兄弟党已从支持率仅为 4.3% 的小党，跃升为收获超过全国 1/4 选票的大党。

虽然排除了民主倒退的风险，但我们仍需指出新政府与传统政治"气候"的明显决裂之处，这种"气候"在过去几十年里一直是意大利和主要欧洲国家政治体系的主流。事实上，二战后无论是在意大利，还是在欧洲其他国家，人们都见证了进步主义政党与中间派政党或保守主义政党轮流执掌政府。但即使政府由保守派领导（如法国的戴高乐主义者和新戴高乐主义者、西班牙的人民党、德国的基督教民主党以及意大利的天民党和中右阵营），文化和权利领域的主流取向也从未发生过实质性变化，国家的世俗性和对个人权利逐步、广泛的承认是一种共同的遗产。换言之，保守力量从未在社会演变面前真正筑起一道墙。

然而，梅洛尼政府呼唤的是"上帝、祖国和家庭"三位一体的价值观。这种提法看起来非常老套，或如人们常说的那样属于另外一个时代，是传统主义的，与至少最近几十年来在意大利及其以外的地方流行的一些价值观形成鲜明对比，后者在促进政治辩论以及唤醒公众意识方面起到了重要作用。然而，"上帝、祖国和家庭"这三个词的源头并非保守主义，而是与 19 世纪意大利国家统一运动的奠基人之一——朱塞佩·马志尼（Giuseppe

Mazzini）的思想有关。这三个词在二十年法西斯时期被重新启用，虽然其目的是体现对民族复兴运动的延续，但在实践上掏空了其精神内核，取而代之的是一种基于国家认同的极端民族主义。

这种基于"上帝、祖国和家庭"的意识形态黏合剂究竟有多牢固？梅洛尼政府是否有可能基于上述价值观做出实际举动，损害人们已经获得或将要获得的公民权利？对此，个人权利和新形式家庭面临的风险最大。随着意大利外来移民越来越多，他们的权利也越来越需要得到认可，这里涉及一些用拉丁语术语命名的权利，例如"ius scholae"或"ius culturae"，即移民因参加学习课程而获得意大利公民身份的权利。更广泛地说，这要看新政府计划如何实施移民政策和接收政策。

在移民这个重要议题上，梅洛尼政府在成立几天后，就对非政府组织救援船实施了一项有争议的强制措施。这些船只在地中海南部作业，从沉船中救援来自北非的难民。梅洛尼政府的做法与欧盟尤其是法国的立场产生了冲突。在孔特一期政府时期，萨尔维尼曾挥舞主权主义旗帜，推行了强硬的移民政策。而梅洛尼政府这一次在移民问题上的做法，似乎也显示了对之前移民政策的延续性。然而，考虑到意法外交冲突已基本化解，梅洛尼政府的移民政策似乎也有望在欧盟的协调和其他国家的支持下重新回到更加正确的人道主义轨道。

然而，新政府还需应对另外一些公开问题。应当注意到，在政府成立后的头几周，妇女运动组织就发起了反政府的抗议运动，原因是担心自愿中断妊娠的权利会遭到损害。但在这个问题上，梅洛尼本人已公开表态，无意改变目前用于规范这一权利的法律，这一表态与一些态度强硬的执政联盟成员并不相同。

在国际问题上，在上任后的几个月，梅洛尼也逐步改变了其在反对党时期的一些立场。例如，意大利兄弟党过去曾持反欧元、反欧盟的立场，现在已转变为接受欧洲单一货币，并明确表示将遵守欧盟的政策。在进入政府前，意大利兄弟党与其他一些持主权主义立场的政党和国家保持了良好的同盟关系，例如匈牙利和波兰，在执掌政府后，梅洛尼的立场同样有逆转的迹象。

2022 年 2 月 24 日，俄乌冲突爆发，震动整个欧洲。在俄乌冲突问题上，梅洛尼自一开始处在反对党位置时，就坚定地站在了欧盟、北约和美国一边。因此，意大利传统的国际定位没有发生变化。

梅洛尼政府当前仍面临复杂的经济局面，能源供应出现危机，能源成本高企。鉴于当前执政联盟在议会中占据优势，预计梅洛尼政府出台的第一批政策能够较为平稳地落地。然而，政府的稳定性取决于另外一个决定性因素，即反对党是否会一直保持分裂与不团结。我们将在后文看到，反对党的分裂是中右阵营取胜的关键。实际上，从数据来看，这场胜利并非理所当然。

二 中左阵营失败的原因：放弃联合

右翼政党赢得大选，给意大利政治体系带来了新变化，这可能会让人们认为，选民在整体上出现了"右转"。实际上，这种转变并未发生。如果我们将 2022 年大选中中右阵营获得的支持率和绝对票数，与过去 25 年中右阵营的历史数据进行比较，就会发现让梅洛尼得以执掌政府的大选数据，并不优于贝卢斯科尼领导的历届中右政府。获胜的中右阵营由意大利兄弟党、联盟党、意大利力量党和"我们温和派"组成，总共获得了 43.8% 的支持率，相当于 12300244 张选票；而贝卢斯科尼领导的政治联盟曾获得更高的支持率，接近 50%。因此，虽然支持中右阵营的选民已经明显"右转"，但整体选民的情况并非如此。

如果我们把中左翼的主要政党，包括民主党、绿色和左翼联盟、欧洲+、公民参与、"第三极"（包括意大利活力党和行动党）以及孔特领导的五星运动（在最近一个政治阶段将自身定义为左翼进步主义政党）获得的支持率相加，总和为 49.3%，甚至高于 2006 年普罗迪领导的中左阵营的支持率。从绝对票数来看，中左翼主要政治力量在 9 月的大选中获得了 13858694 张选票，比中右阵营多出 1558450 张。想要解释右翼阵营（或中右阵营）为何凭借更少的票数赢得了大选，必须考虑两个主要因素：第一，意大利复杂的现行选举制度（比例制+多数制）；第二，中左翼政党的极端分裂。

　　就选举法而言，2022 年大选采用的是混合选举制度，即 2/3 的议会席位按照比例制分配，另外 1/3 按照多数制分配。在采用多数制的选区中，候选人只要比其他竞争者多得 1 张选票就能"获胜"。中右翼政党之所以能够赢得大选，是因为它们选择了联合竞选。得益于中右阵营的团结，它们赢下了大部分多数制选区，即使在那些选区其支持率远低于 50%。例如，在参议院选举中，中右阵营赢下了 54 个多数制选区，相较而言，民主党和五星运动分别只赢下了 7 个和 5 个多数制选区，这些参议院席位对于获得议会多数席位至关重要。而根据同样的机制，中右阵营在众议院获得的席位优势更大。

　　因此，中左翼政党失败的原因并非被选民大范围抛弃，而是由于其内部出现分裂，无法联合竞选。此外，根据选举前的民调情况，无须特别的政治智慧就能明白，如果对抗梅洛尼右翼阵营的中左翼政党无法达成某种形式的联合协议，哪怕只是应对选举的临时性协议，就必将遭遇失败，而最终的结果的确印证了一点。事实上，只有最大的左翼政党民主党试图达成这样的协议。由于更广泛的协议最终未能达成，民主党最终获得的选票与 2018 年相当。虽然这一结果是在民主党最近几年多次遭遇分裂的背景下获得的，但其仍可以被视作大选中损失最大的政党。

　　既然我们不能假设中左翼政党的领导人数学不好，或对选举机制缺乏了解，那么很显然，对某些政治力量而言，选择分裂甚至对立，对应的就是"各玩各的"的明确愿望，目的就是要占据一个明确的政治和选举生态位置，虽然范围更小，但可以说是"专有"的位置，这是一种对圭恰迪尼①"定位"（particulare）思想的当代版诠释。这就是为什么我们有理由相信，尽管不同于梅洛尼的胜利，伦齐的"第三极"和孔特的五星运动也认为自己在某种程度上是"赢家"，因为大选的结果让它们拥有了针对特定阶层选民和公众意见的控制权。

　　人们或许会说，中左翼政党之所以未能走向联合，是基于对现有分歧的

---

　　①　弗朗西斯科·圭恰迪尼，意大利文艺复兴时期一位伟大的政治人物。

认识：以击败对手为主要目的而组建起的联盟缺乏凝聚力，会导致政府在随后的职责分配中出现严重困难。这是事实，但这一点对中右阵营也同样适用，因为中右翼联盟内部主要党派之间也存在明显的竞争，且各党派的政治目标在很大程度上还存在分歧。事实证明，即使只是为了获得权力，也应看到中右阵营是能够联合的，而团结的中左阵营却已成为历史。

简而言之，右翼政党的胜利是由于其对手"放弃"联合。而在意大利这样一个复杂的国家，缺乏一个具有足够凝聚力的进步联盟，是一个有待进一步分析的问题。可以肯定的是，中左翼政党之间的分歧与进步主义阵营所表现出的身份逐渐丧失是同步的，而这又反映出社会主体的分裂、传统大众媒介重要性的下降，以及"个人主义"政治力量的崛起，而"个人主义"政治力量又进一步冲击了那些强调集体主义的政治力量。

三 传统政治的衰落与代表性危机

上文提到，民主党作为中左阵营一直以来的核心，应当被视作 2022 年大选中的最大输家，因为它未能履行选民（尽管数量不低）和历史赋予它的职责。但大选中还有另一个输家，那就是意大利力量党。经历 2018 年和 2022 年两次大选的支持率下滑后，意大利力量党已经从中右阵营的第一大党和真正核心滑落到了第三的位置，如今其支持率仅相当于意大利兄弟党的 30%。萨尔维尼领导的联盟党在 2022 年大选中获得的支持率相较于 2018 年出现了"腰斩"，如果参照 2019 年的欧洲议会选举，更是下降了 75%。一些政党（联盟党、五星运动以及伦齐领导时期的民主党）的支持率出现"过山车式"的起伏，并非意味着重大的趋势性变化，更多是由选民在短期内对某个特定领导人的好感造成的。由于选民快速流动，这些政党的支持率上升得快，下降得也快。但民主党和意大利力量党的情况并非如此，因为这两个党曾经分别作为中左阵营和中右阵营的核心，对意大利"第二共和"政治格局的形成起到过决定性作用。

很明显，意大利进入了一个新阶段，其特点是随着传统政党的衰落，政治代表性的深层危机日益凸显。当然，这种危机并不仅限于意大利，也出现在其他西方国家。例如，在美国，拜登虽然接替了特朗普，但不排除特朗普可能通过下次大选重返美国总统宝座；在英国，保守派阵营内部出现严重混乱，一年内换了两次首相；在法国，左右两极分化，削弱了马克龙的总统地位。这些类似的迹象均表明政治体系的不稳定。虽然在过去几十年中，这些传统政治力量显示出了领导政府的能力，但无法解决各自社会中出现的新旧矛盾，且随着时间的推移，这些矛盾变得愈发尖锐。随之而来的是政治代表性的传统共识难以为继。

而全球化恰恰为上述变化提供了舞台。在西方国家，世界南北关系（以及东西关系）的改变，瓦解了福利国家建设的"黄金"时期中艰难形成的平衡与关系体系。20 世纪下半叶，"社会集团"（blocchi sociali）已逐渐崩溃，主要原因是社会对人类劳动价值的认可度降低，与此同时，技术发展的重要性和战略性日益显著。无论人们是看好这种趋势的前景，还是视其为一场噩梦，一个"没有工作岗位的社会"（jobless society）正在成为现实，并将加剧分配不公的问题。在西方国家（及其以外的地方），中产阶级在经济和政治上的重要性及影响力都在下降。与此同时，无论是实际的贫困，还是感知到的贫困，其规模都在不断扩大，而财富日益集中在少数人手中。如果说过去几十年中，政治一直关注的是推动不同利益集团甚至利益对立集团之间的对话，以缓解社会冲突，那么当前冲突本身已越来越成为一种"稀有商品"，因为阶级隶属关系正在逐渐丧失。

因此，"进步派"和"保守派"的分类不再能够回应当今西方世界的问题和矛盾，为此有必要找到传统政治难以阐述的新"概念"和新"词语"。实际上，意大利和其他国家的选民已经意识到了当前的困境，并且正在急切地寻找"新意"，这一点至少已体现在对领导人的选择上。

四 结语

在 2022 年举行的意大利大选中，意大利民众对"新意"的追求，使一

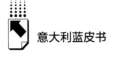

支从未执掌过政府的政治力量获益，并见证了一位年轻女性、一位新的政治领袖成为总理。然而，面对一个不确定的、模糊的、有待建立的未来，人们渴望新的方案来引领社会。矛盾的是，梅洛尼领导的意大利兄弟党恰恰是最以传统主义为荣的政党，而这似乎又是对上述民众期许的背离。在意大利已经开启的新政治阶段，我们看到了社会对"新意"的需求，也看到了执政党对"传统"的呼唤，二者的冲突会产生怎样的结果是我们需要继续观察的重点。希望新政府能够在集体的、负责任的以及明智的政治决策的基础上找到一个有效的、基于共识的平衡点，以捍卫国家利益，这比以往任何时候都更加迫切。

（石豆译，孙彦红校）

B.7
近年来意大利数字经济发展与数字战略

〔意〕芭芭拉·卡普托　马西米利亚诺·奇波莱塔　马尔科·盖伊*

摘　要： 近年来，数字经济发展受到意大利政府及各界的广泛关注，也是
当前正在实施的国家复苏与韧性计划的重点支持方向。本文首先
梳理并分析了意大利数字市场的状况与特点，之后深入研究数字
赋能技术及其应用状况，重点剖析意大利中央政府层面制定的数
字战略和数字经济政策，其目标是依托国家复苏与韧性计划促进新
冠疫情后的经济复苏。本文最后聚焦意大利皮埃蒙特大区信息通信
技术部门的发展，该部门对数字经济与太空经济领域的带动使得皮
埃蒙特大区的产业结构具有致力于创新和面向未来的特征。

关键词： 意大利　数字经济　国家复苏与韧性计划　太空经济

　　尽管受到新冠疫情引发的经济危机和全球复杂严峻形势的影响，近几年
意大利数字经济仍呈现积极的发展趋势。2022年，意大利数字经济的营业
额达到760亿欧元，同比增长2.1%，预计2023年其营业额将增长至约790
亿欧元。这一发展势头强化了数字经济对提升意大利公共部门和私营企业竞
争力的积极作用。具体而言，在意大利数字经济的各领域中，信息通信技术

---

* 芭芭拉·卡普托（Barbara Caputo），意大利都灵理工大学控制与计算工程系教授；马西米利
亚诺·奇波莱塔（Massimiliano Cipolletta），意大利皮埃蒙特创新基金会（Piemonte Innova
Foundation）主席；马尔科·盖伊（Marco Gay），意大利信息通信技术行业协会 Anitec
Assinform 主席。

（ICT）服务业的发展最为引人注目，2022 年的营业额同比增长 7.2%，其中仅云市场一项便实现了高达 25.5% 的增长，发挥了引领作用。值得注意的是，2022 年意大利数字市场的蓬勃发展得到了多项先进技术的支持，包括区块链、云计算和人工智能等，这三项技术的应用市场规模分别实现了26.5%、24.5% 和 21.7% 的年增长率。

意大利的数字经济发展之所以能取得上述成果，与国家复苏与韧性计划（PNRR）发挥的激励作用分不开，该计划共有约 920 亿欧元资金投入数字化领域，并且将促进基础设施、设备、服务、产能等全方位的数字化作为重点支持方向，已成为推动数字经济发展的强劲加速器。与此同时，意大利在数字化应用领域的国际排名也在提升。欧盟发布的数字经济和社会指数（DESI）报告显示，2021 年意大利的综合排名由此前的第 20 位攀升至第 18位，而且向好趋势将至少延续至 2025 年。

在意大利国内，皮埃蒙特大区在创新能力和发展活力方面名列前茅，尤其是该大区首府都灵，其凭借在 ICT 产业、数字化和航空航天领域的悠久历史，已成为全国数字化程度排名第三的城市，仅次于米兰和罗马。皮埃蒙特大区还是意大利航空航天企业集中度最高的区域，且不少企业拥有该领域的尖端和前沿技术，当前该大区正在建造的都灵航空航天城值得关注。本文最后一个小节将专门梳理分析皮埃蒙特大区数字经济与太空经济的发展。

一 数字经济与意大利经济复苏

意大利经济在许多方面与世界经济的整体状况类似，特别是，同其他欧洲国家一样，意大利也受到俄乌冲突的影响。2022 年意大利国内生产总值增长了 3.9%，而 2023 年则会明显放缓，约为 0.3%，预计到 2024 年经济增长率又将达到 1.9%。能源成本持续上涨和原材料供应困难对意大利国内的生产活动造成了冲击，影响了消费需求，也给投资活动带来了沉重打击。

然而，应该看到的是，国家复苏与韧性计划的实施明显减轻了外部冲击对意大利经济造成的负面影响。该计划的三大战略核心为数字化和创新发展、绿色转型、包容性社会建设。在国家复苏与韧性计划下，意大利政府可支配的资金总额达 1915 亿欧元，从拨款占比看，数字化居于该计划六大任务之首，总预算资金中约有 27% 拟投入其中。

一个国家要实现经济增长，人口的增加和劳动生产率的提高是两个基本要素。由于多年来意大利人口增长水平持续较低，提升生产率便显得尤为重要。对此，数字技术起到了关键性的助力作用。作为促进规模经济发展、提升组织复原力和应对外部环境变化能力的加速器，数字技术对推动经济增长具有倍增效应。

在推动数字技术进步之外，即除了对人工智能、区块链、数字孪生（digital twin）、云计算、边缘计算以及量子和光子等数字技术进行投资，人力资本投资也是影响生产率提升的重要因素。然而，在目前数字技术快速进步的时期，劳动力市场却存在明显的技能缺口。目前意大利数字市场便呈现这样的情况，数字专业技能短缺的问题迫切需要得到解决。一方面，技能不足直接导致生产率的下降；另一方面，技能不足造成的劳动力供需不平衡直接影响了年轻人就业。那些不具备相应数字技能的年轻人，由于无法满足企业最紧缺的人才需求，面临在劳动力市场被边缘化的风险。在这方面，意大利国家复苏与韧性计划能发挥积极作用，它将支持数字专业技能提升、工业4.0 计划及网络安全发展作为重要内容。

二　意大利数字市场发展现状

意大利的数字市场发展充分证明了其正在迸发活力，无论是在实现营收、创造就业及增加企业盈利等方面的作用，还是在提升研发强度和提高生产率方面的表现，该市场均超过了其他经济领域和部门。

比较历年意大利数字市场和 GDP 的年增长率可知，至少从 2015 年起，数字经济就成为拉动经济增长的重要领域（见图 1）。当年欧盟提出建立"数字单一市场"，而意大利也发布了"工业 4.0 国家计划"，之后该计划先后更名为"企业 4.0 计划"和"转型 4.0 计划"。

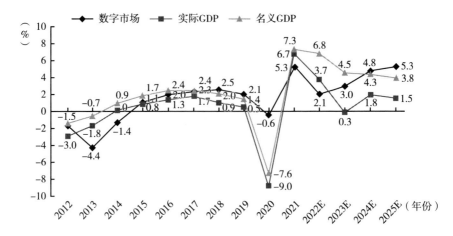

图1 意大利数字市场与GDP的年度增长状况（2012~2025年）

注：图中年份后加"E"表示该年为预期值。

资料来源：笔者根据Anitec-Assinform协会为意大利国家统计局（ISTAT）提供的报告、意大利政府《经济规划文件》（NADEF）以及数字市场分析咨询企业NetConsulting cube公布的相关数据资料制作。

需要看到的是，与经济整体形势一致，虽然2022年意大利数字市场仍在增长，但是增长率有所放缓。目前来看，2023年意大利的宏观经济表现不甚乐观。数字市场将继续得到国家复苏与韧性计划相关资金的支持，即便目前其支持效果尚不能被完全量化，但是如前文预估，2023年仍将实现超过790亿欧元的总营业额，同比增长率约为3%。之后，随着宏观经济状况逐步改善，2024年意大利数字市场的总营业额有望达829.09亿欧元，同比增长4.8%，2025年的总营业额将超870亿欧元，实现5.3%的同比增长（见图2）。

在意大利数字市场内部，ICT服务业的表现优于其他经济部门，其增长尤其依靠云市场拉动，后者在2022年实现了25.5%的增长。此外，数字内容消费市场和数字广告市场也是重要的助推器。鉴于信息安全是现阶段的重中之重，预计ICT软件市场和ICT解决方案市场未来也将有较大增长空间。

新冠疫情暴发带来的直接影响之一是远程办公的流行。2020年意大利

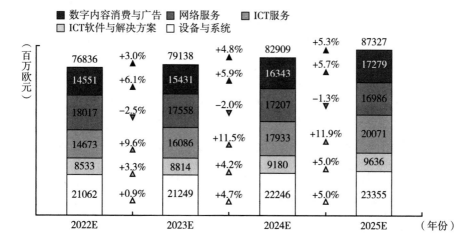

图2　意大利数字市场增长趋势预期（2022~2025年）

注：图中年份后加"E"表示该年为预期值。

资料来源：NetConsulting cube, *CIO Survey 2022-Le sfide del CIO：innovare nell'era dell'incertezza*, novembre 2022。

有将近900万人采取智慧办公方式，占劳动者总数的32.5%。[①] 自2021年后，该趋势以现场办公与远程办公交替进行的"混合"模式继续保持。这种新的工作模式成为推动意大利数字市场增长的一个重要因素。为应用这种新模式，数字基础设施需要不断优化，以提升意大利全国对网络连接质量的需求。此外，新冠疫情这场公共卫生危机还带来了电子商务活动的显著增长，加速改变了意大利人的消费习惯。2021年，意大利人在线购物年消费总额达到394亿欧元，与2020年相比增长了21%。同时，电子商务的快速发展促使企业调整其销售战略，将更多的业务转移至线上。[②]

---

① ISTAT, "Situazione e prospettive delle imprese dopo l'emergenza sanitaria Covid-19", https://www.istat.it/it/archivio/242717, 最后访问日期：2022年12月20日。

② NetConsulting cube, *CIO Survey 2022-Le sfide del CIO：innovare nell'era dell'incertezza*, novembre 2022.

三 数字赋能技术及其应用

数字赋能技术指能够提升各经济领域竞争力的信息通信技术和数字技术。新冠疫情期间，正是在数字赋能技术的支持下，诸多企业的组织结构和运营方式仅在几个月时间内便实现了彻底变革，这在过去至少需要数年时间。过去几年应对疫情挑战的过程推动企业采取措施提高自身数字化程度，其中意大利企业在数字技术上的平均投资额占其投资总额的65%，[①] 高于欧盟平均水平（61%），与美国的水平大体相当。在各行业、各部门中，基础设施企业应用数字赋能技术的比例最高，达到82%；而建筑业占比相对较低，仅为43%。此外，企业规模也是数字化转型进程速度的重要影响因素，大企业引进数字技术的倾向（56%）要明显高于中小企业（23%）。

数字赋能技术可分为三种主要技术类别，其在意大利的发展状况与前景大体如下。第一类是具有一定规模的平台与解决方案。其中，预计云计算市场的规模到2025年将达到100亿欧元，2022~2025年的复合年均增长率（CAGR）将为25%；移动业务在2022年实现了50亿欧元的市场价值，预计到2025年的复合年均增长率将达到6.1%。第二类是网络安全与大数据，2022年两者的年营业额均为16亿欧元，预计到2025年复合年均增长率将分别为14%和12.7%。第三类是小众技术，或用途十分精准、应用场景尚且有限的技术，包括主要用于社交媒体和电商平台的网络平台管理技术（2022年市场规模为6.74亿欧元，至2025年的复合年均增长率约为5.2%）、可穿戴技术（2022年市场规模为8.28亿欧元，至2025年的复合年均增长率约为6.7%）、人工智能/认知技术（2022年市场规模为4.22亿欧元，至2025年复合年均增长率为21.7%）和区块链（2022年市场规模为4300万欧元，至2025年复合年均增长率为26.5%）等（见图3）。

[①] European Investment Bank（EIB），*Digitalisation in Europe* 2021－2022：*Evidence from the EIB Investment Survey*，2022，https：//www.eib.org/attachments/publications/digitalisation _ in _ europe_2021_2022_en.pdf，最后访问日期：2022年12月25日。

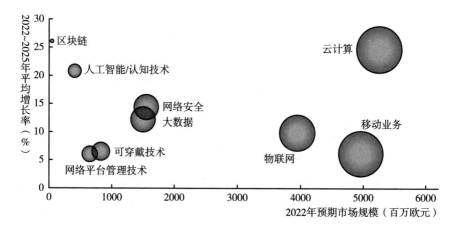

图3　意大利数字赋能技术市场规模及趋势（2022~2025年）

资料来源：NetConsulting cube, *CIO Survey 2022 - Le sfide del CIO: innovare nell'era dell'incertezza*, novembre 2022。

虽然数字市场也面临着与整体经济类似的挑战，但是其发展前景相对更为乐观，因为无论从竞争力还是从法规与政策的角度看，数字化转型在意大利整体发展中都处于核心地位。特别是，"下一代欧盟"复苏基金和意大利国家复苏与韧性计划中的所有金融工具都将信息通信技术和数字技术置于实现其2030年战略愿景的中心地位。

为证实数字赋能技术的应用价值，附属于意大利商会的IT服务商InfoCamere开展了一项关于创新型初创企业和中小企业的调查研究。该调查研究显示，高强度地使用数字技术改进流程、创造新产品或服务的企业，其每位员工创造的平均附加值可达41200欧元，高于其他在商会注册的创新型初创企业和中小企业，后者每位员工创造的平均附加值约为36800欧元。此项调研涉及的创新型初创企业和中小企业均使用ICT行业的ATECO代码注册，截至2022年4月初共有8169家，相较2021年3月初增长了22.6%，其中7372家为创新型初创企业，797家为中小企业。

该调研还表明，当前意大利ICT行业的加速发展主要归功于创新型初创企业的大量涌入，2022年其新注册量增长了30.9%，而在2020年该增长率

仅为18.9%；类似地，2022年中小企业的新注册量增长了12.7%，2020年该增长率为10.6%。2022年，相比于ICT行业23%的整体注册增长率，增长最为强劲的领域是区块链（增长52.0%）、网络安全与加密货币（增长35.1%）、数字解决方案（增长34.3%）、人工智能和机器学习（增长26.4%）以及电子商务。[①]

同数字赋能技术应用快速增长的趋势类似，新冠疫情也极大地推动了意大利中央和地方医疗卫生领域以及公共管理领域对数字技术需求的增长。同时，和其他部门一样，这两个领域还特别关注网络安全问题。此外，受到国家复苏与韧性计划相关措施的推动，行政管理领域对数字技术的需求也显著增长。其中，中央行政管理领域的需求增长最快，2022年的增长率约为10.5%，市场价值达到25亿欧元。同年地方公共管理领域的需求大约增长9.4%，总营业额达15亿欧元。随着国家复苏与韧性计划的资金向支持使用电子支付系统（PagoPa）、公共服务软件（IO）、公共数字身份系统（SPID）和电子身份证（CIE）等数字赋能技术平台倾斜，数字化的相关支出将进一步显著增长。

实际上，各主要经济部门在数字化转型方面的支出正在快速增长（见表1）。在工业部门，虽然也受到世界经济不确定性、能源成本上涨、通货膨胀和原材料短缺等负面因素的冲击，但是2022年该部门用于数字领域的支出仍达到88亿欧元，较2021年增长3%。其中较突出的投资领域有数据策略、网络安全、用于物联网传感器和预防性维修的解决方案等。在银行业，预计2022年将在数字领域支出约90亿欧元，增长5.6%，2023年将进一步增长7%。意大利各主要银行制订的战略计划都将云转型、优化数据架构与分析列入其中，与保证网络安全几乎受到同等重视。在公共事业部门，对数字领域的投入也在增长，到2022年底其相关营业额超过21亿欧元，增长3.7%。虽然受到能源价格上涨、监管干预（制定价格上限和推动能源价格与天然气价格"脱钩"）以及寻求替代性能源三重因素的共同影响，该

---

① 2022年意大利电子商务领域的企业注册增长率数据尚不可得。

部门发展的不确定性有所增加，但是对网络数字化、智能电表、收集工厂能源生产许可、针对分配网络的预防性维修和资产管理活动的投资仍然是关注重点。值得一提的是，在许多经济部门，尤其是公共事业部门，近期数字孪生技术得到了首次应用，用于构建模拟天然气及能源工厂和分配网络运行的模型。在电信和传媒业，尽管 2022 年的行业增长率与往年相比大幅下降，仅为 1.5%，但是其数字支出总额仍达到约 95 亿欧元，表现良好。相关支出主要用于推进全国的通信基础设施建设，这也是落实国家复苏与韧性计划的必要步骤。在分销和服务业，2022 年数字市场的增长率预计为 2.8%，相较此前预期有所下降。自 2022 年 8 月以来，持续攀升的通胀压力以及渐趋走低的消费倾向造成运营商的利润逐渐下降。总体而言，在这一部门，企业对数字领域的投资涵盖了全部渠道，包括客户关系管理、数字自助服务设备、队列管理、先进的收银系统、地理定位广告优化，等等。此外，为提高效率以及完善企业生产运营流程，用于云服务的支出额的增加也十分显著。

表1　意大利各主要经济部门的数字市场规模及增长率（2021~2025年）

单位：百万欧元，%

经济部门	2021 年	2022 年 E		2023 年 E		2024 年 E		2025 年 E		2022~ 2025 年 年均增长率
	规模	规模	同比增幅	规模	同比增幅	规模	同比增幅	规模	同比增幅	
工业	8533.9	8792.5	3.0	9109.2	3.6	9679.6	6.3	10508.8	8.6	6.1
银行业	8647.4	9129.0	5.6	9766.8	7.0	10719.0	9.7	11671.2	8.9	8.5
保险业与金融业	2324.6	2433.8	4.7	2563.0	5.3	2733.2	6.6	2903.3	6.2	6.1
中央公共行政（PAC）	2252.9	2489.5	10.5	2778.2	11.6	3133.9	12.8	3541.3	13.0	12.5
国防产业	1090.0	1160.9	6.5	1250.2	7.7	1362.8	9.0	1499.0	10.0	8.9
地方机关	1358.6	1486.0	9.4	1629.4	9.7	1820.6	11.7	2059.4	13.1	11.5
医疗卫生	1869.5	2034.1	8.8	2248.5	10.5	2495.8	11.0	2795.3	12.0	11.2
公共事业	2034.6	2110.8	3.7	2221.5	5.2	2360.1	6.2	2498.6	5.9	5.8
电信和传媒业	9368.2	9510.0	1.5	9750.0	2.5	9980.0	2.4	10342.0	3.6	2.8

续表

经济部门	2021 年	2022 年 E		2023 年 E		2024 年 E		2025 年 E		2022~2025 年年均增长率
	规模	规模	同比增幅	规模	同比增幅	规模	同比增幅	规模	同比增幅	
分销和服务业	4607.3	4736.3	2.8	4873.6	2.9	5060.0	3.8	5268.6	4.1	3.6
旅游与交通	2510.7	2596.5	3.4	2682.4	3.3	2811.5	4.8	2953.1	5.0	4.4
消费品行业	30689.3	30356.7	-1.1	30265.4	-0.3	30752.9	1.6	31286.8	1.7	1.0
数字市场总额	75287.0	76835.9	2.1	79138.4	3.0	82909.2	4.8	87327.5	5.3	4.4

注：表中年份后加"E"表示该年为预期值。

资料来源：Dipartimento per la Trasformazione Digitale. "Italia digitale 2026：obiettivi e iniziative per il digitale nel Piano Nazionale di Ripresa e Resilienza", https：//innovazione. gov. it/italia-digitale-2026/，最后访问日期：2022 年 11 月 20 日。

四　国家复苏与韧性计划及数字战略

得益于国家复苏与韧性计划的资金支持，意大利向数字化转型获得了历史发展机遇，这有助于意大利缩小与其他国家之间的差距，令其在 2027 年前跻身欧洲数字强国之列。

值得一提的是，在"下一代欧盟"复苏基金拟用于数字化转型的 1090 亿欧元中，意大利获得了 44%，与其他欧盟成员国相比，这是一个极高的数额。[1] 截至 2022 年 8 月底，意大利已使用"下一代欧盟"复苏基金拨付的 118 亿欧元资金，相当于拨款总额的 11%，其中仅 1.28 亿欧元被用于数字化领域，因为许多数字化转型措施到 2022 年底才会付诸实施。2022 年 12

①　Governo Italiano，"ReGiS-Il sistema gestionale unico del PNRR"，22 luglio 2022，https：// www. italiadomani. gov. it/it/Interventi/regis—il-sistema-gestionale-unico-del-pnrr. html#：~：text = ReGiS%20 C3% A8%20lo% 20strumento% 20unico% 20attraverso% 20cui% 20le，investimenti% 20del%20PNRR%29%2C%20Milestone%20e%20Target%2C%20e%20Progetti，最后访问日期：2022 年 12 月 20 日。

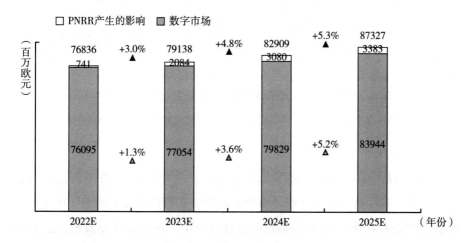

月底，意大利"国家战略极"（Polo Strategico Nazionale）专用的基础设施即将建成，所有公共管理部门的数据中心均将整合于此，其功能类似于国家数据数字化平台（PDND），用以实现各信息系统和公共管理部门数据库之间的交互操作。意大利政府最新版《经济规划文件》（NADEF）显示，至2022 年底，意大利实际使用的"下一代欧盟"复苏基金总额将达到 150 亿欧元，与规划预期一致。同样是在公共领域，2021 年成立的国家网络安全局预计将借助"下一代欧盟"复苏基金采取多种干预措施，以改善国家安全结构。

简言之，2022 年意大利数字市场的规模原本为 760.95 亿欧元，国家复苏与韧性计划预计将带来约 7.41 亿欧元的额外增长，使市场总额达到 768.36 亿欧元。预计在 2024 年，当数字市场规模达到 798.29 亿欧元时，国家复苏与韧性计划将产生 30.8 亿欧元的附加值，使数字市场规模超过 829 亿欧元（见图 4）。

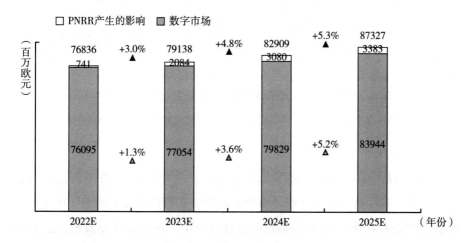

图 4　国家复苏与韧性计划对意大利数字市场的拉动作用

注：表中年份后加"E"表示该年为预期值。

资料来源：NetConsulting cube, *CIO Survey 2022-Le sfide del CIO：innovare nell'era dell'incertezza*, novembre 2022。

2022 年 7 月，欧盟发布了年度数字经济和社会指数，提供欧洲各国过去一年数字绩效的相关指标，并主要从联通性、人力资本、数字技术渗透融

合和数字化公共服务四个维度进行衡量与比较。该报告清晰地展示了新冠疫情对欧洲各国数字化进程产生的积极影响（见图5）。尽管意大利排名仅在第18位，低于欧盟国家平均水平，但是与波兰和希腊类似，意大利是近五年来数字领域增长最快的国家之一。毕竟，直到2020年，意大利在欧盟28个成员国中还排在第25位。

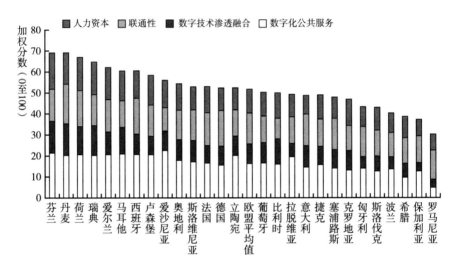

图5　欧盟国家数字经济和社会指数及排名（2021~2022年）

资料来源：笔者根据欧盟委员会"数字记分牌"网站（https：//digital-agenda-data.eu/）相关数据整理。

在欧盟数字经济和社会指数的四个考察维度中，自2020年新冠疫情暴发后，意大利在第一个维度即联通性方面的表现得到了显著改善，明显优于欧盟的平均水平。① 在针对联通性的总体评估中，意大利得分为61.2，在欧盟成员国中排名第7。在最近一次调查期，5G覆盖率取得了非常显著的进展，居住区的5G覆盖率大幅上升至99.7%。尽管取得了一些成就，但是超级宽带领域仍有许多不足之处。事实上，固定宽带整体普及率仍低于欧盟平均水平（意大利为66%，而欧盟为78%）。针对这一状况，意大利政府数字

———————

① 参见欧盟委员会"数字记分牌"网站，https：//digital-agenda-data.eu/。

化转型部于 2021 年 5 月 25 日专门批准了一项宽带计划。该计划旨在推动意大利到 2026 年实现所有地区带宽达到千兆网速，并促进固定宽带和移动宽带基础设施的发展，从而与国家复苏与韧性计划的实施步骤一致，并争取提前实现欧盟提出的 2030 年目标。

然而，当前意大利数字领域发展面临的最严峻挑战在于人力资本发展滞后。根据欧盟委员会"数字记分牌"的数据，2021 年，意大利 16~74 岁人口中掌握基本数字技能的人口仅占 46%，欧盟的这一比例为 54%。同样在 16~74 岁群体中，仅有 23% 的意大利人拥有相对高级的数字技能，而欧盟的该比例为 26%。为全面提升数字技能，意大利批准了一项国家战略，将借由 2020 年 12 月通过的一项运营计划加以实施，设定了到 2025 年应实现的目标，其中包括令 70% 的人口掌握基本数字技能，这也是为响应欧盟"2030 数字罗盘计划"设定的 80% 的人口掌握基本数字技能的目标。[1] 这项计划已被纳入国家复苏与韧性计划。

在数字技术渗透融合方面，意大利在欧盟排名第 8。大部分意大利中小企业的数字化程度为 60%，至少达到了基本水平，高于欧盟的平均水平（55%）。然而，若考虑特定技术的普及程度，总体情况则好坏参半。受到最新立法措施的影响，几乎所有意大利企业（占比高达 95%）都在使用电子发票。此外，意大利云服务的普及效果也较好，有 52% 的企业应用云服务技术，远高于欧盟平均水平（34%）。意大利企业运用信息通信技术促进环境可持续发展同样较为普遍，虽然其比例尚低于欧盟平均值。相比之下，大数据普及率较低，仅有 9% 的意大利企业在使用该技术，而欧盟平均水平为 14%。类似地，在人工智能领域的技术应用状况也不佳，仅有 6% 的意大利企业应用人工智能技术，而欧盟平均水平为 8%。2020~2021 年，意大利电子商务的普及率达到了 13%，但仍然低于欧盟平均水平。[2]

意大利政府支持企业应用数字技术的主要工具是"转型 4.0 计划"，其

---

[1] European Commission，"2030 Digital Compass：the European way for the Digital Decade"，COM（2021）118，Brussels，March 2021.

[2] 参见欧盟委员会"数字记分牌"网站，https：//digital-agenda-data.eu/。

中税收优惠措施由国家复苏与韧性计划和国家补贴基金提供财政支持，两者分别投入 134 亿欧元和 58 亿欧元。此外，预计国家复苏与韧性计划将加强技术转型中心（包括数字能力中心和欧洲数字创新中心）的国家网络，为 4500 家中小企业提供先进的数字技术服务，包括"投资前测试"、培训、中介等。

在数字化公共服务方面，意大利在欧盟排名第 19。在意大利，接受数字化公共服务的企业比例为 79%，低于欧盟平均水平（82%）。这一比例高于接受数字化公共服务的公民比例，后者为 48%，远低于欧盟平均水平（64%）。然而，在意大利，开放数据的使用率高达 92%，欧盟平均水平仅为 81%。基于这一发展状况，意大利于 2021 年提出了"意大利数字化 2026"战略，旨在协调各公共管理领域以实现推进数字化转型的目标。其主要内容如下：中央和各地方的公共管理领域采用安全、现代化、高效的云基础设施，摒弃"应使用精心设计的本土、小型、昂贵且有较高网络风险的数据中心"的逻辑预设；激活启用被纳入规划的所有国家数据登记库；建成一个安全的用于数据交换与整合的交互操作平台，即所谓的国家数据数字化平台，旨在令各级公共管理部门之间实现数据自主交换，而无须公民反复提供已有信息；通过数字身份系统如 SPID 和 CIE 等提供公共管理服务，并分配用于接收公共管理通信信息的数字地址；建立与完善数字身份，如驾照、证书和许可证等，支持公民在自己的设备上直接认证，并可实时验证和更新身份。①

五　数字经济发展的优秀代表：皮埃蒙特大区

皮埃蒙特大区在信息通信技术、数字化和航空航天等领域发展较早，在

---

① Dipartimento per la Trasformazione Digitale，"Italia digitale 2026：obiettivi e iniziative per il digitale nel Piano Nazionale di Ripresa e Resilienza"，https：//innovazione.gov.it/italia-digitale-2026/，最后访问日期：2022 年 11 月 20 日。

这些领域的竞争力处于国内领先地位。本小节将深入研究皮埃蒙特大区，尤其是都灵都市圈的数字化情况。

基于与皮埃蒙特大区、区属 ICT 观测站及其他 13 个大区合作，米兰理工大学的"数字议程观测站"开发了一种能够在大区层面统计欧盟数字经济和社会指数的部分指标的方法。以下是该观测站公布的皮埃蒙特大区主要维度下相关指数的表现。

在联通性维度，皮埃蒙特大区在意大利各大区中排名第 6，其区域数字经济和社会指数达到了 51.7。具体指标得分显示，皮埃蒙特大区的数字基础设施建设略优于意大利平均水平，超高速宽带的覆盖率尤其突出。值得注意的是，相关指标表明，意大利的移动网络覆盖率和网络渗透率之间存在显著的不对称性，即 4G 通信的渗透率接近 100%，但平均而言，仅有略多于 1/3 的人口在使用移动终端上网。此外，虽然 4G 技术在皮埃蒙特大区的家庭覆盖率已接近 100%，但是同其他地貌以山区为主的大区类似，其覆盖率仍相对偏低。在人力资本维度，皮埃蒙特大区以 49.7 分在意大利各大区中排名第 6。在数字技术渗透融合维度，皮埃蒙特大区的表现优异，在全国排名第 4。能够取得这一成绩，主要得益于大区内企业注重对云技术、物联网传感器和内部数据共享的整合。在云计算服务方面，皮埃蒙特大区政府各部门中仅有 28.4% 在使用该技术，都灵省政府部门使用的比例略高一些，为 39.2%。在数字化公共服务维度，区域数字经济和社会指数显示，意大利北部大区的表现更佳，皮埃蒙特大区排名第 6。该指标考核了在大区面向公民的政务服务中高互动性服务的占比，发现仅在居民人数超过 2.5 万人的市镇，线上服务的比例才超过 50%。在 ICT 应用领域，都灵在全国的大城市中排名第 3，仅次于米兰和罗马，那不勒斯紧随其后。值得注意的是，都灵信息技术与电信行业的雇员占总劳动人口的比例为 8.1%，超过了罗马（7.6%）和米兰（7%）。此外，2020 年，皮埃蒙特大区共有 ICT 企业 20953 家，占企业总数的 3.92%。实际上，自 2012 年都灵工业联合会的 ICT 小组发布观测报告以来，该大区的 ICT 行业一直保持积极的发展态势。

值得强调的是，近十年来，皮埃蒙特大区为支持创新和推进数字化转型进行了大量投资，具体投资渠道包括 2009 年启动的创新中心网络、支持小微企业数字化的具体计划以及支持小型市镇政府应用数字技术等计划。这些投资促进计划的落实令皮埃蒙特大区的研发投资在意大利各大区中处于领先地位。目前该大区拥有超过 200 家研究中心、7 所创新中心和 4 个技术园区。大区内已形成 ICT 和数字领域的研究生态系统，在人工智能领域也拥有先进技术研发能力，参与主体均享有较高的国际声誉，包括被公认为与产业界关系最密切且研究成果影响力最强的国立大学的都灵理工大学，① 都灵大学，Links 基金会，创新与企业发展基金会（ISI），意大利国家研究委员会的电子、信息工程与电信研究所（CNR-IEIIT），意大利国家计量研究院（INRIM）等。

皮埃蒙特大区的研发创新还得到欧盟结构基金的支持。2021~2027 年欧洲区域发展基金（FESR）为皮埃蒙特大区提供了近 15 亿欧元资金，较 2014~2020 年增加了 5 亿欧元以上，支持该大区将恢复竞争力与包容性可持续发展相结合，调整经济体系以应对发展过程中的重大挑战，最终促进就业与经济增长。这笔资金中有 8.07 亿欧元用于促进研发、创新以及区域生产系统的数字化和可持续性转型。

皮埃蒙特大区 ICT 创新中心的功能也值得关注。ICT 创新中心是一个不断扩大的网络，包括超过 300 家各类企业（创新型初创企业、中小微企业和大型企业均参与其中）、17 所大学和研究机构，以及 20 余家私人团体、协会和终端用户组织。在皮埃蒙特创新基金会（Piemonte Innova Foundation）的协调下，该中心资助各机构联合开展研究项目，并努力提供和支持新的商业机会。在过去 15 年间，ICT 创新中心已资助了 316 个研究项目，投资额约达 1.5 亿欧元。该中心每年公布研究战略议程，汇总企业在物联网、网络安全与区块链、高级计算、大数据与数据分析、人工智能和 5G 连接等领域的投资兴趣。

---

① AVNUR, *Rapporto VQR* 2015 - 2019, 2020, https：//www.anvur.it/attivita/vqr/vqr - 2015 - 2019/，最后访问日期：2022 年 12 月 20 日。

此外，基于自身在工业创新方面的优势，皮埃蒙特大区及其首府都灵在专利申请方面的表现也颇为突出。欧洲专利局（EPO）公布的数据显示，2021 年皮埃蒙特大区的企业与科研机构提交的专利申请数比 2020 年增加了 90 项，增长了 2%。都灵市的表现更佳，2021 年，仅该市向欧洲专利局提交的专利申请数就达到了 335 项，较 2020 年增长了 4%。其中，对该市创新贡献最大的是运输技术（占专利总数的 39%），其后是生物技术（占 21%）和仪表与控制（占 14%）。此外，2021 年都灵市还向意大利国家专利部门提交了 4555 份申请专利，其中有 499 项与计算机科学和电子领域相关，与 2020 年相比增长了 4.8%。

值得注意的是，皮埃蒙特大区非常注重以数字技术带动自身传统优势产业航空航天产业的创新与升级，旨在打造太空经济新优势。太空经济是航空航天技术与数字技术在空间服务领域的融合，它的发展基于以空间和数字基础设施为上游的价值链，并涉及众多行业。离开数字经济，太空经济也将不复存在。目前来看，该领域具有积极的市场前景。目前全球太空经济的市场规模已达到 3710 亿美元，根据摩根士丹利发布的报告，预计到 2040 年其全球市场规模将突破 1 万亿美元。

太空经济是意大利的优势领域，也是其未来发展的巨大机遇。在这一领域，意大利拥有重要的科学专业知识以及得到世界高度认可的产业链。就航空航天领域投资与 GDP 的比例而言，意大利在全球各国中排名第 6。意大利是世界上最早发射和运行在轨卫星的国家之一，是欧洲航天局的创始成员国之一，如今也是该机构预算的第三大贡献国（2021 年贡献资金 5.899 亿欧元），仅次于德国和法国。目前意大利政府已经制订了一项战略计划，拟投资 47 亿欧元，远超过以往划拨给这一领域的经费，其中约 50% 由国家和地方的公共财政负担。该计划的重点支持方向与欧盟倡议一致，并寻求同欧盟项目相结合，旨在从国家层面最大程度地发挥推动作用，主要支持五个具体方向或项目：（1）支持卫星通信，与欧盟 Gov Sat Com 政府卫星通信的镜像计划相结合；（2）支持国家参与伽利略定位系统与欧盟伽利略定位系统的镜像计划相结合；（3）支持伽利略公共监管服务（PRS）基础设施；（4）支持欧

盟哥白尼全球环境与安全检测计划，与欧盟哥白尼镜像计划相结合；（5）支持太空探索及相关技术发展。

总体而言，皮埃蒙特大区发展太空经济的确拥有十分乐观的前景。皮埃蒙特大区居意大利三大航空航天区之首（另外两大航空航天区依次为普利亚大区和拉齐奥大区），长期在该领域展现出卓越的创新能力与企业家精神。皮埃蒙特大区航空航天企业的集中度较高，目前共有超过350家企业，员工总数约25000人，年营业额达到近70亿欧元。2021年，欧洲航天局选择在都灵启动商业孵化中心（ESA BIC），旨在支持太空经济领域的意大利创新型初创企业发展壮大。这是一次提升皮埃蒙特大区竞争力与吸引力的机遇，不仅有利于巩固该大区在国内的经济竞争力，也有助于该大区及其太空产业在欧洲各主要航空航天区中取得领先地位。

皮埃蒙特大区拥有完整的航空航天产业链，其范围涵盖材料、增材制造技术、推进器、机械工程、太空领域的人工智能技术、在轨生活技术、对地观测技术与可重复使用的创新型发射装置等各环节与领域，而且在诸多方面具备前沿技术与先进技术优势。航空航天巨头莱昂纳多公司、Avio Aero公司、泰雷兹阿莱尼亚宇航公司（Thales Alenia Space）、意大利航空物流科技工程公司（Altec）、柯林斯宇航公司（Collins Aerospace）和Mecaer公司等行业内重要企业为复杂子系统生产商、高精度零部件系统供应商以及专业工程和设备供应商的持续发展壮大创造了广阔空间。

航空航天制造技术中心的新规划，也即众所周知的"都灵航空航天城计划"，是都灵理工大学的一个重要项目。该计划受到皮埃蒙特大区的财政支持，并与航空航天巨头莱昂纳多公司和泰雷兹阿莱尼亚宇航公司达成合作。它将适度整合研究界、机构、大型工业企业、中小企业组织乃至都灵商业孵化中心的研发创新力量，使它们形成一个生态系统，从而构建合作网络以实现雄心勃勃的创新目标。都灵航空航天城占地面积约20万平方米，将吸引汇集一批重要实验室，以此打造国际级别的卓越技术研发中心，还将建立一个创新型初创企业与中小企业孵化中心。都灵航空航天城的建造工程于2023年初启动，将于2024年竣工，预计未来几年内将使整个皮埃蒙特大区航空航天业的营业额增加 3 倍，从 70 亿欧元增加至 280 亿欧元，同时将带来从业者数量的成倍增长。

综合前文有关意大利全国以及皮埃蒙特大区的综合分析可知，数字经济在意大利正迎来难得的历史发展机遇，不仅正在成为新的经济增长点，还将全面促进意大利经济社会转型升级。意大利数字领域的发展及其影响值得继续观察。

（陈嘉睿译，孙彦红校）

B.8
意大利智慧城市的发展模式与经验

曲明珠*

摘　要： 意大利是拥有智慧城市最多的欧洲国家之一，而且形成了各具特色的多种智慧城市发展模式。本文旨在梳理剖析意大利智慧城市的发展历程、顶层设计、各主体参与方式与发展特点。本文首先梳理近十年来意大利有关智慧城市的研究，筛选出了具有普遍影响力的六大指标维度，即智慧经济、智慧移动性、智慧环境、智慧公众、智慧生活、智慧治理，基于此分析了米兰、罗马、佛罗伦萨等大都市发展智慧城市的模式与经验，最后归纳了政府在意大利智慧城市发展中发挥的作用，并展望智慧城市的发展前景，以期为我国建设智慧城市的实践提供有益参考。

关键词： 意大利　智慧城市　发展模式　可持续发展

随着5G、人工智能、云计算、物联网、工业互联网等新一代信息技术的广泛应用，包括民生、环保、公共安全、城市服务、工商业活动在内的各类需求越来越多地得到智能响应和智慧式管理，居住在城市中的人们获得了更舒适的生活环境，城市的和谐、可持续发展也具备了更坚实的技术基础。在此背景下，以互联网、物联网、电信网、广电网、无线宽带网等网络组合为基础，以智慧技术高度集成、智慧产业高端发展、智慧服务高效便民为主要特征的智慧城市应运而生。近年来，利用智慧技术建设智慧城市，已成为

* 曲明珠，意大利国际教育文化交流协会中国区总干事，北京漫意信国际文化传播有限公司首席执行官，主要研究领域为意大利科技政策、意大利优势产业、中意科技合作等。

世界各国（地区）城市发展的新趋势。

自 21 世纪初以来，欧洲开始了建设智慧城市的实践探索。截至 2022 年，在欧盟 27 个成员国中，西班牙和意大利拥有的智慧城市数量最多。如果考虑智慧城市数量占一国城市总数的比例，那么北欧国家、意大利、奥地利、爱沙尼亚和斯洛文尼亚排名靠前。意大利作为拥有欧洲智慧城市最多的国家之一，因其国内城市的历史演变、资源禀赋以及发展方向的差异，形成了各具特色的多种智慧城市发展模式。

本文将对意大利智慧城市的发展现状及特点进行梳理，并基于多项重要指标，着重分析米兰、罗马、佛罗伦萨等大都市发展智慧城市的模式，总结其发展特点与实践经验，以期为我国建设智慧城市的实践提供有益的参考。

一 意大利智慧城市的定义与评价指标

随着技术进步、数字化进程加速以及城市需求的变化，关于智慧城市的定义也在不断演变。笔者在 Web of Science（WoS）数据库中选择科学引文索引（SCI）数据库进行了检索，时间跨度为 2012 年 1 月 1 日至 2022 年 11 月 22 日，检索标题为"smart city（cities）"（智慧城市）、"smarter city（cities）"（更智慧的城市）、"intelligent city（cities）"（智能城市）、"smart low carbon city（cities）"（智慧低碳城市）、"smart green city（cities）"（智慧绿色城市）、"smart sustainable city（cities）"（智慧可持续城市），检索语言为英语或意大利语，国家/地区选择意大利；返回检索结果 2032 篇，其中论文 898 篇，综述性文章 59 篇。根据上述文献的发表年份与被引频次（见图 1）可知，近年来意大利学界对智慧城市的关注度越来越高，且相关研究成果的质量也在稳步提升。

此外，从上述文献检索结果可知，近十年来，意大利学界有关智慧城市的研究主要从计算机科学、工程、电信、环境生态学、公共管理、数学、地理、商业经济、能源及其他技术等角度开展。本小节将侧重于从关注公共管理与经济发展的角度，通过整理 292 篇意大利学界的重要研究成果，梳理归纳智慧城市的概念与评价指标。

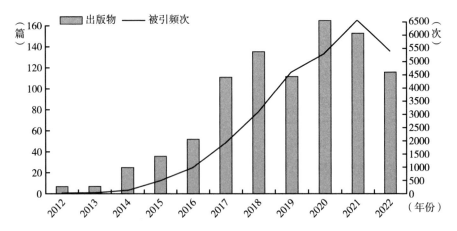

图 1　意大利智慧城市领域出版物数量及被引频次（2012~2022 年）

资料来源：笔者根据 Web of Science 网站科学引文索引（SCI）数据库数据整理制作。

（一）智慧城市的概念

20 世纪 90 年代，基于对新兴信息通信技术对城市现代基础设施影响的认识，人们开始对智慧城市有了初步理解。进入 21 世纪，以 IBM、思科、西门子公司为代表的大型跨国企业认为，技术是智慧城市概念的关键组件。然而，也有研究机构批评这一看法过于以技术为导向，强调在智慧城市中可以使用技术，但技术只是手段，其应用要适应城市发展需求，而不是使城市生活适应技术发展，在此过程中公民应发挥关键作用。

根据欧盟委员会的界定，智慧城市是利用数字解决方案提高运转和服务效率的城市，旨在造福居民和企业，同时通过使用数字技术更好地利用资源并减少碳排放。这意味着，智慧城市需要更智能的城市交通网络、更先进的供水和废物处理设施、更高效的建筑照明和供暖方式、更具互动性和响应性的城市管理、更安全的公共空间，同时还要适应人口老龄化带来的新需求。①

---

① European Commission，"Smart Cities"，https：//ec. europa. eu/info/es-regionu-ir-miestu-pletra/temos/miestai-ir-miestu-pletra/miestu-iniciatyvos/smart-cities_ en，最后访问日期：2022 年 11 月 1 日。

意大利学界对智慧城市概念内涵的界定与欧盟委员会大体上一致，认为智慧城市是在六大指标维度（智慧经济、智慧移动性、智慧环境、智慧公众、智慧生活、智慧治理）上具有良好的前瞻性表现，并建立在自主、独立、有意识的公民基于各自禀赋开展各类活动的智能组合基础之上的城市。[①] 一些学者提出智慧城市发展应分为硬件和软件两个方面，必须促进硬性和软性的综合发展。一方面，它应用于"硬领域"，如建筑物、能源网、自然资源、水管理、废物管理、流动性和物流，在这些领域，信息通信技术可在系统功能中发挥决定性作用；另一方面，在教育、文化、政策创新、社会包容和政府等"软领域"，信息通信技术的应用通常不是决定性的。[②] 还有学者归纳总结了众多定义后认为，智慧城市最常见的特征包括以下几点：城市的网络基础设施能够提高行政效率，促进经济、社会、文化发展；强调以商业为主导的创造性活动和城市发展；社会涵盖城市居民以及城市发展中的各类社会资本；自然环境对于城市发展前景具有战略重要性。[③]

可见，欧盟委员会和意大利对智慧城市的界定都侧重于促进可持续发展和提升公民的生活质量，其核心是增加城市内居民的归属感和社会联系，而信息通信技术只是实现手段。

（二）智慧城市的评价指标

近年来，城市管理者和决策者越来越关注用综合定量指标对智慧城市发展的程度进行系统评价，以决定资源配置方式，同时向公民、游客和投资者传递必要的信息。目前最具代表性的是奥地利维也纳大学开发的评价指标体系。该体系基于对 70 个欧洲中等城市的排名，对智慧城市的六大指标维度

① Carlo Giovannella and Vincenzo Baraniello, "Smart Cities Learning", *International Journal of Digital Literacy and Digital Competence*, Vol. 3, 2012.

② Paolo Neirotti et al., "Current Trends in Smart City Initiatives: Some Stylised Facts", *Cities*, Vol. 38, pp. 25-36.

③ Vito Albino, Umberto Berardi and Rosa Maria Dangelico, "Smart Cities: Definitions, Dimensions, Performance, and Initiatives", *Journal of Urban Technology*, Vol. 22, No. 1, 2015, pp. 3-21.

做了进一步细化。2012 年有学者将六大指标维度与城市生活的不同方面进行关联，如智慧经济与工业、智慧移动性与物流和基础设施、智慧环境与效率和可持续性、智慧公众与教育、智慧生活与安全与质量、智慧治理与数字民主等，进而设计了一个更复杂的体系来衡量智慧城市的发展程度。该体系基于知识创新系统的分析框架，使用了更新后的"三螺旋模型"版本，将知识创新的三个主要机构即大学、企业和政府联系起来，纳入了包括城市审计数据集、欧洲绿色城市指数、可持续性、城市环境的发展以及欧洲智能城市排名等新的参考因素，共设定了 60 项指标。[①]

此外，还有一些学者从不同角度开发了评价意大利智慧城市的指标体系。例如，有学者借助适用于中小城市和社区的评估指标来衡量城市的智慧程度，该方法在指标选择上与城市标准化组织建立的 ISO37120 标准一致，同时受到欧盟可持续能源行动计划使用的环境指标的启发。[②] 再如，有学者基于智慧城市发展的可持续性构建了评估方法，该方法包含了污染、二氧化碳排放量、透明治理、可持续资源管理、教育设施、健康条件、安全的公共交通、行人区、自行车道、绿色区域、创新精神等 18 项指标。[③] 还有学者提出了一种名为"Smartainability"的新方法，即使用定性和定量指标来评估智慧城市在环境、经济、能源和社会领域的可持续性和智能程度。该方法已在 2015 年米兰世博会现场的城市案例中进行了测试，被证明能够较好地为决策者提供有关智能解决方案的重要信息。[④]

总体而言，上述各种评估方法有一个共同特征，那就是评估指标体系若要发挥促进智慧城市发展的积极作用，就必须被全面综合地纳入城市战略规

① Patrizia Lombardi et al., "Modelling the Smart City Performance", *Innovation-The European Journal of Social Science Research*, Vol. 25, No. 2, 2012, pp. 137-149.

② Giuliano Dall'O' et al., "Evaluation of Cities' Smartness by Means of Indicators for Small and Medium Cities and Communities: a Methodology for Northern Italy", *Sustainable Cities and Society*, Vol. 34, October 2017, pp. 193-202.

③ George Cristian Lazaroiu and Mariacristina Roscia, "Definition Methodology for the Smart Cities Model", *Energy*, Vol. 47, No. 1, 2012, pp. 326-332.

④ Pierpaolo Girardi and Andrea Temporelli, "Smartainability: a Methodology for Assessing the Sustainability of the Smart City", *Energy Procedia*, Volume 111, March 2017, pp. 810-816.

划，同时还要得到区域、国家和国际层面相关政策的支持。具体采用的评估指标应有助于为决策者提供未来发展的有益建议。

二 意大利智慧城市发展现状

（一）意大利政府的智慧城市发展规划与政策

受欧债危机影响，意大利政府自 2011 年起采取了一系列财政紧缩措施，这些措施也影响了地方公共支出，降低了城市公共服务的质量和数量。同时，危机冲击下的意大利亟待刺激经济复苏。在此背景下，促进智慧城市发展作为经济增长战略的重要内容之一被提上了政府工作日程。2014 年，意大利数字机构（AGID）成立，其职责之一就是要建立国家智慧标准、数据收集和信息平台以及发布全国智慧城市年度检测报告。自此，智慧城市在意大利被明确作为国家发展规划的一部分，国家开始引导和鼓励包括地方政府、公私营企业及相关协会等参与者发挥重要作用。①

意大利智慧城市发展规划优先在大都市和大城市实施。国家大都市运营计划（Pon Metro）是一项针对城市可持续发展的国家行动计划，重点关注公共服务和移动的可持续性、数字大都市议程和提高能源效率。该计划的目标是提高意大利 14 个大都市（包括都灵、热那亚、米兰、威尼斯、博洛尼亚、佛罗伦萨、罗马、那不勒斯、巴里、雷吉奥卡拉布里亚、卡利亚里、卡塔尼亚、梅西纳、巴勒莫）的城市服务质量，促进"社会包容规划（2014~2020）"和"欧洲 2020 战略"目标的实现。②

此外，意大利还围绕智慧城市理念制定了一系列发展政策。在 2021 年启动的国家复苏与韧性计划（PNRR）中，用于智慧城市发展的资金超过

---

① Christian Smigiel, "Urban Political Strategies in Times of Crisis: a Multiscalar Perspective on Smart Cities in Italy", *European Urban and Regional Studies*, Vol. 26, Issue 4, 2018.

② Christian Smigiel, "Urban Political Strategies in Times of Crisis: a Multiscalar Perspective on Smart Cities in Italy", *European Urban and Regional Studies*, Vol. 26, Issue 4, 2018.

100 亿欧元。这些资金分配给国家复苏与韧性计划下的不同任务，包括数字化、创新竞争力、文化和旅游，绿色革命与生态转型，可持续交通基础设施，教育与研究，包容性、凝聚力和健康。① 2021 年第二季度，意大利政府推出了"意大利数字化 2026"战略，决定拨款 6.74 亿欧元用于数字化公共传播，另有 6.71 亿欧元用于部署超高速网络。②

（二）积极参与欧盟智慧城市相关计划

管理城市及促进其发展主要是地方政府的职能。意大利的地方政府拥有较大自由度，可直接从欧盟申请财政资金，前提是要制订并执行与欧盟层面理念一致的可靠的投资计划，且拥有稳定的自有资金及第三方出资，也可以通过公私合作协议获得资金。总体而言，意大利城市参与欧盟智慧城市计划的积极性较高。值得一提的是，在欧盟"共享城市项目"的支持下，由意大利、葡萄牙和英国合作推进的国际智慧城市项目致力于应对当今城市面临的一系列最紧迫的挑战，特别是提高能效、低碳运输、可持续建筑物等，取得了积极成效。③ 还有一些地方政府参与了欧盟战略能源技术计划（SET）、智慧城市和社区倡议、星尘计划（Stardust）、欧盟小巨人计划（Small Giants）、智慧城市和社区欧洲创新伙伴关系计划、交通和能源区域研究与创新生态系统计划（RRI2SCALE）等。

此外，欧洲的一些地区组织与协会也对意大利智慧城市的发展产生了重要影响，包括欧洲地区大会（Assembly of European Regions）、欧洲城市组织（EURO CITIES）、欧洲城市安全论坛（European Forum for Urban Security）、地方城市发展欧洲网络（Local Urban Development European Network）、欧洲能源

---

① "Il PNRR per le smart city", *Anaci Italia Servizi*, 17 giugno 2022, https：//www. anacitaliaservizi. com/smart-city/il-pnrr-per-le-smart-city/, 最后访问日期：2022 年 11 月 4 日。

② Dipartimento per la Trasformazione Digitale, "Italia digitale 2026：obiettivi e iniziative per il digitale nel Piano Nazionale di Ripresa e Resilienza", https：//innovazione. gov. it/italia-digitale- 2026/, 最后访问日期：2022 年 11 月 20 日。

③ "Building Smart Cities Together：Common Solutions for Shared Challenges", Sharing Cities "lighthouse" programme, https：//sharingcities. eu, 最后访问日期：2022 年 12 月 10 日。

城市协会（Energy Cities），等等。这些组织与协会使得更多的意大利城市有机会参与欧洲决策，帮助相关城市申请欧盟资金，助力其向新发展模式转型。

在具体操作上，由地方政府根据可行性、创新性等标准，借助与意大利数字机构的合作来满足公共行政部门的创新需求。意大利数字机构在建设智慧城市的相关招标中扮演"中央采购员"的角色，各种类型和规模的企业、大学、研究中心等主体均可参与投标。通常而言，企业与大学、研究中心等参与意大利智慧城市建设的流程如下：首先，企业与研究机构确定定期参与的专题领域；之后，公共管理部门与企业和研究机构进行协商，通过开放式创新来确定创新需求（智慧需求）；最后，具体执行，主要包括商业合作前采购（PCP）、创新解决方案采购、参与者对话、创新伙伴关系等内容。

（三）意大利智慧城市的发展特点

迄今为止，意大利智慧城市的发展主要呈现出以下三个特点。

首先，意大利智慧城市的范围和规模持续扩大，大都市率先转型。根据米兰理工大学管理学院物联网观察站的数据，2018～2020 年，有 59% 的城市（包括中小型城市）启动了至少一个智慧城市项目，未来发展潜力大。虽然不少大城市在向数字化、智慧化转型方面起步较晚，但是规模持续扩大，大都市表现尤其突出。[①]

其次，意大利智慧城市注重依托本地禀赋优势，具有鲜明特色。除得益于国家和地方政府的统筹协调外，参与智慧城市建设的创新主体还特别重视发挥本地的禀赋优势。一些智慧城市从某个社区或某个领域的试点项目起步，逐步发展为较成熟的综合性项目，进而与当地环境形成良性互动，强化本地优势与特色。

最后，意大利智慧城市的国际影响力不断增强。一些智慧城市整合自身优势积极参与国际竞争，并引进国外的技术与资金以弥补自身在资源上的不

---

① "Smart city：tecnologie per la sostenibilità"，Smart Parking Systems，https：//smartparkingsystems.com/smart-city-tecnologie-per-la-sostenibilita/，最后访问日期：2022 年 10 月 28 日。

足。例如，罗马引进美国思科公司（Cisco）参与智慧城市网络建设，卡利亚里选定中国华为公司为网络服务商。与此同时，米兰的智慧家居、智慧建筑项目等在国际市场上颇具竞争力。

三　意大利智慧城市的发展模式与经验

根据意大利知名咨询机构 FPA 公布的 2022 年城市数字化排名，佛罗伦萨、米兰的数字化程度最高，贝加莫、博洛尼亚、克雷莫纳、摩德纳、罗马和特伦托并列第三（见表 1）。2012 年，该机构也曾发布城市数字化排名，当时使用了六大指标维度（智慧经济、智慧移动性、智慧环境、智慧公众、智慧生活、智慧治理）的共 89 个扩展指标。经过不断完善，该机构 2022 年公布的排名仍使用六大指标维度，但是扩展指标增加至 150 个，特别是纳入了数字化转型和可持续发展方面的指标，包括在线服务、社交渠道、支持平台、开放数据、开放性、公共 WiFi、市政应用程序和物联网，等等。

表 1　2022 年意大利城市数字化排名

排名	分数	城市
1	90	佛罗伦萨
2	87	米兰
3	85	贝加莫、博洛尼亚、克雷莫纳、摩德纳、罗马、特伦托
9	82	卡利亚里、热那亚
11	78	帕尔马、都灵
13	76	布雷西亚、威尼斯
15	75	巴勒莫、普拉多、雷焦艾米利亚、里米尼、维罗纳
20	74	巴里、切塞纳、比萨
23	73	帕多瓦
24	70	莱切、锡耶纳、维琴察

资料来源：FPA Digital360，"ICity Rank 2022：Firenze e Milano sono le città più digitali"，29 November 2022，https：//www.forumpa.it/citta-territori/icity-rank – 2022 – firenze-e-milano-sono-le-citta-piu-digitali/，最后访问日期：2022 年 11 月 30 日。

本小节将基于智慧城市发展的六大指标维度，重点从顶层设计、合作模式以及特色领域等角度归纳总结意大利大都市米兰、罗马、佛罗伦萨发展智慧城市的模式及其独特性。

（一）米兰的智慧城市模式：经济发展与国际竞争力

米兰是意大利第二大城市，也是该国的经济与金融中心。米兰大都市面积约1575.65平方公里，包括133个城市，人口超过323万。2019年，米兰拥有超过30万家企业，集中在金融、制造业、农业食品、生命科学和文化创意等产业部门，其中服务业和贸易类企业占比分别为50%和25%。[①]

自2011年起，米兰即开启了智慧城市战略，强调依托技术和创新来促进经济增长与社会包容。2012年12月，米兰公布了智慧城市项目的行动路线，并发起了公众咨询。2013年4月，米兰市政府与商会协会合作，通过与不同利益相关方公开协商设立了7个智慧城市专题工作组。2014年5月，米兰智慧城市项目获得智能城市准则委员会批准，之后从混合型企业与城市复兴、共享与协作经济、知识密集型经济、新工艺和城市制造、智慧城市与智慧公众等五个方面开展了一系列促进智慧城市发展的行动。

在智慧城市政策方面，为促进广泛使用智能交通工具，以可持续的方式优化城市管理，米兰市政府制定了一系列政策，激励创新主体参与环境、经济发展、交通、安全、智慧社会包容、数字服务和能源等领域（见表2）。

根据2012年至今FPA公布的城市数字化排名，米兰始终在智慧经济和智慧移动性方面保持领先优势，尤其是，米兰所在的伦巴第大区在数字化、基础设施和公民服务方面在国内名列前茅，目前正在加速推进绿色转型。如前文述及，米兰在智慧建筑和智慧家居方面已具备较强的国际竞争力。

---

① "Città metropolitana di Milano"，https：//it. wikipedia. org/wiki/Citt%C3%A0_metropolitana_di_Milano，最后访问日期：2022年11月30日。

表 2　米兰市发展智慧城市的相关政策

领域	政策目标/行动方案
环境	• 米兰韧性城市倡议 • 零浪费宣言 • 领土管理计划 • 城市森林计划 • 可持续食品政策 • "米兰零浪费!"协议 • 都市公园计划 • 洪水风险管理计划(PGRA) • 未来景观计划 • 米兰农村大都市计划
经济发展	• 米兰共享城市指南 • 巴塞罗那宣言:积极而智慧地应对大平台的挑战 • "体面的工作"联盟 • 与时尚业商会达成协议 • 制造业4.0 • MI 米兰孵化器 • 社区计划 • ADP 火车站计划(Scali Ferroviari) • 商业城市区计划(DUC)
交通	城市可持续流动计划(PUMS)
安全	• 预防网络钓鱼的谅解备忘录 • 增强安全性和预防特殊风险的工作环境的谅解备忘录 • 预防勒索现象的谅解备忘录 • 法律在药物成瘾领域的全面应用以及其他形式的依赖谅解备忘录 • 防止有组织犯罪渗透的谅解备忘录
智慧社会包容	• 社会创新白皮书 • 社会创新行动计划 • 社会服务卡 • 实验手册:调整教育/学校服务以及社会服务和司法义务的关系,以保护女性和儿童
数字服务	独特的规划文件(DUP): • 使用技术和管理创新 • 开发信息系统并启用基础架构 • 开发集成和可互操作的系统,有效管理本市公共信息
能源	• 可持续能源行动计划(PAE):到2020年,温室气体排放量减少20% • 提高建筑物的能源效率

资料来源:笔者根据米兰市城市经济和就业局文件制作。参见 Municipality of Milan Urban Economy and Employment, "Milan Strategy for Smart City", http://www.ponmetro.it/wp-content/uploads/2019/12/MI_Siragusa.pdf, 最后访问日期:2022 年 11 月 20 日。

此外，米兰还积极参与欧盟项目和全球倡议行动。2016 年，米兰参加了欧盟"共享城市灯塔计划"。该计划旨在促进城市间的国际合作，寻求开发综合性的智慧城市解决方案。具体而言，米兰的项目努力将城市历史中心与农业带连接起来，将私人住宅和商业楼宇的功能进行优化组合，在新建车站和公园周围进行交通系统集成（修建电动自行车充电点、智能停车场等），努力通过应用新技术改善城市交通、提高建筑物能源效率、减少划定区域的碳排放。该项目已获得欧盟"地平线 2020"研究与创新计划的资助。

为应对气候变化，米兰发布了该市的气候行动计划，并加入了"全球气候与能源市长盟约"和"全球 100 韧性城市"等两项全球性倡议。对于米兰而言，城市气候行动不仅仅是风险管理，也关乎抓住经济可持续发展的新机遇。为此，米兰扩展、改造了市辖区的供热网络系统，大大提高了能源效率。

如前文所述，智慧城市建设需要不同利益相关者之间的协作。米兰市政府创建了开放式公共管理的新范式，为企业和公民创新提供了驱动力。这种开放式公共管理，使得各类协会将小企业和大公司联系在一起，持续开展信息、创意和经验交流，令各类主体以多种方式参与智慧城市建设。这些创新主体能够基于自身条件，同时结合米兰的资源与产业优势来创造利润和创新非营利形式，充分运用技术以提高效率，并逐步成为城市升级过程中的重要利益相关者。

（二）罗马的智慧城市模式：智慧治理与公众数字文化传播

罗马是意大利的首都，是该国最大的城市，也是世界著名的历史文化名城。罗马大都市面积约 5363 平方公里，包括 121 个城市，人口超过 435 万。罗马市政府从生态系统和协同增效的角度制定了该市智慧城市发展战略，提出以智能管理实现环境、经济和社会可持续发展的目标，使罗马成为数字创新型城市，进而提高居民的生活质量。近年来，罗马发布了数字议程、韧性罗马、经济和城市发展战略规划（PSSEU）、罗马战略旅游计划（Futuroma）、企业家战略计划、农业食品战略计划、重塑罗马计划、城市可持续流动计划

（PUMS）、可持续能源与气候行动计划、社会公民计划等一系列发展规划，并着重促进这些计划与智慧城市发展战略之间的融合与一致。

根据罗马建设智慧城市的目标，政府优先支持的领域包括数字基础设施及其联通性、初创企业与创新型公司、电子商务、可持续性与创新、数字技能与数字新产品等，还配套推出了简化行政管理的相关政策。[①]

此外，罗马智慧城市建设还在公众数字文化传播方面显示出独特优势。特别是，罗马特别注重以广泛、包容和可持续的方式促进公民提高数字技能，通过启动相关网络项目应对"数字文盲"和"数字鸿沟"问题。这些项目的落实网点分布在整个罗马市政地区，同时还组织了针对学生、小微企业家和存在被排斥风险的个人的课程、研讨会和培训活动，目标是令每个人都能获得新的信息通信技术工具，提升劳动者的市场竞争力。此外，罗马还通过一系列初创项目发起各种绿色倡议，其重点是运用生物技术来保护文化遗迹，如斗兽场、马克西姆斯竞技场和阿文丁山等区域。

（三）佛罗伦萨的智慧城市模式：能源效率、智能交通与开放数据

佛罗伦萨大都市面积约为 3514 平方公里，包括 41 个城市，人口超过100万。佛罗伦萨将智慧城市计划整合进城市发展的顶层设计中，旨在发挥协同作用，放大其效果。佛罗伦萨市的智慧城市项目确定了 2030 年的远景目标，并通过制订与实施具体计划来实现，致力于改善公民的居住条件。在实施上，佛罗伦萨聚焦能源效率、智能交通和开放数据三个方面及其相互关联，出台了一系列法律法规，并构建了关键的绩效指标对智慧城市发展进行评估。

在国际层面，佛罗伦萨参与了欧盟可持续能源行动计划（SEAP）和欧盟能源效率行动计划之下的多个项目，与英国的布里斯托和西班牙的圣塞巴斯蒂安成为国际合作伙伴。佛罗伦萨将智慧城市视为一个复杂系统，

---

① "Roma Smart City"，https：//www. comune. roma. it/eventi-resources/cms/documents/Roma%20Smart%20City_Il%20Piano. pdf，最后访问日期：2022 年 11 月 30 日。

以开放式创新吸引利益相关者加入，并开放技术标准以确保共享互通的可操作性。这种开放的方式可以最大程度地帮助政府了解各类参与者的角色、关键的投入与产出，例如能源和水的利用、垃圾处理和运输系统的运行状况，同时有助于将各类可能方案进行有效整合。近两年，佛罗伦萨正在尝试将公民保护计划、城市灾后恢复计划、拟议的市政计算机化计划以及佛罗伦萨城市流动计划进行整合。

值得一提的是，佛罗伦萨创新性地建立了一个智慧城市控制室，与本地各运营中心和交通监控摄像头保持连接，旨在进一步优化管理公共照明、跟进道路维护信息系统。目前该市已经开展了诸多举措，增加了用于交通控制和红绿灯的传感器，对停车位使用情况进行实时监控，及时更新公共交通信息。该市还通过"佛罗伦萨智慧绿色平台"对城市绿地进行智能管理，以自动化方式灌溉花园和绿地。此外，该市与意大利国家电力公司（Enel）合作申请了欧盟 REPLICATE 项目以提高城市郊区的能源效率（智能电网、智能照明、区域供热等），还申请了佛罗伦萨城市快速公交（FURBA）等项目。目前，该市在智能交通和能源效率方面已处于意大利领先地位。在2022 年 FPA 公布的城市数字化排名中，佛罗伦萨在开放数据、公共 WiFi、物联网和网络技术以及市政应用程序等方面表现优异。

四　意大利政府在智慧城市发展中的作用

通过对米兰、罗马和佛罗伦萨三个智慧城市的案例分析可见，从顶层设计和制度标准设立，再到支持多元创新主体参与，从技术开发到应用推广层面，各级政府都发挥了至关重要的作用。具体而言，意大利中央和地方政府在智慧城市发展中主要发挥了四个作用。

第一，统筹顶层设计与政策制定。发展智慧城市是意大利的国家战略，中央政府负责制定总体发展目标，集中协调全国范围内的项目，同时明确并协调相关机构的职能，以保证决策的科学性与连续性。同时，地方政府也拥有一定的行动空间，可以根据当地的资源禀赋和产业结构特点确定自身的智

慧城市发展计划。这种自上而下的协调方式，确保了智慧城市发展基于统一的规则、方法和标准，以便各城市交流经验、相互借鉴。

第二，确保数据被安全高效地使用。鉴于各创新主体，特别是企业在参与智慧城市建设并分享相关数据时非常谨慎，意大利各级政府在牵头智慧城市关键基础设施的技术研发和部署、测试智慧城市应用的研究和示范项目时也特别重视数据被安全高效地使用。随着项目的成熟和推广，政府也支持开源和共享应用程序和工具，努力令城市各利益相关者能更好地使用智慧技术和相关数据。

第三，促进智慧城市间的协调合作。意大利政府鼓励开发和采用相对通用的智慧城市评估指标，以便比较各城市的绩效，促进城市间的经验交流和共享，减少智慧城市发展的知识共享障碍。长期而言，通用评估指标还有助于降低成本，促进政府、企业、学术界、行业机构等创新主体共同参与实践。当然，需要看到的是，目前除部分大城市相互间保持交流之外，多数城市之间尚未实现有效沟通。

第四，确保智慧城市发展成果的"公平"共享。意大利政府基于收集和处理智慧城市建设的相关统计数据，努力确保各项升级服务覆盖城市的各类居民，同时开展智慧城市相关技能培训，减小"数字鸿沟"对弱势群体的负面影响。[①]

意大利的智慧城市发展得以推进，除了政府发挥的上述引导与协调作用之外，参与式治理和技术及系统应用的影响也不容忽视。

当前意大利智慧城市面临的挑战主要是整合新的基础设施，使传感器和物联网等技术与该地区的既有基础相结合，同时提升系统间的互操作性。因此，在新的发展阶段，技术创新与应用、政府的支持协调以及公共部门与企业之间的沟通协作将变得更加重要。

---

① Joshua New，Daniel Castro and Matt Beckwith，"How National Governments Can Help Smart Cities Succeed"，Center for Data Innovation，https：//www2. datainnovation. org/2017-national-governments-smart-cities. pdf，October 2017，最后访问日期：2022 年 12 月 1 日。

五　结语与展望

2020 年以来，新冠大流行对世界各国的公共卫生系统和全球经济造成严重冲击，同时也加速推动了各国的数字化转型，城市数字化是其中的重要内容。此外，近几年世界各大经济体纷纷设定的"碳达峰""碳中和"目标也促进了智慧城市的发展。越来越多的城市通过使用可再生能源、使用新型材料建造节能建筑、有机地回收原材料等途径，努力降低能耗，促进城市与环境和谐互动。

在意大利，智慧城市已经能够为居民提供广泛的服务，包括免费 WiFi、在线政务服务以及基础物联网服务等。未来，智慧城市的联通性将进一步提升，政府部门将通过收集和处理大量数据来提供更高质量的智慧政务服务，实时响应市民需求。此外，随着数字技术及其应用的发展，智能交通信号灯、自动驾驶交通工具、增强现实服务、远程城市管理、智能垃圾管理系统、预测性安全系统以及更高效的能源系统等都将被融入智慧城市的发展当中。随着智慧城市标准的互认和互联，跨区域、跨领域的城市互联将带来更多发展机遇。

未来，智慧城市将从"城市数字化"发展为"数字化城市"，主要行为体的关注点将逐步从"建设"智慧城市升级到"运营"智慧城市，与此同时，智慧城市的互动形式也将逐步由"人与人的联通"提升到"万物互联"。在"万物互联"的场景下，智慧城市的交互性也将迈上新台阶，各要素之间将形成互动新生态。过去二十多年来，意大利在智慧城市建设方面积累了较为丰富的经验，其智慧城市发展前景值得期待。意大利各地探索出的多种智慧城市发展模式对我国建设智慧城市亦有启发和借鉴意义。

B.9
俄乌冲突下意大利应对能源
危机的主要举措评述

孙　硕*

摘　要： 2022年2月爆发的俄乌冲突对全球能源行业产生了复杂深刻的影响，也对能源进口大国意大利造成了严重冲击。为缓解能源危机，意大利政府"多管齐下"，采取了多元化能源进口来源地、减免税费与增加补贴、促进新能源产业发展等一系列措施，旨在缓解能源供应紧张、抑制能源价格飙升、维护国内经济与社会稳定，同时加快推进能源转型。本文基于意大利电力与天然气行业的发展现状和未来趋势，重点阐述俄乌冲突给该国能源行业带来的问题与挑战，并基于此分析该国政府与企业应对能源危机的主要举措及其成效。

关键词： 俄乌冲突　意大利　能源危机　能源转型

一　意大利能源行业概述

众所周知，意大利境内煤炭、天然气储量匮乏，核能产业也在1987年与2011年的两次全民公投中被彻底摒弃，故其能源自给率在欧盟一直处于

---

*　孙硕，国网国际发展有限公司高级经理，对外经济贸易大学意大利研究中心研究员，曾任中国铁路通信信号股份有限公司驻意大利代表处市场经理，主要研究领域为中意基础设施与第三方市场合作、意大利能源转型等。

较低水平。[①] 2021 年，意大利是欧洲第四大能源消费国，其 75% 的能源需求依赖进口，[②] 天然气进口依赖度更是高达 94%，显著高于欧盟的平均水平（83%）。[③] 可见，安全稳定的能源供应对于意大利社会经济发展至关重要。

2013 年，意大利政府出台了二战结束后的首份国家能源战略，全称为《意大利国家能源战略：打造更具竞争力与可持续的能源》，旨在构建安全经济的能源供应体系，助力经济发展。该战略的核心目标为：降低能源价格并减少能耗；实现并超越欧盟气候与能源战略目标；保障能源安全，降低能源进口；加大能源领域投资，实现更加可持续的经济增长。[④] 2017 年，意大利在 2013 年战略的基础上发布了《2030 年国家能源战略》，提出了 2025 年淘汰燃煤发电、2030 年将新能源消耗占比提升至 30% 的目标。2019 年，意大利首次发布《2030 年气候与能源国家综合计划》，后又在 2020 年对计划进行了更新，明确了到 2030 年在能源效率、可再生能源、碳减排、能源安全、能源基础设施互联、可持续交通等方面要实现的目标，并制定了去碳化、能源效率、能源安全、能源市场一体化、创新研发和竞争力等方面的行动路线，为该国能源政策变革与实现 2050 年零碳排放的目标做出了规划。2021 年，意大利政府颁布总预算为 2221 亿欧元的国家复苏与韧性计划（PNRR），该计划于 2021 年 7 月获得欧盟批准。其中，绿色转型领域拟投资 699 亿欧元，占总预算的比重约为 30%，将分别用于能源转型、能源效率优化和建筑升级改造、土地和水资源保护、农业可持续发展等四个方面（见图 1）。

以下先后梳理并分析意大利电力与天然气行业发展现状。

---

① 国家电网有限公司国际合作部、中国电力科学研究院有限公司：《国际电力发展概览》，中国水利水电出版社，2021，第 271 页。

② 周学智：《俄乌冲突对欧洲经济的冲击》，《俄罗斯学刊》2022 年第 5 期。

③ 《2021 年欧盟天然气进口依存率为 83%》，走出去导航网，2022 年 4 月 21 日，https://baijiahao.baidu.com/s？id=1730706362916036061&wfr=spider&for=pc，最后访问日期：2022 年 11 月 30 日。

④ 孙彦红：《试析意大利国家能源战略：一个结构性变革的视角》，《欧洲研究》2016 年第 3 期。

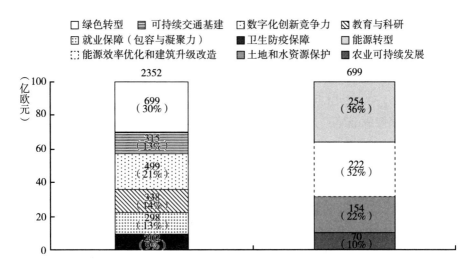

图1　意大利国家复苏与韧性计划投资方向

资料来源：Ministero delle Imprese e del Made in Italy，*Piano Nazionale di Ripresa e Resistenza*，luglio 2021。

（一）电力行业

2020年与2021年数据显示，意大利发电能源结构中，天然气发电占比最大，超过55%，水能、太阳能、风能等新能源发电占比累计超过30%。此外，意大利约13%的电力依赖进口（主要来源于瑞士），是欧盟进口电力占比最大的国家。意大利2020～2030年发电能源结构统计和预测数据见图2。

在需求方面，近10年间，意大利电力消费量相对稳定，电力消费增速与GDP增速大致趋同。2020年受新冠疫情影响出现下滑，未来或有望恢复增长（见图3）。

在价格方面，受气候变化、新能源发电稳定性欠佳、俄乌冲突等因素的影响，意大利电价自2021年起显著上涨。2019年1月～2022年5月，意大利平均批发电价走势如图4所示。其中，2022年3月最高点电价约为2020年5月低点时电价的14倍。

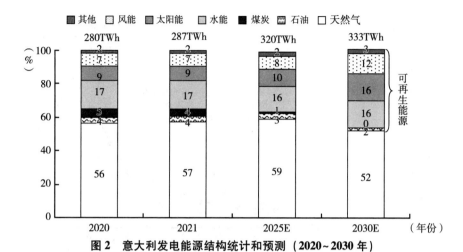

图2 意大利发电能源结构统计和预测（2020～2030年）

注：图中2025E年与2030E表示这两年的数据为预测值。

资料来源：Economist Intelligence，"Industrial Report Energy Italy"，1st Quarter 2022。

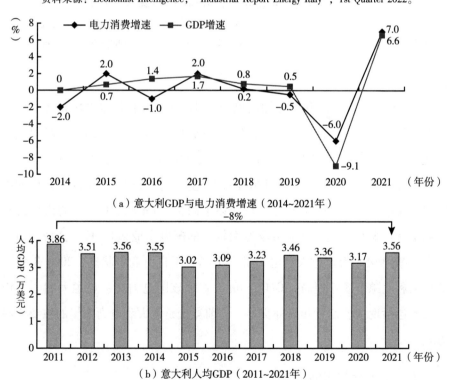

（a）意大利GDP与电力消费增速（2014～2021年）

（b）意大利人均GDP（2011～2021年）

图3 意大利人均GDP及GDP与电力消费增速

资料来源：Economist Intelligence，"Industrial Report Energy Italy"，1st Quarter 2022。

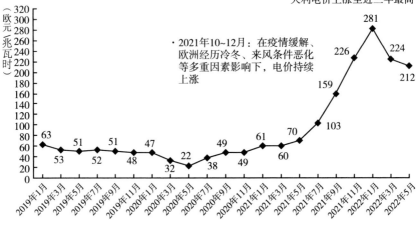

图4　意大利平均批发电价（2019 年 1 月~2022 年 5 月）

资料来源："Average Monthly Electricity Wholesale Price in Italy from January 2019 to October 2022"，Statista，https://www.statista.com/statistics/1267548/italy-monthly-wholesale-electricity-price/，最后访问日期：2022 年 12 月 9 日。

　　在输电方面，意大利国家输电网公司 Terna（以下简称"Terna 公司"）作为意大利政府参股的输电系统运营商，同时也是欧洲最大的独立输电网运营商，负责运营该国约 99.7% 的输电资产（输电线路总长度约 7.2 万公里）。

　　在配电方面，意大利共有 120 余家配电企业，共运营约 128 万公里的配电网。其中，意大利国家电力公司（以下简称"Enel 公司"）的市场份额长期维持在 80% 以上，其他市场份额较大的配电企业包括 A2A 公司、Acea公司、AEM 公司等。意大利电力批发市场处于自由竞争状态，2004 年设立的意大利能源市场管理局（GME）负责管理该国电力交易。意大利电力市场交易包括现货、期货和场外交易，日前竞价是意大利电力市场的主要交易方式。

（二）天然气行业

　　意大利天然气资源匮乏，主要依赖进口。2021 年意大利消费天然气 760

亿立方米，其中 290 亿立方米来自俄罗斯，自俄罗斯天然气进口量占意大利总进口量的比重约为 40%。2022 年，意大利大幅缩减自俄罗斯天然气进口量，阿尔及利亚、埃及、阿塞拜疆成为其天然气主要进口来源国。考虑到意大利计划于 2025 年彻底摒弃燃煤发电，预计其天然气消费量将继续保持增长，年均增长率约为 1.7%。

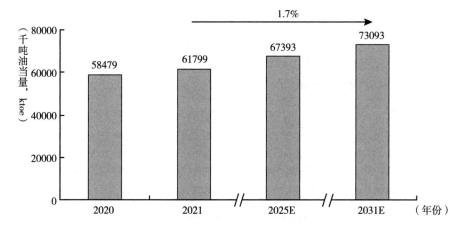

图 5 2020~2031 年意大利天然气消费量

注：图中 2025E 年与 2031E 表示这两年的数据为预测值。

资料来源：Economist Intelligence，"Industrial Report Energy Italy"，1st Quarter 2022。

在天然气价格方面，受俄乌冲突等因素影响，2022 年意大利天然气价格飙升。意大利智库 Ecco 于 2022 年 9 月发布其对米兰、罗马和巴勒莫三个城市不同面积的公寓冬季天然气费用与 2019 年同期相比的评估报告，结果显示，三地家庭月均天然气费用成本上涨幅度为 137%~194% 不等。[①] 2020~2022 年意大利居民用户天然气费用月度走势如图 6 所示。

在输气方面，意大利输气管网主要由政府参股的意大利国家天然气输气网公司（以下简称"Snam 公司"）负责运营，全国输气管网总长度约 1 万公里。在配气方面，意大利配气公司包括意大利国家配气网公司（以下简

---

① 《意今冬燃气账单或达疫情前三倍》，中国驻米兰总领事馆，2022 年 10 月 1 日，https：// mp. weixin. qq. com/s/0IQr7hdxZcDpPsfALJmOeQ，最后访问日期：2022 年 11 月 30 日。

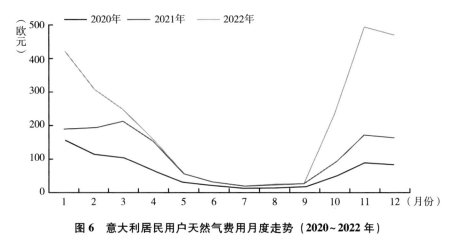

图 6　意大利居民用户天然气费用月度走势（2020~2022 年）

资料来源：Remo Valsecchi，"Speculazione sui prezzi del gas：che cosa ci aspetta e che cosa non sta facendo Arera，Altreconomia"，25 Agosto 2022。

称"Italgas 公司"）、2i Rete Gas 公司、Hera 公司、A2A 公司等 190 余家。全国配气管网总长度约 27 万公里。Italgas 公司为意大利最大的配气公司以及欧洲第三大配气公司，在意大利的市场份额约为 34%。

二　俄乌冲突与对意大利能源行业的冲击

2022 年 2 月爆发且仍在持续的俄乌冲突对意大利经济社会的影响是多方面、多领域的，能源行业首当其冲。

（一）能源供应受到威胁

俄罗斯是世界能源大国。根据《2021 年 BP 世界能源统计年鉴》，俄罗斯天然气储量约占世界储量的 19.9%，居全球首位，产量位列全球第二。统计数据显示，2021 年欧洲对俄罗斯的天然气进口依赖度为 34.2%，[①] 意大利则高达 40%，而且天然气在意大利发电能源结构中的占比超过 55%，因

---

① 项梦曦：《欧洲多国重启煤电 俄乌冲突打乱欧洲能源转型步伐》，《金融时报》2022 年 6 月 22 日第 8 版。

此天然气的稳定供应关乎其能源安全与国民经济命脉。然而，俄乌冲突爆发以来，俄罗斯持续缩减对包括意大利在内的欧洲国家的天然气出口量。2022年6月，俄罗斯天然气工业股份公司（以下简称"俄气公司"）以设备维修为由将"北溪1号"天然气管道的输气量缩减至原先的40%，① 意大利国家能源公司（以下简称"Eni公司"）当月表示，俄罗斯对意大利的输气量已降为合同要求的65%。② 7月，俄气公司将"北溪1号"管道的输气量削减至原先的20%，③ 意大利自俄罗斯进口的天然气比例进一步下降至合同要求的25%。④ 9月，俄气公司再次以涡轮机出现故障为由暂停通过"北溪1号"管道向欧洲输送天然气。10月，由于监管规则变化，俄气公司短暂中断了对意大利的天然气供应。路透社2022年10月发布的消息显示，意大利当期进口的天然气中购自俄罗斯的比例已降至10%，⑤ 这显著影响了该国能源供应的稳定与安全。

（二）能源价格飙升

随着近年来意大利能源转型进程的推进，能源行业加快淘汰燃煤发电等传统发电方式，对天然气的依赖度也在持续提升。2021年末，欧洲气候异常使得风能、水能等可再生能源发电设施的发电量骤降，电力缺口加大，进而导致天然气需求激增，价格出现上涨。2022年2月以来，自俄罗斯进口天然气的缩减进一步推高了天然气价格。意大利国家统计局2022年10月发布的经济走势报告显示，与2019年相比，意大利的天然气价格已上涨约

---

① 项梦曦：《欧洲多国重启煤电 俄乌冲突打乱欧洲能源转型步伐》，《金融时报》2022年6月22日第8版。

② 《意大利埃尼公司：俄气供应的天然气为所要求的65%》，界面新闻，2022年6月16日，https：//www.jiemian.com/article/7605853.html，最后访问日期：2022年11月30日。

③ 陈文林、吕蕴谋、赵宏图：《西方对俄能源制裁特点、影响及启示》，《国际石油经济》2022年第9期。

④ 周学智：《俄乌冲突对欧洲经济的冲击》，《俄罗斯学刊》2022年第5期。

⑤ 《俄罗斯已恢复向意大利供气》，2022年10月7日，https：//baijiahao.baidu.com/s？id=1745960231704414543&wfr=spider&for=pc，最后访问日期：2022年12月1日。

776%，生产和输配电价格上涨131.5%。① 能源价格的飙升还导致意大利通胀率持续走高。2022年10月，意大利通胀率高达11.9%，为1984年3月以来最高。持续攀升的能源价格与通胀率使得超2000万意大利民众收入远低于国家平均水平，约1400万民众失去稳定的收入来源，35.5万家企业陷入亏损。②

（三）能源转型进程被延缓

俄乌冲突还增大了意大利向清洁能源转型的进程被延缓的风险。由于意大利电力行业高度依赖天然气，加之气候变化导致可再生能源发电呈现不稳定特征，意大利政府已计划在必要时重新加大煤电产能。2022年2月，时任意大利总理德拉吉表示，面对俄乌冲突引发的连锁反应，政府将在必要时加大7座在运燃煤电厂的发电产能，保障能源安全稳定供应，缓解该国能源危机。这些举措必然会在一定程度上延缓该国能源转型进程。

三 意大利缓解能源危机的主要举措

迄今为止，意大利政府与企业应对能源危机的主要举措包括四个方面，以下逐一梳理。

（一）促进能源供应多元化

俄乌冲突爆发后，与欧盟层面的态度一致，意大利政府也认为必须尽快摆脱对俄罗斯的能源依赖。为此，德拉吉与梅洛尼两届总理均积极开展"能源外交"，旨在增加从其他国家和地区的能源进口，尽快填补俄罗斯能

---

① 《天然气价格暴涨超770%！这个国家，超35万家企业或亏损》，光明网，2022年10月12日，https：//m.gmw.cn/baijia/2022-10/12/1303170971.html，最后访问日期：2022年12月1日。

② 孙硕：《从最年轻部长到意大利首位女总理 走上权力舞台的梅洛尼》，《中国妇女报》2022年11月2日第7版。

源供应缺口，满足国内需求。在德拉吉政府时期，意大利先后与埃及、阿尔及利亚、安哥拉、刚果等国签署了多份天然气采购协议和意向书，投资建设两座浮式储存与再气化装置（FSRU）以加强进口液化天然气的储存能力，并加大了亚得里亚海北部和西西里岛的天然气资源开采。2022 年 10 月组建的梅洛尼政府同样高度重视应对能源危机。11 月，梅洛尼访问欧盟总部，与欧盟领导人会谈商讨相关方案。

表 1　2022 年意大利两届总理开展的"能源外交"主要活动

时间	外交活动形式	主要内容
2022 年 3 月 8 日	德拉吉与阿塞拜疆共和国总统阿利耶夫通电话	进一步加强双边合作,特别是在能源领域的合作
2022 年 5 月 10 日	德拉吉访问美国,与总统拜登会谈	加强在应对新冠疫情、气候变化等全球危机方面的合作
2022 年 6 月 14 日	德拉吉访问以色列,会见总理贝内特	增加以色列对意大利的天然气供应
2022 年 7 月 18 日	德拉吉访问阿尔及利亚,会见总统特本	加强可再生能源、道路建设、打击腐败等多个领域合作
2022 年 11 月 3 日	梅洛尼访问欧盟总部,与欧洲理事会主席米歇尔、欧盟委员会主席冯德莱恩以及欧洲议会议长梅措拉举行会晤	推动欧盟共同应对高昂的能源成本,向欧盟说明意大利政府 2023 年财政预算规划以及改革举措,以期顺利获得"下一代欧盟"复苏基金的后续拨款

资料来源：笔者根据互联网资料和数据整理。

根据意大利国际政治研究所（ISPI）发布的研究报告，2022 年 2~6 月，意大利从俄罗斯进口的天然气年化总量为 152 亿立方米，与 2015~2019 年的平均值 317 亿立方米相比显著下降。阿尔及利亚已取代俄罗斯成为意大利最大的天然气供应国，年化进口量为 234 亿立方米。连接阿塞拜疆与意大利的跨亚得里亚海天然气管道（TAP）对意大利的输气量以及意大利的液化天然气进口量均出现显著增长（见图 7）。2022 年 7 月，时任意大利生态转型部长辛格拉尼（Roberto Cingolani）向媒体表示，意大利将于 2024 年下半年完全摆脱对俄罗斯天然气的依赖。

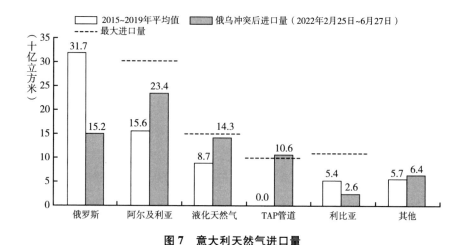

图7　意大利天然气进口量

注：图中2022年2~6月进口量为年化值。

资料来源：Matteo Villa e Chiara Gesmundo，"Gas all'Italia, Russia contro tutti"，Ispionline，1 luglio 2022，https：//www. ispionline. it/it/pubblicazione/alla-canna-del-gas -35610，最后访问日期：2022年12月9日。

（二）减少能源消耗，提高能源效率

除"开源"外，"节流"也是欧洲各国应对能源危机的重要方式。包括意大利在内的欧盟成员国同意，在2022年12月1日至2023年3月31日主动减少10%的用电量，其中用电高峰时段减少5%的用电量。2022年8月，欧盟成员国还同意削减15%的天然气用量；这一削减量以各国自愿为基础，但在供应严重短缺的情况下可升级为强制措施。2022年7月，时任意大利生态转型部长辛格拉尼表示，意大利将削减约7%的天然气用量。2022年10月，为达到欧盟设定的削减15%天然气用量的目标，意大利生态转型部发布规定，要求各地将冬季室内供暖时间缩短15天，温度降低1℃，日供暖时间减少1小时。

（三）税收减免与补贴

减轻民众与企业的能源价格负担同样是意大利政府缓解能源危机的重要

举措。迄今为止，意大利政府主要通过预算法案、《能源法令》、《援助法令》等出台众多税收减免与补贴措施。

1. 预算法案

意大利政府 2022 年预算法案的总金额约为 320 亿欧元，涵盖减税降费、补贴等多项措施，旨在为国家经济复苏提供支持，减轻家庭和企业经济负担。预算法案规定拨款约 38 亿欧元用于缓解能源价格上涨造成的冲击。具体措施包括：免除家庭用户和微型企业的电力系统费用（Oneri di Sistema）；免除全部用户的天然气系统费用；① 将所有用户的天然气增值税率降至 5%；为经济困难和健康问题严重的用户提供额外能源补贴；免息分期缴纳能源费用等。法案同时拨款 80 亿欧元用于税收减免，具体措施包括：改革个人所得税（IRPEF）缴纳规定，重点关注弱势群体，减少收入在 1.5 万~5 万欧元的中产阶层的税费（见表 2）；免除对个人企业主和专业技术人员的大区生产活动税（IRAP）；继续减免对阿布鲁佐、翁布里亚、拉齐奥、马尔凯等大区内 2016 年地震受灾地区的市政财产税（IMU）；延续首套房产税收优惠；免除残疾、年老和遗属工作人员 0.8 个百分点的社保款；推迟至 2023 年征收

表 2　2022 年与 2021 年意大利个人所得税税率

2022 年个税税率		2021 年个税税率	
税率(%)	收入门槛（欧元）	税率(%)	收入门槛（欧元）
23	15000	23	15000
25	15000~28000	27	15000~28000
35	28000~50000	38	28000~55000
43	50000 以上	41	55000~75000
		43	超过 75000

资料来源：笔者根据意大利经济与财政部网站 https：//www.mef.gov.it 数据资料整理。

---

① 在意大利，能源账单通常包含系统费用项目，用于负担电力与天然气系统中除能源生产、输送与电表及天然气表管理相关费用之外的其他成本。其中，电力系统费用约占电费账单总额的 21.8%，天然气系统费用约占天然气账单总额的 4%。

塑料税和糖税；女性卫生用品增值税从 22% 降至 10%；等等。①

2022 年 11 月 21 日，意大利内阁通过 2023 年预算法案，并提交议会审议。该预算法案总额约 350 亿欧元，其中约 210 亿用于应对能源危机，包括发放补贴、提供能源价格折扣、促进企业税收抵免等。2023 年预算法案还计划不再追缴 2015 年之前产生的低于 1000 欧元的税单，缩小低收入人群税前与税后收入差额，提高自主就业人员单一税起征点，并调整领取养老金年限，提高最低养老金标准，收紧全民基本收入计划补助发放条件，以及提高现金支付上限。②

2.《能源法令》与《援助法令》

意大利《能源法令》（Decreto Energia）于 2022 年 3 月出台，总计拨款 80 亿欧元，其中 55 亿欧元用于缓解能源价格上涨的冲击，主要包括免除 2022 年第二季度电费综合费用（oneri generali），减免能源密集型企业部分税费，维持 5% 的天然气增值税率以及经济困难和健康问题严重用户的额外能源补贴等措施。③ 意大利《援助法令》（Decreto Aiuti）同样旨在减小能源价格上涨的负面影响。首部《援助法令》于 2022 年 5 月出台，涉及金额约 60 亿欧元，但五星运动以"法案对企业及民众的援助力度不够"为由提出反对，并拒绝对该法令的提案进行信任投票，最终导致德拉吉辞任总理。此后，《援助法令 2.0》（Decreto Aiuti Bis）、《援助法令 3.0》（Decreto Aiuti Ter）与《援助法令 4.0》（Decreto Aiuti Quater）相继于 2022 年 8 月、9 月和 11 月出台。其中，《援助法令 2.0》涉及金额约 170 亿欧元、《援助法令 3.0》涉及金额约

① Ministero dell'Economia e delle Finanze , *Legge di Bilancio 2022*, 28 gennaio 2022, https：// www. mef. gov. it/focus/Legge-di-Bilancio-2022/#：~：text = Con%20la%20Legge%20di%20bilancio% 202022%20viene%20riformata%20l'Imposta，lavoro%20autonomo%20e%20da%20pensioni，最后访问日期：2022 年 12 月 3 日。

② Camera dei Deputati, *Bilancio di previsione dello Stato per l'anno finanziario 2023e bilancio pluriennale per il triennio 2023-2025*, 29 novembre 2022, http：//documenti. camera. it/leg19/ pdl/pdf/leg. 19. pdl. camera. 643. 19PDL0013120. pdf，最后访问日期：2022 年 12 月 12 日。

③ "Decreto energia contro il caro bollette diventa legge：il testo coordinato", *Fisco e Tasse*, 28 Aprile 2022, https：//www.fiscoetasse. com/normativa-prassi/13114 - decreto-energia-contro-il-caro-bollette-diventa-legge-il-testo-coordinato. html，最后访问日期：2022 年 12 月 3 日。

140 亿欧元、《援助法令 4.0》涉及金额约 91 亿欧元。上述《援助法令》包含多项减税、缓税和免税措施，同时不断提高企业与居民用户补贴金额，免除用户能源账单部分费用，允许企业分期支付能源账单费用并提高养老金与现金支付上限。[①]

（四）持续推动新能源产业发展

俄乌冲突造成的冲击进一步坚定了意大利加快能源自主的决心，发展绿色清洁能源成为其增强能源独立性与自主性的关键举措。2022 年 11 月，意大利环境与能源安全部长吉尔伯托·皮切托·弗拉廷（Gilberto Pichetto Fratin）在出席第 27 届联合国气候变化大会（COP 27）时表示，意大利将大力发展新能源产业，计划在未来六年内将可再生能源发电装机容量提升至 7000 万千瓦。

近年来，意大利国内以氢能、水电、光伏太阳能、风能为主的新能源产业发展较为迅速。以下逐一做简要梳理。

1. 氢能产业

2020 年 12 月意大利发布《国家氢能战略》，设定了两个阶段性发展目标，即到 2030 年具备 500 万千瓦的电解容量，氢能占全部能源供应的 2%，实现碳减排 800 万吨；到 2050 年，氢能在全部能源供应中的占比提升至 20%。根据该战略，意大利计划将推广氢燃料汽车作为氢能产业发展的突破口，计划到 2030 年，力争氢燃料汽车保有量达到 4000 辆，占全国汽车保有总量的 1/3。[②] 战略发布后，意大利运输业、工业、能源行业均已加大对氢能相关业务的支持力度。意大利国家铁路集团、阿尔斯通等交通类企业拟加速氢能列车的研发，并将尽快在 13 条地区性铁路线投入使用。Snam 公司

---

① "Decreto aiuti, tutte le novità", *Confcommercio*, 3 dicembre 2022, https://www. confcommercio. it/-/decreto-aiuti, 最后访问日期：2022 年 12 月 3 日。

② Ministero dello Sviluppo Economico Italiano, "Strategia Nazionale Idrogeno Linee Guida Preliminari", Novembre 2020, https://www. mise. gov. it/images/stories/documenti/Strategia _ Nazionale _ Idrogeno_Linee_guida_preliminari_nov20. pdf, 最后访问日期：2022 年 12 月 13 日。

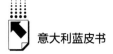
2020 年首次在其天然气输气管网中进行了 10% 的掺氢测试，目前其 70% 的输气管网已具备掺氢能力。到 2050 年，Snam 公司计划实现全部运营输气管网均具备输氢能力的目标。① Italgas 公司计划到 2023 年实现 90% 的配气管网具备掺氢配送能力。② Enel 公司在出售拉美、东欧多国盈利能力较弱资产的同时，也在加大力度布局绿氢业务。芬坎蒂尼集团（Fincantieri）、意大利依维柯公司（IVECO）等大型工业企业也在加快推进氢能重载车辆、氢能邮轮等新兴产业布局。

2. 水电产业

得益于丰富的水资源与多山的地理优势，意大利水电产业实力较为雄厚。意大利的首座水电站（Bertini di Porto d'Adda 水电站）建成于 1895 年，并投运至今。近年来，意大利水电装机容量与发电能力持续稳健增长。2018 年末意大利全国水电总装机容量为 1894 万千瓦；2019 年末为 1900 万千瓦；2021 年末增加至 2300 万千瓦，全年发电量达 443 亿千瓦时，约占该国总发电量的 17%，占可再生能源发电总量的近 40%。③ 俄乌冲突爆发后，意大利政府计划进一步加大水电站投资力度。同时，由于意大利多座大型水电站建成历史久远，很多已服役超过 70 年，未来升级改造的投资需求较大。值得注意的是，受全球气候变化影响，意大利在 2022 年夏季经历了 70 年来最严重的旱情，该国艾米利亚-罗马涅、弗留利-威尼斯朱利亚、伦巴第、皮埃蒙特和威尼托等多个大区进入紧急状态。受此影响，位于意大利北部山区的多座水电站发电量明显下降。未来该国水电产量的不稳定性或将随气候变化问题加剧而持续凸显。

① "Snam and Hydrogen"，*Snam*，27 Aprile 2022，https：//www.snam.it/en/energy_transition/hydrogen/snam_and_hydrogen/，最后访问日期：2022 年 12 月 1 日。

② "Italgas：Approvati i risultati consolidati dei primi nove mesi e del terzo trimestre 2022"，*Italgas*，Ottobre 27，2022，https：//www.italgas.it/comunicato-price-sensitive/italgas-approvati-i-risultati-consolidati-dei-primi-nove-mesi-e-del-terzo-trimestre-2022/，最后访问日期：2022 年 12 月 1 日。

③ Gian Paolo Repetto，"Idroelettrico：il gigante rinnovabile dimenticato"，*Rivista Energia*，11 Aprile 2022，https：//www.rivistaenergia.it/2022/04/idroelettrico-il-gigante-dimenticato-dellelettricita-rinnovabile/，最后访问日期：2022 年 12 月 2 日。

3. 光伏太阳能产业

意大利充足的阳光资源使其光伏太阳能发电产业具有优势。自 2018 年起，意大利相继出台了多个刺激光伏能源应用的政策，除了欧洲国家普遍采用的优惠上网电价回购政策，还对光伏应用总成本提供高达 20% 的资金补贴。这带动了意大利光伏产业增长。2019 年，意大利启动首轮可再生能源拍卖，竞拍容量绝大部分为光伏。截至 2022 年 7 月，意大利已通过 9 次招标分配了约 119 万千瓦的光伏，中标方包括意大利 Enel 公司与 ERG 公司、法国 Engie 公司、葡萄牙国家电力公司 EDP、德国 Juwi 公司、波兰 R. Power 公司等。2021 年，意大利光伏太阳能发电占总发电量的比重达到 9%。截至 2021 年底，意大利已安装超 100 万个光伏太阳能发电设施，总装机容量达 2260 万千瓦，相比 2020 年增长 4%。其中，约 45% 的装机分布在北部地区，37% 集中在南部地区，其余 18% 集中在中部地区。[1] 在俄乌冲突背景下，为促进能源独立自主，意大利政府已通过《能源法令》与《援助法令》进一步简化光伏太阳能发电设施审批流程，试图进一步加快光伏太阳能发电产业发展。

4. 风电产业

作为典型的可再生能源，风能也是意大利改善能源结构、实现能源多元化、缓解能源危机的重要资源。意大利海岸线长约 8000 公里，沿海地区面积广阔，陆地与海上风力资源丰富，南部地区尤其适合风电开发。目前，意大利已开发建成的风电项目主要分布在普利亚、坎帕尼亚、西西里、撒丁岛等南部大区。2021 年全年，意大利对风电场的投资总额为 6 亿欧元，新增装机容量 60 万千瓦。[2] 截至 2021 年末，意大利风力发电占总发电量的比重已达 7%，陆上风电装机容量达 1130 万千瓦。[3] 风电已成为意大利继水电、

---

[1] "Fotovoltaico, in Italia oltre 22 GW di potenza a fine 2021: i dati GSE", *Iren*, 20 luglio 2022, https://www.gruppoiren.it/it/everyday/focus-on/2022/fotovoltaico-in-Italia-oltre - 22 - GW-di-potenza-a-fine-2021-i-dati-GSE.html, 最后访问日期: 2022 年 12 月 2 日。

[2] Fabio Guarino, "Eolico in Italia: i veri numeri", *Non Sprecare*, 28 Maggio 2022, https://www.nonsprecare.it/eolico-in-italia-energia-rinnovabile? refresh_cens, 最后访问日期: 2022 年 12 月 2 日。

[3] IRENA, *Accelerating Hydrogen Deployment in the G7*, 25 November 2022.

光伏太阳能发电之后的第三大清洁电能来源。意大利海上风电产业起步虽晚，但得益于濒临地中海的地理优势，发展空间广阔。2022 年 4 月，位于意大利南部普利亚大区塔兰托港的贝莱奥利科（Beleolico）海上风电项目竣工。该项目总装机容量为 3 万千瓦，采用中国明阳智慧能源集团股份有限公司供应的 10 台海上风力发电机组，这是意大利以及整个地中海地区首座建设并投入运营的商业化海上风电场，并网后预计每年可以满足当地近 2 万户家庭的用电需求，在 25 年的使用周期中，将减少约 73 万吨二氧化碳排放。

四　结语

截至 2022 年末，意大利政府和企业的一系列缓解能源危机的举措已取得一定成效。在能源储备方面，意大利 2022 年 11 月储气量已超 95%，可用天然气达 112 亿立方米，相比 90% 的既定目标多存储了 8 亿立方米，加之 45 亿立方米的天然气战略储备，预计短期内不会出现严重的能源短缺问题。基于此，加之截至 2022 年 11 月意大利政府已累计收到三笔"下一代欧盟"复苏基金下拨的资金，共计 670 亿欧元，该国经济总体表现良好。国际货币基金组织（IMF）2022 年 10 月发布的《世界经济展望》预测，2022 年意大利经济增长率为 3.2%，高于法国和德国。

然而，能源危机对意大利的冲击复杂且深远，朝夕之功无法彻底解决问题。意大利工业联合会（Confindustria）表示，意大利或是受能源危机影响最严重的欧洲国家。通胀的持续走高将持续拖累经济复苏。意大利央行 2022 年 10 月预测，该国经济或将在 2023 年零增长。为真正摆脱能源危机，实现经济全面复苏，意大利仍需在推进能源转型、促进能源供应多元化与实现能源自主等方面持续发力。

值得关注的是，近年来中意两国在能源领域的务实合作不断深化。中国的技术、设备与实践经验有助于意大利缓解能源危机。2020 年 8 月，中国国家石油天然气管网集团有限公司与 Snam 公司建立合作关系，计划联合开展能源转换与氢能领域的研发和实验，以实现新能源产业的优势互补与强强联合。2022 年 10 月，通用技术中机欧洲（意大利）有限公司与意大利曼杜里亚（Manduria）签署了 7000 千瓦光伏电站项目的总承包合同，项目建成后，预计每年发电量可达 1160 万千瓦时，实现碳减排 7540 吨。① 2022 年 11 月 16 日，中国国家主席习近平会见意大利总理梅洛尼，双方表示，希望两国挖掘清洁能源等领域的合作增长点。11 月 21 日，中国国务委员兼外长王毅与意大利副总理兼外长塔亚尼（Antonio Tajani）通电话，塔亚尼重申了意方为重启双边对话以及加强在能源转型及能源效率优化等关键领域合作所做的努力。可见，中意加强能源合作符合双方利益，未来合作潜力巨大，空间广阔。

---

① 《通用技术签约意大利 Manduria 光伏电站项目》，中国一带一路网，2022 年 11 月 4 日，https：//www.yidaiyilu.gov.cn/qyfc/xmzb/287386.htm，最后访问日期：2022 年 12 月 2 日。

B.10
意大利的科研质量评价体系：
发展、作用与特点

邢建军*

摘　要： 近年来，意大利已开展了四次由政府主导的科研质量评价活动。意大利的科研体系有其特殊性，特别是能在较低的公共研发投入下维持较高的科研产出数量与质量，科研质量评价体系在其中发挥的积极作用不容忽视。具体而言，意大利建立了一套较为完整的科研质量评价体系并不断加以完善和创新，该体系在促进意大利科技发展、鼓励创新、调动科研人员积极性以及更科学地管理科研经费预算等方面发挥了积极作用，其具体做法和经验值得关注与借鉴。本文就意大利科研质量评价体系的形成背景、评价方法、评价结果的应用等进行梳理与归纳，重点对该评价体系的特点、对大学与科研机构"第三使命"的评价以及根据不同学科特点采取差异化评价方法等做了较详尽的分析。

关键词： 意大利　科研质量评价　公共研发投入　创新　第三使命

科研质量评价是一个国家科学研究投入决策、回报评估和确保公共科研经费高效使用的重要环节，同时也是国家对科研成果的质量进行监督的重要手段之一，对规范科研行为、调动科研人员积极性和推动研究项目及研究经

＊ 邢建军，博士，意大利教育中心协会（Uni-Italia）中国区主任，曾任中国驻意大利使馆经济商务参赞处一等秘书（2005~2010年），主要研究领域为意大利高等教育体系及其法律法规、意大利高等教育史、中意高等教育交流等。

费的科学化管理发挥着关键作用。在多数欧洲国家，公共投入都是科研资金的重要来源。为充分发挥公共资源在科学研究上的促进作用，英国早在1982年就开展了由官方主导的科研质量评价。随后，法国、西班牙、荷兰等国也纷纷建立了国家科研质量评价机制，将科研活动与质量"挂钩"。[①]在意大利，政府也十分重视对科研质量进行评价。为顺应国家高等教育和科学研究体系的改革需求，意大利自21世纪初起引入了国家科研质量评价机制。迄今，意大利已进行了四次由政府主导的科研质量评价活动。本文将对意大利科研质量评价体系的历史由来、评价方法、评价指标、评价结果的应用，以及该评价体系的特点等进行梳理与归纳，以期为我国完善科研质量评价体系提供借鉴与参考。

一　意大利的科研体系及其绩效

（一）意大利的科研体系

意大利从事科学研究的主体为综合性大学、大学与研究部（MUR）直属科研机构、其他部委直属科研机构、私营科研机构和大型企业的研发机构。国家级科研机构主要从事基础性研究。大学既担负培养研究型人才的任务，又是科研的主体力量。[②] 大学的科研几乎覆盖所有学科领域，既包含基础科学研究也包括应用科学技术研究。意大利大学中的正教授（prima fascia）、副教授（seconda fascia）和研究员（ricercatore di tipologia A，B）是科研工作的主体力量。此外，博士研究生、博士后和合同制研究人员（assegnista della ricerca）也是科研人员的组成部分。研究员从B类晋升至A

---

① Andrea Bonaccorsi，"Two Decades of Experience in Research Assessment in Italy"，*Scholarly Assessment Reports*，Vol. 2，Issue 1，2020，p. 16.

② Consiglio Nazionale delle Ricerche，*Relazione sulla ricerca e l'innovazione in Italia：analisi dati di politica della scienza e della tecnologia*，terza edizione，Novembre 2021，http：//www. dsu. cnr. it/relazione-ricerca-innovazione-2021/volume/Relazione_sulla_ricerca_e_innovazione_in_Italia_2021_webformat. pdf，最后访问日期：2022年12月20日。

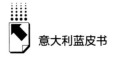

类，则意味着取得终身职位。在欧洲国家中，意大利的科研人员占比较低，为6‰，低于欧盟国家的平均水平（9‰），更低于德国和法国。2020年，意大利的科学、技术、工程和数学类（STEM）专业毕业生和博士学位毕业生人数在欧盟中排名第16位。[1] 根据《G20研究绩效计分板2022》公布的数据，2021年，意大利的研发投入仅为254亿欧元，占GDP的比例约为1.5%，在二十国集团（G20）中排第15位，低于欧盟国家的平均水平（2.2%）。同年，德国的研发投入为1059亿欧元，居欧盟国家第一，是意大利的4倍。[2] 从投入来源上看，意大利的公共研发投入仅占GDP的0.5%左右。从创新绩效上看，意大利被归入中等创新国家之列。在2022年全球创新指数（GII）排名中，意大利全球排名第28位，其中创新投入排名第31位，创新产出排名第15位。[3] 总体而言，科技研发投入的结构性不足以及缺少大型科技企业带动是意大利在创新上整体滞后的主要原因。然而，不容忽视的是，意大利在一些研究领域的科研实力十分突出。例如，在高能物理、天体物理、生物医学和生物机器人等领域，意大利的科研成果处于世界领先水平。2021年，意大利在新冠病毒基础研究领域发表的学术论文数量位列全球第4，仅次于美国、中国和英国。[4] 此外，意大利在人文科学领域，尤其是古典学、历史学、文化遗产学和考古学等领域的科研水平一直处于世界前沿。例如，罗马智慧大学（也称为"罗马一大"）的古典学

---

① Luisa Minghetti, "I numeri della ricerca italiana e l'Unione Europe", 2021, https://www.quotidianosanita.it/allegati/allegato1635246.pdf, 最后访问日期：2022年12月20日。

② Jonathan Adams, Ross Potter, Gordon Rogers and Ivana Rumenić, "The Annual G20 Scorecard-Research Performance 2022", November 2022, https://clarivate.com/lp/the-annual-g20-scorecard-research-performance-2022/, 最后访问日期：2022年12月20日。

③ WIPO, "Global Innovation Index 2022: What Is the Future of Innovation-driven Growth?", https://www.wipo.int/edocs/pubdocs/en/wipo-pub-2000-2022-section1-en-gii-2022-at-a-glance-global-innovation-index-2022-15th-edition.pdf, 最后访问日期：2022年12月20日。

④ "L'Italia ai verticimondiali per pubblicazionisul Covid", *TG Poste*, 19 aprile 2022, https://tgposte.poste.it/2022/04/19/litalia-ai-vertici-mondiali-per-pubblicazioni-sul-covid/, 最后访问日期：2022年12月20日。

与古代历史学已连续三年超过英国牛津和剑桥大学，居世界大学 QS 排名第一。①

（二）意大利的科研绩效

从国际通行的一些衡量科研绩效的指标来看，意大利的科研成果质量处于较高水平。1996～2021 年，意大利共发表科研论文 2197985 篇，位列世界第 8；高引用指数（h-index）为 1189，同样位列世界第 8。② 在 2022 年科睿唯安（Clarivate）发布的全球 69 个国家的 6938 位科研论文高被引研究人员名单上，意大利有 104 位研究人员上榜，占比 1.5%，全球排名第 11 位。③ 在欧洲研究理事会（ERC）公布的 2022 年科研启动基金获得者名单中，意大利科学家获批项目数仅次于德国，位列第 2。④ 《G20 研究绩效计分板2022》对意大利有如下描述："政府投资继续在较低水平，但是科研产出率未受显著影响。单位研发投入和研究人员的平均科研产出仍远高于 G20 国家的平均水平。"⑤ 此外，意大利研究型人才的"质量"在国际上也有较好口碑。2010～2020 年，美国顶尖大学聘用的在意大利取得博士学位的终身教职人员有 3000 多人，其中毕业于罗马智慧大学的就达到 400 人。⑥ 由于科研经费削减，2008～2019 年，约有 1.4 万名研究人员离开意大利，前往其他国家

① "QS Ranking by Subjects 2022: Sapienza First in the World for Classics and Ancient History", official website of Sapienza University, https://tgposte.poste.it/2022/04/19/litalia-ai-vertici-mondiali-per-pubblicazioni-sul-covid/，最后访问日期：2022 年 12 月 23 日。

② 参见 SCImago 官网公布的数据，https://www.scimagojr.com/countryrank.php，最后访问日期：2022 年 12 月 20 日。

③ Clarivate, "Highly Cited Researchers Have Demonstrated Significant and Broad Influence Reflected in Their Publication of Multiple Highly Cited Papers over the Last Decade", https://clarivate.com/highly-cited-researchers/，最后访问日期：2022 年 12 月 20 日。

④ 有关欧洲研究理事会资助的科研项目情况，参见其官网，https://erc.europa.eu/apply-grant/starting-grant。

⑤ Jonathan Adams, Ross Potter, Gordon Rogers and Ivana Rumenić, "The Annual G20 Scorecard-Research Performance 2022", November 2022.

⑥ Caterina AM La Porta & Stefano Zapperi, "America's Top Universities Reap the Benefit of Italian-trained Scientists", *Nature Italy*, December 2022, https://www.nature.com/articles/d43978-022-00163-5，最后访问日期：2022 年 12 月 20 日。

从事科研工作。当前，意大利政府正采取措施缓解"智力流失"（fuga di cervelli），同时创造更优惠的条件吸引人才"回流"。

简言之，意大利科研体系的一个突出特点是，虽然公共研发投入水平较低，但是科研产出的数量和质量相对较高。这与意大利政府长期倡导和支持"质量导向"的科学研究分不开。具体而言，意大利的科研质量评价体系在其中发挥的积极作用不容忽视。

二　意大利的科研质量评价体系：历史沿革与主要内容

（一）历史沿革与核心机构

意大利大学与公共科研机构的经费主要来源于国家财政拨款。长期以来，其拨款依据是大学与科研机构规模、学生和教师人数、研究基础设施等指标。大学在使用经费时按照经费支出内容进行分类。1993 年 12 月通过的预算法案对大学的拨款方式做了新规定。具体而言，自 1994 年起，政府预算分配给大学的资金将不再按照各单项经费进行拨付，而是在大学普通运行经费（FFO）中增加与科研质量评价"挂钩"的奖励部分（quota premiale），奖励部分依据衡量科研成果数量和质量的有关指标拨付。上述预算法案还明确规定，要建立一个隶属于大学与研究部、由外部专家组成的评价大学体系的技术部门，其主要职能是评估研究与教学活动的效率和生产力，审查大学与科研机构的发展计划。随后几年，由上述部门衍生出两个机构，即研究评估委员会（CIVR）和国家大学体系评估委员会（CNVSU）。2003 年，CIVR 牵头组织实施了"三年科研质量评价（2001～2003）"（VTR）。这是意大利官方组织的第一次较为系统的科研质量评价活动。[①]2007 年，意大利政府开始讨论成立国家大学和研究评价局（ANVUR）以取

---

① Andrea Bonaccorsi, "Two Decades of Experience in Research Assessment in Italy", *Scholarly Assessment Reports*, Vol. 2, Issue 1, 2020, p. 16.

代 CIVR 和 CNVSU 两个机构，并强调该评价局的职能是对接受公共资金的大学、科研机构以及部分私立大学和私营科研机构的活动进行评价与监督，特别是要对国家资助的研究与创新计划的效率和效果进行评价。2008 年 4 月，普罗迪政府正式宣布成立 ANVUR 并颁布有关法律规定和章程。不久后，普罗迪政府解体。2010 年贝卢斯科尼政府颁布第 240 号法令，再次确认了有关 ANVUR 的法律规定和章程。依据该法令，ANVUR 是对意大利大学与研究部负责的独立法人机构，职能包括对综合性大学和高等艺术教育体系（AFAM）进行评价、审查批准大学学位课程开设等。在科学研究方面，第 240 号法令明确由 ANVUR 制定评价参数、组织和实施国家科研质量评价。2016 年第 232 号法律规定，每五年开展一次国家科研质量评价活动。[①]

截至 2022 年底，意大利共开展了四次科研质量评价活动。第一次开展的"三年科研质量评价（2001~2003）"为大学和科研机构自愿参加，只采用同行评审的方式。由于提交的参评成果数量有限且评价结果并不与经费分配"挂钩"，第一次评价并不能反映意大利科研质量的全貌，但是其开拓性意义不容忽视。特别是，第一次评价"唤起"了意大利学界的科研"质量"意识，为之后的科研质量评价活动奠定了良好基础。随后，ANVUR 分别在 2011 年、2015 年和 2020 年组织实施了三次科研质量评价（VQR）。在此期间，基于对此前评价经验的总结，ANVUR 不断更新指标并引入新指标，同时不断完善评价方法，产生了积极的效果，也得到了大学、科研机构和研究人员的广泛支持与参与。总体而言，2011 年以来的三次科研质量评价起到了调动科研人员积极性和确定意大利科学研究的质量导向的重要作用。

（二）评价对象、学科领域划分以及期刊相关规定

依据相关法律，由 ANVUR 组织开展科研质量评价。所有接受国家财政

---

① 有关意大利国家科研质量评价的由来、演变与主要内容，参见该国家大学和研究评价局官网的介绍，https：//www.anvur.it/attivita/temi/valutazione/。

拨款的大学、科研机构和接受部分公共拨款的私立大学必须将科研成果纳入评价范围；其他私立大学和私营研发机构自愿参加评价。大学和科研机构为一级学术单位，大学下属系和科研机构下属部门（如国家实验室和国家级研究中心）为二级学术单位。质量评价只针对一级和二级学术单位，不针对研究人员个体的科研业绩。参评的科研成果包括论文、专著、学术会议论文、书籍章节、专利等。参评科研成果以"代表作"形式提交，以大学和科研机构的科研人员数量为基数，大学人均2~3个参评成果，大学与研究部直属科研机构人均4个参评成果。根据不同学科与领域的特点及科研产出形式，确定不同的评价方法。为了突出科学研究的"价值"以及对经济、社会和文化的贡献，2020年开展的第四次科研质量评价以案例研究作为"第三使命"评价的成果。用于"第三使命"科研质量评价提交的案例数量为大学或科研机构二级学术单位总数的1/2。

意大利的科研质量评价依据标准学科代码和欧洲研究理事会的学科代码划分学科领域，共分为17个学科领域和1个跨学科/"第三使命"领域，其中17个学科领域包括10个科学、技术、工程和数学学科领域和7个人文社会科学学科领域。此外，考虑到学科的特殊性和文献计量学指标等因素，还对一些学科领域做了进一步细分（见表1）。

表1 第四次科研质量评价（VQRⅢ）的学科领域与评审专家数量

领域	名称	评估专家(人)	管理与技术助理（人）
领域1	数学与计算机科学	33	1
领域2	物理学	47	2
领域3	化学	34	1
领域4	地球科学	22	1
领域5	生物学	53	2
领域6	医学	80	2
领域7	农学与兽医学	40	1
领域8a	建筑学	17	1
领域8b	土木工程	17	1

续表

领域	名称	评估专家（人）	管理与技术助理（人）
领域 9	工业与信息工程	63	2
领域 10	古典学、语言文学与历史艺术	59	2
领域 11a	历史、哲学与教育学	31	1
领域 11b	心理学	14	1
领域 12	法学	43	1
领域 13a	经济学与统计学	23	1
领域 13b	商业经济学	21	1
领域 14	政治学与社会学	18	1
多学科领域	影响力评价/"第三使命"	30	2
总计		645	24

资料来源：笔者根据意大利国家大学和研究评价局网站资料数据整理。

考虑到学术论文是最重要的参评成果之一，意大利的科研质量评价体系针对被评价论文发表的期刊做了多项专门规定。具体包括以下三方面内容。其一，若论文属于科学、技术、工程和数学的 10 个学科领域，则按照国际上通行的期刊排名、影响力和文献计量学指标等进行划分。其二，对被确定为具有"非文献计量学"特征的学科领域，如建筑学，古典学、语言文学与历史艺术，历史、哲学与教育学，法学，经济学和统计学，政治学与社会学等学科领域，由 ANVUR 的一个专门技术小组对期刊进行评审并制定了 A 级期刊目录，只有发表在该目录中的期刊上的论文才可作为参评成果提交。其三，文献计量学指标主要通过论文被引用情况和期刊影响力进行衡量，而期刊影响力则主要基于 WoS 数据库的 5 年影响因子（IF5Y）、WoS 数据库的文章影响力（AIS）、Scimago 期刊排名（SJR）和 Scopus 的单篇论文影响力（IPP）等指标。

（三）评审专家小组、评价指标与评审标准

意大利科研质量评价的评审人员由评审专家、助理人员以及外部评审专家组成。评审专家小组（GEV）成员的遴选采取公开、透明的方式。ANVUR

提前公布遴选条件、资历要求、不同学科评审专家的人数等信息。2020 年开展的第四次科研质量评价采取公开报名、资格审查和抽签的方式确定评审专家小组成员，最后确定了 615 名评审专家、30 名跨学科/"第三使命"评审专家和 24 名助理人员，另外还有 11289 名外部评审专家。由表 1 可看出，医学，工业与信息工程，古典学、语言文学与历史艺术等学科的评审专家人数较多，反映出意大利在这些研究领域具备较强的科研实力。

针对论文与专著等科研成果的评价是意大利科研质量评价的主要内容。评审专家小组主要从以下三个方面对提交的参评科研成果进行评价。（1）原创性。指参评科研成果在研究思路上的新颖性和创新性，是否明显区别于该类研究以往采用的研究路径。（2）严谨性。指参评科研成果在研究实施过程中具有清晰的目标和研究路线，研究手段方法运用得当，代表该类研究的较高水准。（3）影响力。指参评科研成果产生的学科、国内和国际影响力。上述三方面的评分等级划分为 5 档，得分分别为 1（优秀）、0.8（良好）、0.5（一般）、0.2（合格）、0（不合格或不可接受）。根据同行评审、文献计量学指标、纯同行评审（peer review pura）等方式，对每一项参评科研成果进行打分。

近年来，许多欧洲国家十分重视大学的"第三使命"，并注重促进其与大学的"第一使命"（教学）和"第二使命"（科研）的相互融合。"第三使命"主要指大学在完成教学与科研任务的前提下，依靠现有的人力、教学与研究资源同企业、政府部门和社会公众开展的多维度互动式交流与合作，努力开展技术转让、合作研究、科研衍生企业创办、公共产品生产等与教学和科研相关联的知识创新、商业化应用与社会公益活动。表 2 列出了意大利科研质量评价中"第三使命"活动涵盖的项目及其主要内容。

按照 ANVUR 发布的《第三使命评价指南》，大学和科研机构将根据项目分类（如表 2 所示）撰写并提交"第三使命"项目案例研究报告，同时还应在 ANVUR 指定的信息平台上传有关数据。ANVUR 强调案例研究报告中的数据均应是可查证的量化指标，如专利转让经费、社会公益项目的受众规模等。为减轻申报单位的负担以及便于评审，ANVUR 指定的信息平台与多个官方数据库共享数据，有关知识产权、科研衍生企业登记、经济社会方面的统计数据均可快速查询和调用。① 待大学和科研机构提交材料后，评审专家小组依据以下要点对提交的案例研究报告进行评审：项目的影响力和产生的社会、经济与文化效益规模；项目与其他类似项目相比具有的突出创新点；项目为"受益者"带来的附加值或附加效益；提交方的教学与科研基础对项目涉及活动的支撑，以及该活动与项目提交方从事的科学研究工作的关联度。简言之，"第三使命"项目评审专家主要考察项目案例研究报告是否能够清晰表述项目产生的影响力，是否与提交方从事的科学研究活动有较高的关联度，是否有足够的证据表明案例产生的社会、经济和文化影响力，项目是否能够体现科学研究带来的高附加值，等等。"第三使命"等级打分标准同其他科研成果的质量评价相同。

表 2　"第三使命"活动涵盖的项目及其主要内容

项目	主要内容
a. 工业与知识产权	专利、植物新品种和其他专利产品
b. 创办学术型企业	科研衍生企业（Spin-off）和初创公司（Start-up）
c. 技术转移及中介机构	科技转化咨询机构、孵化器、产业园和"第三使命"合作企业组织（Consorzio）
d. 艺术文化产业与管理	博物馆、考古遗址、历史档案管理、音乐活动、历史出版物收藏、剧院和体育运动设施
e. 临床实验与健康促进类创新项目	临床试验、医疗仪器设备研发、预防疾病日活动、疾病筛查和能够引起公众重视的疾病预防知识普及、兽医诊所等
f. 长期培训与开放式教学	长期培训课程、医学继续教育课程、慕课（MOOC）
g. 公众参与	1. 公益文化活动组织，如音乐、戏剧表演、影视活动、体育运动、展览、面向社区和公众开放的其他文化活动； 2. 科学普及，如面向公众的非学术出版物、广播电视节目制作、科学普及网站、利用社交媒体进行的科普宣传活动； 3. 促进公众参与的研究活动，如辩论会、科技节日活动、科学"咖啡"活动、在线咨询、参观实验室等； 4. 与中小学生的科技互动活动，如实验室模拟、实验室动手课活动和其他形式的活动

---

① ANVUR, *Linee guida SUA-Terza Missione e Impatto Sociale delle Università italiane*, 13 novembre 2018, https://www.anvur.it/news/linee-guida-sua-terza-missione-e-impatto-sociale-delle-universita-italiane/，最后访问日期：2022 年 12 月 20 日。

续表

项目	主要内容
h. 开展具有社会、教育和包容政策属性的公共科学活动	公众参与的城市规划项目、土地利用项目、市民评价小组、调查问卷活动等
i. 支持开放科学（open science）的创新工具	
j. 与联合国 2030 年可持续发展目标（SDGs）契合的有关活动	

资料来源：ANVUR，Linee guida SUA-Terza Missione e Impatto Sociale delle Università italiane，13 novembre 2018。

（四）三种不同的评价方式

总体而言，意大利的科研质量评价在不同学科领域采用不同的评审方法。评审方法由评审专家小组成员集体决定。学科与科研成果种类不同，采用的方法也有不同侧重。[①] 在一些特殊情况下，还需要借助外部评审专家进行评审。每一项科研成果的最终评价结果由评审专家小组成员集体确定。以下逐一梳理介绍三种主要的评审方式。

第一，知情同行评审与文献计量学指标相结合的评审方式。知情同行评审是第四次科研质量评价采用的主要评审方式。对于科学、技术、工程和数学学科领域，评审专家小组将参评科研成果分配给组内的两位评审专家进行评审。这两位专家依据评审指标和文献计量学指标进行评审和打分，最终形成评审报告。如果两位专家的评审结果不一致，评审专家小组负责人将决定是否动用一位或两位外部评审专家进行二次评审。评审结果趋于基本一致后，由评审专家小组最后讨论并得出评审结论。

第二，无文献计量学指标的同行评审。鉴于人文社会科学学科领域（如建筑学，法学，古典学、语言文学与历史艺术等）科研成果的特殊性，

---

① ANVUR，*Valutazione*，https：//www. anvur. it/attivita/temi/valutazione/，最后访问日期：2022 年 12 月 25 日。

相应的大部分期刊无文献计量学指标可参考。对于这类学科的科研成果，评审专家小组将其分配给组内的两位专家进行同行评审，同时派两位外部评审专家进行评审。这四位专家依据评审指标打分并各自形成独立的评审报告。如其中两位评审专家的评审结论差别较大，该学科的评审专家小组负责人将启动"共识报告机制"（consensus report），即由负责人本人与已参加评审的一位专家组成"共识小组"进行二次评审，在基本达成一致性结论的前提下形成最终评审报告。

第三，纯同行评审。有些科研成果不适合结合文献计量学指标进行知情同行评审，而且评审专家小组成员中也缺少熟悉该领域的评审专家。对于这类成果，评审专家小组会分配给两位外部评审专家，后者采用匿名评审方式进行打分并形成评审报告。最后由专家评审小组集体讨论和决定最终评审结果。

表 3 基于第四次科研质量评价活动给出了意大利科研质量评价工作的大致流程与主要环节。

表 3 意大利第四次科研质量评价的工作流程

任务	执行机构	时长
发布专家评审小组（GEV）和助理人员候选人遴选通知	ANVUR	
GEV 公布抽签办法和有关资格文件	ANVUR	
专家和助理人员提交申请	评审专家和助理人员候选人	
与大学和科研机构签署协议	ANVUR	
公布参与抽签的 GEV 人员名单	ANVUR	
GEV 人员及助理人员候选人抽签	ANVUR	
任命和公布 GEV 成员名单	ANVUR	
任命和公布助理人员名单	ANVUR	
发布"科研成果提交办法指南（2015~2029 年成果）"	ANVUR	
大学或科研机构审核和确定参加评审的二级学术机构	大学和科研机构	1 个月
大学或科研机构检查、确定参加评审的科研人员（2019 年 12 月 31 日以前正式入职）	大学和科研机构	25 天

续表

任务	执行机构	时长
最后确认参加评审的研究人员资格（2019 年 12 月 31 日以前正式入职）	大学和科研机构	26 天
在 GEV 内确定必要的"子小组"（sub-GEV）	ANVUR,GEV	
GEV 公布评价方法文件	GEV	
大学和科研机构向指定的信息平台提交和上传论文等研究成果和案例信息	大学和科研机构	59 天
检查核实 2012~2016 年间获得博士学位的研究人员	大学和科研机构	
GEV 向评审专家分配参评成果	GEV	28 天
GEV 对研究成果和"第三使命"案例研究进行评价打分	ANVUR	6 个月 15 天
公布科研质量评价结果	ANVUR	
完成评价报告起草工作	GEV	
发布大学和科研机构科研质量评价报告	ANVUR	
大学和科研机构复核评价报告中涉及的参评科研成果	大学和科研机构	
发布参评科研成果和"第三使命"案例研究的评价报告	ANVUR	

资料来源：ANVUR，*Valutazione*，https：//www.anvur.it/attivita/temi/valutazione/，最后访问日期：2022 年 12 月 25 日。

三　意大利科研质量评价报告的主要内容及其应用价值

意大利的科研质量评价可以说是一项颇为庞大的系统工程，从评审专家的遴选与任命到科研成果提交和组织评审，再到形成最终 VQR 报告，耗时近三年。VQR 报告内容和评价结果在大学与研究部网站公开发布，有以下五个方面值得关注。[1] 第一，一份关于科研质量评价的最终报告，附带所有

---

① ANVUR，*Valutazione della Qualità della Ricerca* 2015-2019（*VQR* 2015-2019）：*Rapporto finale ANVUR Statistiche e risultati di compendio*，21 luglio 2022，https：//www.anvur.it/wp-content/uploads/2022/07/VQR-2015-2019_Rapporto_Finale_EC_21luglio2022.pdf，最后访问日期：2022 年 12 月 20 日。

数据（以 Excel 格式展示）。报告涵盖该次科研质量评价的整体组织实施情况、参加评审的大学和科研机构的相关数据、提交参评科研成果的研究人员数量、分学科领域评审的科研成果数量以及最终纳入评审的科研成果数量等。第二，报告中还包含与以往评价报告的详细比较，可清晰地反映历次评价指标与评价方法的动态变化。此外，国家科研质量的总体进展以及相关学科领域研究质量的进展在报告中也有明确体现。第三，报告还包含针对参加评审的各大学和科研机构的分报告和数据表格，涵盖各单位的总体科研质量数据、各单位提交的科研成果数量和最终参加评审的科研成果数量等。第四，各学科领域的分报告和数据涵盖 17 个学科领域和 1 个跨学科/"第三使命"领域，共 18 个分报告。分报告清晰反映出各学科领域科研质量评价的结果，以及各大学和科研机构在该学科领域中的科研质量得分与排名。2022年发布的报告首次公布了"第三使命"的分项评审报告，包括专利、技术转移、公众参与等项目的评审质量得分与排名。第五，报告内容不直接反映科研人员个人的科研业绩，而是将提交科研成果的研究人员按固定职位、新入职或晋升、博士研究生等进行分类列出得分和评审结果，旨在客观地反映科研质量评价在调动研究人员积极性和促进研究型人才培养中发挥的作用，同时也可从侧面反映大学与科研机构的用人机制和政策。

　　VQR 结果对政府拨付科研经费以及大学院系获得资助具有重要的参考价值。首先。VQR 结果的重要应用价值之一是将科研质量与公共科研经费"挂钩"，在预算中引入奖励部分，突破以往只根据大学或科研机构规模、研究人员和学生数量拨付经费的方式。每一年的预算法案都规定，大学普通运行经费中的奖励部分按一定比例递增，以此激励大学和科研机构重视科研质量和人才培养的可持续发展，而分配奖励部分的直接依据就是 VQR 结果。[①] 其次，VQR 结果是评选"卓越系"并给予特别资助的依据。意大利大学的系是从事科研工作和培养人才的中坚力量。目前意大利公立大学共设

---

① CURI（Conferenza dei Rettori delle Università Italiane）e ANVUR，"L'utilizzodeidati VQR per la valutazione dipartimentale negli atenei italiani, metodologie ed esperienze", Novembre 2015, https：//www2.crui.it/crui/vqr/vqr_pubblicazione_crui.pdf，最后访问日期：2022 年 12 月 20 日。

有 780 个系。根据第四次科研质量评价报告中大学各系的科研质量评分，ANVUR 先初选 350 个系作为参与"卓越系"评选的候选单位，这 350 个系根据 ANVUR 的指南提交未来五年科研、教学、人才培养和"第三使命"活动的发展计划，以此参加"卓越系"的竞争。随后由大学与研究部长任命的专职委员会对各单位提交的五年发展规划进行评审，最后该委员会根据综合指标确定了涉及 14 个学科领域的 180 个"卓越系"。入选的系将在未来五年内持续得到大学与研究部专项经费支持，2023~2027 年将有 13.55 亿欧元投入此项目的。此部分经费可用于科研人员晋升和聘用高水平研究型人才的工资、博士研究生和博士后研究人员奖学金、组织有影响力的国内和国际学术研讨会以及更新研究设备所需费用等。①

值得注意的是，VQR 结果还可用于诸多其他方面：政府部门将其作为制定科研政策的依据，并基于此决定科研经费的投向；大学可依据该结果清晰定位自身在科研方面的优劣势，并由此制定自身的学科发展规划；博士研究生和博士后研究人员可参考评价结果选择大学和科研机构；可作为公共与私人机构（企业）选择研发合作伙伴的依据；国外的大学、科研机构和研究人员可依据该结果在意大利选择科研合作伙伴。②

四　意大利科研质量评价体系的特点

经过近二十多年的探索与实践，意大利已形成了由政府主导、大学和科研机构广泛参与的国家科研质量评价体系，在鼓励创新、促进研究型人才培养和提高国家科研体系的国际竞争力方面发挥了重要作用。科研质量评价结果已成为意大利科研主管部门分配公共科研经费、制定科研政策的

① AVNUR，"Elenco dei 180 Dipartimenti di Eccellenza ammessi a finanziamento（2018-2022）"，https：//www.anvur.it/wp-content/uploads/2018/04/All6DElenco180Ammessi.pdf，最后访问日期：2022 年 12 月 20 日。
② CURI（Conferenza dei Rettori delle Università Italiane）e ANVUR，"L'utilizzodeidati VQR per la valutazione dipartimentale negli atenei italiani，metodologie ed esperienze"，Novembre 2015.

重要参考依据。总结起来，意大利的科研质量评价体系有以下几方面的特点。

第一，科研质量评价由政府主管部门的独立机构组织实施，将所有使用公共科研经费的大学和科研机构纳入其中，覆盖面广，参与度高，代表性强。以 2020 年启动的第四次科研质量评价为例，意大利共有 98 所大学、14 所大学与研究部直属科研机构、22 所私立大学及科研机构参加评审。纳入评价的研究人员达 65119 人，参评科研成果多达 182648 项，"第三使命"活动评价的项目案例达到 676 项。评审专家规模也超过前几次科研质量评价，来自 18 个领域的共 645 位专家组成了评审专家小组，另有 11289 名外部评审专家参与评审。①

第二，科研质量评价高度注重质量，不追求数量。ANVUR 规定，论文的第一完成人以"代表作"形式提交参评科研成果，联合署名的其他作者不计入参评成果的完成人。在第四次科研质量评价中，固定职位研究人员提交的成果数为人均 2.5 项，而新入职研究员以及晋升职称的研究人员提交的科研成果数为人均 3.2 项。此外，科研质量评价体系强调尊重不同学科领域的特点，拓宽观察维度，除了高水平"代表作"论文外，发明专利、专著、高水平译著（必须有注释）、创意设计、数字化成果等均可作为参评科研成果。

第三，科研质量评价倾向于体现大学和二级学术单位中研究人员的"集体贡献"。由于对每个研究人员提交的科研成果数量有限制，因此评价结果中的大学和科研机构总体得分、学科科研质量排行结果、根据评价结果评选出的"卓越系"等都与研究人员集体提交的成果数量和质量密切相关，奖励经费也与研究人员的规模、参评成果数量和研究人员的成果质量密不可分。

第四，科研质量评价强调各学科领域的均衡发展。根据人文社会科学等

---

① ANVUR, *Valutazione*, https：//www.anvur.it/attivita/temi/valutazione/，最后访问日期：2022 年 12 月 25 日。

学科特点和科研产出形式特点，ANVUR 专门对各学科领域的"非文献计量学"期刊进行分类，制定和颁布 A 级期刊目录，旨在令参评科研成果的提交更为规范。

第五，根据评价对象、内容、学科领域特点等选择适宜的评价方法，且在实践中不断创新和优化评价方法与指标。特别是，对一些不适合采用知情同行评审与文献计量学指标相结合的评审方法的科研成果，采用纯同行评审的方法，突出对科研成果的原创性、学科影响力及其经济社会贡献的评价。例如，在人文社会科学领域的成果评审中，突出强调专家评审和业绩证据等相结合的评审方法。

第六，正式将大学的"第三使命"活动纳入评价体系，体现了意大利科研质量评价正在向多维度扩展，更加重视科研对于促进经济社会和文化发展的作用。注重"第三使命"活动的经济社会影响力评价，有利于更充分调动研究人员的积极性和加速科技成果的转化和产业化。"第三使命"活动还特别关注科研、知识与社会的关联与互动，有利于大学和科研机构在一些社会热点问题和难题（如气候变化、环境可持续发展、人口老龄化等）上探索多学科解决方案。鼓励大学和科研机构开展公共产品的"第三使命"活动将极大地促进科学知识传播，同时调动公众参与的积极性。

第七，科研质量评价结果不作为衡量研究人员个体科研绩效的依据，也不对科研人员的业绩进行排名比较，只反映科研人员提交的科研成果的评价结果，而这些评价结果与报告只发送给科研人员本人。这既有助于 ANVUR 掌握全国科研人员的大体情况，又有助于保护科研人员的研究热情，不至于错误地鼓励科研人员之间的不当攀比现象。

五　结语

意大利之所以能在公共研发投入较低的水平下保持较高的科研成果质量和产出水平，一方面得益于该国政府和学术界长期强调科学研究的质量导向，另一方面，由政府主导的科研质量评价的助推作用也十分关键。结合前文梳理分析可知，意大利的科研质量评价体系已较为成熟，且积累了丰富的实践经验。特别是，评价科研成果质量采用"代表作"制度、强调研究人员的"集体贡献"、结合不同学科领域特点的分类评价方法、将"第三使命"活动纳入科研质量评价体系、评价结果与大学和科研机构经费分配"挂钩"等方面的做法与经验值得关注和借鉴。

附表：意大利四次科研质量评价活动概要（2000~2020 年）

	第一次（VTR）	第二次（VQR Ⅰ）	第三次（VQR Ⅱ）	第四次（VQR Ⅲ）
评价时间段	2000~2003 年	2004~2010 年	2011~2014 年	2015~2019 年
起始年份	2003	2011	2015	2020[a]
评价报告发布年份	2004	2013	2017	2022
组织机构	CIVR	ANVUR	ANVUR	ANVUR
评估对象	· 77 所大学 · 12 所大学与研究部所属科研机构 · 13 家公共与私营科研机构	· 96 所大学 · 12 所大学与研究部所属科研机构 · 26 家公共与私营科研机构	· 96 所大学 · 12 所大学与研究部所属科研机构 · 27 家公共与私营科研机构	· 98 所大学 · 14 所大学与研究部所属科研机构 · 22 家公共与私营科研机构（自愿参加评价）
评价方法	同行评审	同行评审＋文献计量学指标	同行评审＋文献计量学指标	知情同行评审＋文献计量学指标＋同行评审
文献计量指标	无	截至 2011 年的规范化引用次数 ＋期刊影响因子	截至 2015 年的规范化引用次数 ＋期刊影响因子 期刊指标如下： · WoS 的 5 年影响因子（IF5Y） · WoS 的文章影响力（AIS） · Scimago 期刊排名（SJR） · Scopus 的单篇论文影响力（IPP）	截至 2020 年的规范化引用次数 ＋期刊影响因子 期刊指标如下： · WoS 的 5 年影响因子（IF5Y） · WoS 的文章影响力（AIS） · Scimago 期刊排名（SJR） · Scopus 的单篇论文影响力（IPP）
文献计量来源	无	WoS，Scopus，MathSciNet	WoS，Scopus，MathSciNet	WoS，Scopus，MathSciNet

续表

	第一次（VTR）	第二次（VQR Ⅰ）	第三次（VQR Ⅱ）	第四次（VQR Ⅲ）
成果提交方	部门	大学或科研机构中提交个人成果的研究人员（共 61822 人）	大学或科研机构中提交个人成果的研究人员（共 52677 人）	大学或科研机构提交个人成果的研究人员（共 65119 人）
成果形式	· 期刊文章 · 专著 · 专著章节 · 国内和国际会议记录 · 专利 · 设计 · 绩效论文 · 展览 · 制造（Manufacture） · 艺术歌剧（Art opera）	· 期刊文章 · 专著 · 专著章节 · 会议记录 · 批评性评论 · 评论文章 · 专著翻译 · 专利 · 原型（prototype） · 项目计划 · 软件 · 数据库 · 展览 · 艺术作品 · 创作 · 专题论文	与 2004～2010 年相同	与 2004～2010 年相同 + 用于"第三使命"评价的案例研究
人均成果数量	每 4 名大学研究人员或每 2 名科研机构的研究人员至少有 1 项成果	每位大学研究人员 3 项成果；每位科研机构的研究人员 6 项成果	每位大学研究人员 2 项成果；每位科研机构的研究人员 4 项成果	每位大学研究人员 2 项成果；每位科研机构的研究人员 4 项成果
评估成果总数	提交 18500 项 评估 17329 项	评估 184878 项	评估 118036 项	182648 项（科研成果），676 项"第三使命"案例研究
专家组	20 个专家组	14 个评审专家小组（GEV）；450 名成员	16 个评价专家小组；436 名成员	17 个学科评价专家小组+1 个跨学科/"第三使命"评价小组；645 名成员
专家选择	征集+CIVR 提名	前次征集的部分专家+ANVUR 提名	公开征集+ANVUR 提名	公开征集+ANVUR 按人数随机选择
审阅人数	6661 名审阅人，其中 1465 人来自其他国家	超过 14000 人	超过 13000 人	外部评审专家 11289 人

续表

	第一次（VTR）	第二次（VQR Ⅰ）	第三次（VQR Ⅱ）	第四次（VQR Ⅲ）
主要质量标准	未公开发布	与该领域的相关性；新颖性；国际化程度	原创性；研究方法的严谨性；已证实的或潜在的影响力	原创性；研究方法的严谨性；影响力
质量等级	· 优秀（前 20%） · 良好（60%～80%） · 合格（40%～60%） · 有局限（后 40%） · 评估标准与国际社会接轨	· 优秀（前 20%） · 良好（60%～80%） · 合格（50%～60%） · 有局限（后 50%） · 评估标准与国际社会接轨	· 优秀（前 10%） · 良好（10%～30%） · 一般（30%～50%） · 合格（50%～80%） · 有局限（后 20%）	A. 优秀且极具关联性 B. 优秀 C. 有国际关联性 D. 有国内关联性 E. 有局限或无相关性
分数	· 优秀 1 · 良好 0.8 · 合格 0.6 · 不合格或不可接受 0.2	· 优秀 1 · 良好 0.8 · 合格 0.5 · 不合格或不可接受 0	· 优秀 1 · 良好 0.7 · 一般 0.4 · 合格 0.1 · 不合格或不可接受 0	· 优秀 1 · 良好 0.8 · 一般 0.5 · 合格 0.2 · 不合格或不可接受 0
"无效"成果的处罚方式	不适用	被证实的抄袭或欺诈（−2）；未被 GEV 承认的成果类型，或缺乏相关文件，或在 2004～2010 年期间以外的成果（−1）；因未提交所要求的成果数量，每缺 1 项成果（−0.5）	不予评估，计 0 分	不予评估，计 0 分
评价报告的内容输出	根据大学规模（b）： · 巨大型（>74 个分报告） · 大型（25～74 个分报告） · 中型（10～24 个分报告） · 小型（10 个以下份报告）	分为三个层次：系（二级学术单位）；学科领域；大学	分为三个层次：系（二级学术单位）；学科领域；大学	分为三个层次：系（二级学术单位）；学科领域；大学

续表

	第一次（VTR）	第二次（VQR Ⅰ）	第三次（VQR Ⅱ）	第四次（VQR Ⅲ）
评价经费支出	3550 万欧元	1.057 亿欧元（包括信息平台运营费用）	1.47 亿欧元（包括大学的评价专项费用）	待公布
评价结果对财政拨款的影响	无	奖励经费与 FFO 的比例为 13%（2013 年）；奖励经费与 FFO 的比例为 16%（2014 年）	占总资金的约 25%（15 亿欧元）	待公布
其他信息	·人力资源 ·研究人员的国际流动 ·研究项目资金 ·专利 ·科技衍生公司 ·研究合同（商业化有偿研究）	50% 基于 VQR，50% 基于以下信息： 外部研究资金（10%）；新聘人员质量和晋升（10%）；国际化程度（10%）；博士研究生和博士后的数量（10%）；用奖励基金资助项目的倾向性（5%）；绩效与 2000～2003 年的 VTR 评估相比有所提高（5%）	与 2004～2010 年相同	FFO 奖励部分分配： "卓越系"5 年持续专项经费资助；研究人员聘用和博士研究生奖学金；职称晋升工资预算；设备更新；资助高水平学术研讨活动；"第三使命"项目综合信息

注：（a）受新冠疫情影响，第四次科研质量评价活动的开始时间被推迟；（b）意大利根据注册学生数将大学划分为以下几类：注册学生数超过 40000 人为超大型大学（mega atenei），注册学生数 20000～40000 人为大型大学，注册学生数 10000～20000 人为中型大学（medi atenei），注册学生数在 10000 人以内为小型大学（piccoli atenei）。

资料来源：Andrea Bonaccorsi，"Two Decades of Experience in Research Assessment in Italy"，*Scholarly Assessment Reports*，Vol. 2，Issue 1，2020，https：//scholarlyassessmentreports. org/articles/10. 29024/sar. 27，最后访问日期：2022 年 12 月 20 日。

B.11
意大利劳动者生育休假法律制度的演进与新发展

许剑波[*]

摘　要： 意大利历来重视对生育权益的保障，其劳动者生育休假法律制度发展较为成熟，并且具有典型性。意大利劳动者生育休假制度经历初步发展、逐步扩大、实验创新和稳中求进四个发展阶段，包括禁止歧视原则、劳动卫生与安全的保护、休息制度、休假和经济待遇等多方面内容，已成为在保护对象、保护内容和保护水平等方面均表现突出的权益保障体系。2022 年意大利应欧盟指令要求颁布第 105 号立法法令，在生育休假范畴进行了一系列制度创新，包括强化男性履行陪产假义务、提高育儿假津贴支付水平、扩大自治性劳动者生育休假保护范围、扩充对子女患有严重残疾或疾病的劳动者的保护措施等，目的在于帮助劳动者更好地平衡家庭与工作的关系。总体而言，第 105 号立法法令是对意大利现有生育休假权益保护体系的完善，标志着该国生育保障制度走向更高水平。

关键词： 意大利　生育休假　女性劳动者　津贴

　　意大利是人口老龄化问题突出的发达国家。为应对这一问题，多年来意大利一直在发展和完善生育支持和保障制度。2022 年 6 月 30 日，意大利颁

---

　* 许剑波，劳动法学博士，中国政法大学比较法学研究院讲师，主要研究领域为中国劳动法、意大利劳动法、比较法。

布第 105 号立法法令。① 该立法法令旨在转化欧盟 2019 年颁布的《关于为父母和赡抚养人平衡职业活动和家庭生活的第 1158 号指令》，是平衡男女劳动者的家庭责任分配以及促进家庭和工作范围内性别平等的又一重要制度。当前我国也在积极应对人口老龄化，促进人口长期均衡发展。2022 年 8 月 16 日，国家卫生健康委等 17 部门联合印发《关于进一步完善和落实积极生育支持措施的指导意见》，强调在优化生育政策的背景下不断完善和落实就业领域的生育支持措施。因此，了解和研究意大利劳动者生育保障制度，对我国具有重要的参考价值。本文将梳理和提炼意大利劳动者生育休假制度的历史发展脉络和重要内容，总结第 105 号立法法令中与生育休假相关的制度创新，并展望意大利未来生育休假制度的变化趋势。

一 意大利劳动者生育休假制度的发展脉络

梳理意大利劳动者生育休假制度的发展脉络，可将具有重要地位的法律制度的颁布作为节点。每一个重要法律制度的颁布实施，都将该国劳动者生育保障水平推向新的高度。

（一）初步发展：以《意大利共和国宪法》和1971年第1204号法律为核心

《意大利共和国宪法》（1948 年）从根本法的层面肯定了保护家庭和女性的重要性。宪法第 31 条第 1 款和第 2 款分别规定共和国有"以经济措施和其他方式帮助家庭的组建和相关职责的履行，尤其是对人口众多的家庭"和"保护母亲"的义务。宪法第 37 条又具体规定，"妇女在劳动中享有同男子同等的权利，且应同工同酬。其工作条件必须允许其能履行主要的家庭职能"，并可以得到特别适当的照顾。

在现行法范围内，意大利劳动者生育休假制度的起步以 1971 年第 1204

---

① Decreto Legislativo n. 105/2022，30 giugno 2022.

号法律《对作为母亲的女性劳动者保护》为标志。^① 整体而言，该法律从身体保护（保护女性及其子女的身体健康）、法律保护（禁止解雇）和经济保护（保证能够获得适当的经济待遇）三方面，搭建了女性劳动者生育保护制度的基本框架。由于具有高完备性和高针对性的特点，它被认为是当时欧共体成员国法律中有关女性劳动者保护规定最为清晰、到位的制度之一。^②以该法律为起点，意大利的生育休假制度逐步发展：1977 年第 903 号法律规定在获取工作、职位和工作任务的安排以及晋级方面不得歧视女性劳动者；1991 年第 125 号法律将因收养形成的亲子关系纳入生育休假保护范围；1987 年第 546 号法律、1990 年第 379 号法律和 1997 年第 449 号法律分别将产假及其津贴待遇延伸至自治性劳动者^③、专业技术领域的自由职业者和持续协商合作人员^④;^⑤ 2000 年第 53 号法律将生育休假权利扩展至男性劳动者。

（二）逐步扩大：由2001年第151号立法法令开启新阶段

为整合优化既有法律制度，2001 年意大利颁布第 151 号立法法令《有

---

① 该法律的序号为 Legge n. 1204/1971。意大利在王国时期曾颁布多部法律以加强劳动者生育保护，比如 Legge n. 242/ 1902、Legge n. 416/1907、Legge n. 1176/1919、Regio Decreto Legge n. 654/1934，但是这些法律存在明显缺漏且不成体系。意大利共和国成立后，曾在 1950 年颁布第 860 号法律《对作为母亲的女性劳动者的体格保护和经济保护》。由于该法律在 2008 年被废除，因此不在现行法范围内。

② ISFOL（a cura di），*Tutela della maternità e della paternità*，Ufficio Consigliera nazionale parità，Ministero del Lavoro e delle Politiche Sociali，Roma，2005.

③ 按照《意大利共和国民法典》的规定，自治性劳动者（lavoratore autonomo）指一方提供劳务、他方接受劳务并支付报酬的法律关系，但双方之间并不存在从属关系。与之相对的是从属性劳动（lavoratore subordinato），即劳动者和雇主之间形成了从属性劳动关系。两者在劳动法保护程度上有较大区别，从属性劳动能够获得全部劳动保护，自治性劳动者只能获得部分保护。

④ 意大利在第 81/2015 号立法法令中引入了"持续协商（le collaborazioni organizzate dal committente）合作人员"，指非从属性，但基于主要由劳动者亲自完成的、持续且协同的劳务给付而建立的合作关系。为保护这类劳动者，意大利赋予其少部分劳动保护。

⑤ Maurizio Cinelli e Stefano Giubboni，*Lineamenti di diritto della previdenza sociale*，Milano，2020，p. 276.

关母亲和父亲保护和支持的规定汇编》（以下简称《规定汇编》）。除整理合并既有法律规定，《规定汇编》的颁布还具有另一层重要意义：明确并统一产假、陪产假、育儿假和子女病假等法律概念的官方表达及其具体含义；以"性别平等"的逻辑重新设计生育休假制度，强调不得因结婚、家庭和怀孕等情况歧视劳动者，不得解雇享有产假的女性和男性劳动者；增加监察部门对劳动者离职的审查义务，避免劳动者因弱势地位做出违背真意的表达；引入男性和女性劳动者都能适用的育儿假制度，增加子女成长过程中父母的参与。[1]

2001 年第 151 号立法法令发挥了承上启下的作用，直到今日，它仍然是意大利劳动者生育休假制度框架中的基础性法律。本阶段的其他立法活动，大多是对该法令的细化规定。

（三）实验创新：劳动市场改革下的生育休假制度

欧债危机爆发后，应欧盟要求，作为重债国的意大利启动了包括劳动市场改革在内的结构性改革。劳动市场改革的关键内容之一便是生育休假制度。2012 年第 92 号法律引入一系列具有创新特色的制度安排。第一，引入了一项为期三年（2013 ~ 2015 年）的实验制度，即适用于从属性劳动者的强制性陪产假和选择性陪产假。第二，针对从属性男性劳动者引入选择性育儿假制度，规定此类劳动者在子女未满 8 岁之前共享有 10 个月的育儿假。第三，为了使休假方式更好地满足劳动者的个性化需求，允许女性劳动者以领取消费券的方式代替休假，领取的消费券用于补偿雇用他人照看子女的费用。第四，细化了女性劳动者产假期间被雇主违法解雇的救济手段，明确了雇主应当承担的赔偿责任。[2]

2014 年颁布的"就业法案"延续了劳动者生育休假制度的动态性特点。

---

① Anita Bevacqua, Jessica Toniolli e Paola Villa, *La tutela della maternità. Differenze di trattamento tra le donne lavoratrici*, Trento, 2008, pp. 19-25.

② *Recante disposizioni in materia di riforma del mercato del lavoro in una prospettiva di crescita*, Legge n. 92/2012, 28 giugno 2012.

2015 年第 23 号立法法令将男性劳动者纳入违法解雇救济保护制度的保护范围，2015 年第 80 号和第 81 号立法法令又从适用条件、假期使用方式、育儿假津贴支付时长和替代方案等方面对 2012 年确定的育儿假制度进行了实质性扩展，令更多劳动者享有育儿假权利以及更加灵活的休假方式。2015 年第 208 号法律和 2016 年第 232 号法律又分别将 2012 年颁布的强制性陪产假和选择性陪产假的实验期延长三年。

（四）稳中求进：新冠疫情下加强对生育休假的保护

新冠疫情暴发后，劳动者对家庭照顾义务有了更为强烈的需求。2021 年意大利颁布第 146 号临时性法令，规定从 2021/2022 学年开始至 2022 年 3 月 31 日，如果共同生活的未满 14 岁子女（若子女患有严重残疾的，则无年龄限制和共同生活的要求）感染新冠病毒，或被当地医疗机构要求居家隔离或被暂停教育教学活动的，不论是从属性劳动者还是自治性劳动者，均有权休育儿假以便在家照看子女，父母双方可以交替休假。休假期间，劳动者可以获得相当于月工资 50% 的月津贴。

2022 年通过的《预算法》（Legge di bilancio）最终将强制性陪产假和选择性陪产假制度化，从此这两项假期不再是实验性的，而是成为意大利劳动者生育休假制度中的固定内容。同时，该《预算法》延长了低收入自治性劳动者的产假/陪产假津贴支付时长。

二　意大利劳动者生育休假制度的主要内容

在立法活动和实践需求的不断互动下，意大利形成了较为成熟的劳动者生育休假制度体系，并具有主体多样、内容丰富、待遇较高、权利和义务共存的特点。以下对意大利劳动者生育休假制度的主要内容做一梳理。

（一）禁止歧视原则

禁止歧视原则在劳动者生育休假制度中发挥基础性和根本性的作用。该

原则要求不能因为劳动者怀孕状态和父母身份而不公平对待，也不能对因此获得特殊保护的劳动者进行差别对待。歧视可以表现在工作任务分配、职称和职业资格授予以及职业晋升等方面，如果在这些方面实施了不利于劳动者的行为，则构成歧视。同时，该禁止歧视原则要求对因收养关系而成为父母的劳动者给予同等对待和保护。

基于禁止歧视原则，意大利发展出三种具体制度。一是禁止解雇劳动者。女性劳动者在孕期和生产后（或收养后）的1年内，雇主不得将其解雇，[①] 也不能解雇子女未满1岁的、处于陪产假中的男性劳动者。父母双方在育儿假期间亦不能被解雇。如果劳动者被违法解雇，雇主应当安排其重回工作岗位并补偿其因此而造成的损失。二是对劳动者离职的特别审查。如果女性劳动者在怀孕期间、男性和女性劳动者在孩子出生（或收养）后的三年内自愿提出解除劳动关系的，当地劳动和社会政策部监察机构必须对解除请求进行审查，并做出劳动关系能否解除的决定。三是保证劳动者返回岗位的权利。休假中的劳动者有权要求雇主在其子女未满1岁前的时间段内保留其工作岗位，并且保证劳动者在假期结束后仍回到原工作地点的同一岗位、能够承担相同或同等的职责以及获得法律法规和集体合同规定的其他权益。

（二）劳动卫生与安全的保护

保障劳动过程中的卫生和安全，对女性劳动者本人及其子女的身体健康和人身安全至关重要。一般而言，从女性劳动者怀孕起至产后7个月内（或者形成收养关系的7个月内），雇主不得安排其从事危险、剧烈和对健康有害的工作。雇主有义务评估该类员工接触物理、化学或生物制剂的风险，如果评估结果显示确实存在风险，雇主应采取必要措施，通过临时改变工作条件和（或）工作时间的方法使劳动者避免暴露在风险环境中。如果

---

① 但是，如果劳动者存在以下情况，雇主仍然可以将其解雇：第一，雇员有严重的不当行为；第二，无法将劳动者分配到公司或者其分支机构中的其他同等岗位而不得不停止劳动活动；第三，劳动合同期限届满而终止劳动关系；第四，试用期被证明不符合录用条件。

无法分配其他工作，当地劳动和社会政策部监察机构可下令该女性劳动者在此期间免于工作。此外，针对特殊群体，法律规定禁止从事晚上 12 点至次日早上 6 点的夜间工作。这类特殊群体包括：怀孕和子女未满 1 岁（或者形成收养关系未满 1 岁）的女性劳动者；与未满 3 岁（或者形成收养关系未满 3 年，但被收养人不能超过 12 岁）的子女同住的父亲或者母亲；与未满 12 岁的子女同住的唯一监护人；子女患有严重残疾的父母。

（三）休息制度

休息制度专为女性劳动者而设，主要目的是为哺乳和育儿提供便利条件。在该制度下，休息时间被视为工作时间，雇主仍然需要支付相应时间段的工资。

具体而言，自分娩后的 1 年内（如果子女患有严重残疾的，在子女满 3 岁之前①），女性劳动者有权每个工作日休息两次，每次休息 1 小时。如果劳动者的日工作时长不足 6 小时，每个工作日只能要求一次 1 小时的休息时间。此外，如果雇主在工作场所设有育婴室，那么女性劳动者的每日休息时间减半。换言之，如果工作时长为 6 小时及以上的，女性劳动者可以要求一次 1 小时的休息时间；如果工作时长不足 6 小时的，休息时间则为 30 分钟。不过，针对子女患有严重残疾的女性劳动者，除上述休息权利外，还能每月另外获得 3 个工作日的带薪休息以照顾孩子。

在特殊情况下，休息制度的适用主体可以为男性劳动者。产后母亲死亡、患有严重疾病或者遗弃其子女的，或者该母亲是自治性劳动者且没有产假待遇的，或者该母亲虽是家庭妇女但客观存在不能照顾子女的情形，或者生育多胞胎的，或者男性劳动者是唯一监护人的，那么身为父亲的劳动者能够获得上述休息权利，以照顾未满 1 岁的子女。

---

① 子女患有严重残疾的劳动者能够获得特殊权利的前提条件是子女并没有在专门医疗机构接受全天护理。若子女接受全天护理，同时该护理机构要求父母陪同护理，父母作为劳动者仍可享受相应的休息权利。

（四）强制性休假制度

1. 产假（congedo di maternità）

产假是指女性劳动者在怀孕、分娩到哺乳三个阶段的强制停工期。产假为期 5 个月（或收养关系形成之日起 5 个月），休假时间可以是预产期前 2 个月和预产期后 3 个月，或者预产期前 1 个月和预产期后 4 个月，又或者分娩后的 5 个月。产假期间，劳动者无须向雇主提供劳动，但雇主仍然需要每月按照上一个月工资额的 80% 支付生育津贴给劳动者。

2. 强制性陪产假（congedo obbligatorio di padre）

强制性陪产假是身为父亲的劳动者必须履行的义务。[①] 在子女出生（或形成收养关系后）的 5 个月内，父亲必须休假 10 天以照顾子女和妻子，[②] 如果是多胞胎，则必须休假 20 天。休假可以分散在不同的工作日进行，但不得以小时为单位进行休假。强制性陪产假休假期间，劳动者每天可以获得相当于上一个月日均工资 100% 的补贴。

（五）选择性休假制度

1. 替代性陪产假（congedo di paternità）

替代性陪产假是附条件的选择性休假，只有当法律规定的情况发生时，该男性劳动者才有权行使的权利，即如果产后该母亲死亡、患有严重疾病或者遗弃该子女的，或父亲是唯一监护人的，那么该父亲可以获得孩子母亲 5 个月产假中尚未使用的假期额度。如果是全职母亲的情况，那么该父亲可以享受自分娩之日起 3 个月的陪产假。陪产假的经济待遇与产假相同。

2. 选择性陪产假（congedo facoltativo del padre）

选择性陪产假制度指在子女出生后的 5 个月内，如果其中有 1 天身为母

---

① INPS, *Congedo papà*（*nascita*，*adozione o affidamento bambino*），ottobre 2022，https：// www. inps. it/ prestazioni-servizi/ congedo-papa-nascita-adozione-o-affidamento-bambino，最后访问日期：2022 年 11 月 28 日。

② 2021 年，强制性陪产假的假期时长为 10 天。不过，首次颁布该制度时法律规定的假期时长仅为 1 天，之后立法者通过《预算法》逐渐延长了假期时间。

亲的劳动者没有休产假,那么身为父亲的劳动者能够带薪休假 1 天(补贴相当于日工资的100%)以替代母亲照顾孩子。

3. 育儿假(congedi parentali)

与雇主建立劳动关系的劳动者,只要其子女不满 12 岁,母亲和父亲均可以获得单人休假不超过 6 个月、双方累计休不超过 10 个月的育儿假。如果父亲每次以连续的或者分段的方式休假 3 个月以上的,那么育儿假时间可以增至 11 个月,且父亲的单人最长假期可以延长至 7 个月。如果该父母育有多胞胎,对每一个子女能分别使用育儿假。

不过,只有子女不满 6 岁的劳动者才能获得育儿假津贴,每月津贴为育儿假开始之前上一个月工资的30%,支付时长为 6 个月。作为补充规定,如果申请津贴的劳动者年收入低于当年最低养老金年总额乘以 2.5 后的金额,那么对子女不满 6 岁的在 6 个月之外的育儿假,或者子女年龄为 6~8 岁的,该劳动者依然可以获得育儿假津贴。不过,如果休假的劳动者的子女年龄为8~12 岁,该劳动者既无津贴也无工资。还有一项特别规定针对子女患有严重残疾的劳动者,在其子女满 12 岁之前,劳动者能够获得 3 年的津贴。总体上看,除特别规定之外,相对产假津贴而言,育儿假的津贴数额较少,人群覆盖面较窄,支付周期较短。

考虑到育儿假津贴支付的特点,签订无固定期限劳动合同的劳动者可要求雇主提前向其支付经济补偿金(trattamento di fine rapporto,TFR)。通过提前获得因劳动关系终止或者解除而产生的经济补偿金,劳动者可适当地增加育儿假期限内的收入,以满足家庭生活需要。[①]

育儿假的休假方式较为灵活,一种方式是劳动者可将 11 个月的休假时间分散在每个工作日中以休假 1 个或多个小时的方式予以实现,另一种方式是劳动者有一次机会可以要求雇主将全日制劳动关系转变为非全日制劳动关系(转变后的非全日制工作时长不得缩短至原时长的50%以下)。

---

① 劳动者申请提前支付经济补偿金,还需满足以下具体条件:该劳动者必须在该雇主处工作满 8 年,且能够提前获得的经济补偿金不能超过最终数额的70%。每年享受该权利的劳动者人数不能超过具有该权利的总人数的10%,且不能超过雇员总数的4%。

4. 子女病假（congedi per la malattia del figlio）

不满 8 岁的子女生病期间，父母双方可以交替方式休假。具体而言，以国家卫生服务机构的专业医生或与劳动者具有服务关系的医生出具的证明和另一方伴侣没有以相同原因在同一天请假的文件说明为申请材料。子女不满 3 岁的，父母双方可在子女的整个生病期间休假以照顾子女；子女为 3~8 岁的，每年父母各有 5 天的休假照顾生病子女。由于子女生病期间休假的劳动者没有工资或者其他津贴，满足要求的劳动者可申请由雇主提前支付经济补偿金。

（六）其他经济待遇

除了上述津贴补贴外，意大利还规定了其他经济待遇。[①] 比如，为奖励生育子女的家庭，每个家庭每月补贴 80~160 欧元不等的"婴儿奖金"（bonus bebè）；为待产妈妈支付检查和诊断费用以及婴儿出生后相关费用的"妈妈奖金"（bonus mamma domani）；补偿父母支付托儿所费用的"托儿所奖金"（bonus nido）；为患有疾病无法母乳喂养的妇女提供购买母乳代用品的"母乳奖金"（bonus latte）；等等。

（七）自治性劳动者的生育休假权利

一般而言，意大利生育休假制度的适用对象是与雇主建立劳动关系的劳动者，这类劳动者被称为从属性劳动者，上述休息休假等制度主要是为从属性劳动者而设。至于未与接受劳务一方建立劳动关系的劳动者，即自治性劳动者，仍然能够获得部分生育保障的权益。这类权益主要包括两个方面。第一，分娩前 2 个月至产后 3 个月的产假。身为母亲的自治性劳动者有权获得共 5 个月的产假。根据 2022 年《预算法》的新规定，如果上一年年收入低于 8145 欧元，那么该劳动者可以在 5 个月的基础上再获得 3 个月的产假。

---

① FABI（Federazione Autonoma Bancari Italiani），*Tutela della maternità/paternità e misure di sostegno alla famiglia* 2020，marzo 2020，https：//www.fabi.it/wp-content/uploads/2020/03/pubblicazione_maternita_e_paternita_2020.pdf，最后访问日期：2022 年 11 月 28 日。

身为父亲的自治性劳动者一般不享有陪产假，只有在孩子母亲死亡、重病或遗弃该子女时，或者其本人是孩子的唯一监护人时，才有权代替孩子母亲使用该陪产假。产假/陪产假期间，日津贴为相当于从事法律所规定的类型工作日工资的80%。第二，仅针对女性劳动者的育儿假。如果子女未满1岁（或形成收养关系不满1年），身为母亲的自治性劳动者在脱离工作的前提下，可获得3个月的育儿假，休假期间同时获得相当于当年月收入30%的月津贴。

三　2022年第105号立法法令的制度创新

2022年，意大利颁布第105号立法法令，该法令从保护对象、保护力度和保护手段等多方面，对1992年第104号法律、2000年第53号法律、2001年第151号立法法令、2015年第81号立法法令和2017年第81号法律等生育保障领域具有重要地位和影响力的法律规定进行实质性的扩展和创新。以下做简要归纳。

（一）整合男性陪产假制度

如前所述，对身为父亲的劳动者，意大利规定了三种陪产假，分别是强制性陪产假、选择性陪产假和替代性陪产假。2022年的第105号立法法令将选择性陪产假和替代性陪产假废除，取而代之的是新的强制性陪产假（congedo di paternità obbligatorio）。此外，为了与新的强制性陪产假匹配，原先的替代性陪产假被更名为congedo di paternità alternativo。

按照2022年第105号立法法令的规定，在2022年8月12日之前，符合资格的从属性劳动者仍然可以使用旧的强制性陪产假和选择性陪产假，但是自2022年8月13日起，上述两种制度失效，新的强制性陪产假开始实施。[1] 新制度规定从预产期前的2个月到子女出生后的5个月共7个月的时

---

① 2022年第105号立法法令第2条第1款第c项。

间内，男性劳动者应当使用陪产假，假期时间为 10 天，新法令同时补充规定，如果生育多胞胎的，假期增加至 20 天。休假期间每天能够获得相当于日工资 100%的津贴。为避免该制度被滥用、逃避家庭照顾义务，2022 年第105 号立法法令规定男性劳动者必须在工作日休假，并且每次休假以日为单位，不能以小时为单位。

（二）完善育儿假的津贴支付[①]

第一，废除能够获得育儿假津贴的子女年龄限制。根据旧规定，虽然子女不满 12 岁的父母均有权享受育儿假，但一般情况下只有子女不满 6 岁的父母在休假期间才能够获得育儿假津贴。根据新法令，符合休假条件的劳动者一律能够获得育儿假津贴，也就是说，子女不满 12 岁的劳动者在育儿假期间均能获得假期津贴。

第二，延长育儿假津贴支付时长。按照原先规定，育儿假津贴支付时长为 6 个月，但新法令将其延长至 9 个月。而且，对于 9 个月之外无法获得津贴的假期，如果申请人的个人年收入低于当年最低养老金年总额乘以 2.5 后的金额，那么其能够继续领取津贴至假期结束。

第三，分段设置支付津贴的时间。在保持津贴数额不变的前提下，新法令对津贴支付的对象和时间段进行分类。母亲和父亲两人可以分别获得 3 个月的育儿假津贴，该津贴权利不能向彼此转让，只允许本人使用。除上述单人津贴外，父母双方可另外获得 3 个月的育儿假津贴，该津贴权利允许向彼此转让，即允许共同累计使用或者由一方单独使用。如果是单亲父母，则不受上述分段支付要求限制，能够获得 9 个月连续的育儿假津贴。

第四，明确育儿假计入工作年限，确定育儿假不会减少其他假期或者第13 薪（年终奖的一类）数额，解决了此前这方面立法空白的问题。

---

① 2022年第105号立法法令第2条第1款第 i 项。

（三）扩大自治性劳动者的生育休假权利①

第一，继续延长女性自治性劳动者能够获得生育津贴的时间。如果地方卫生机构确认存在"严重的怀孕并发症或因怀孕状态而持续加重的疾病"，那么该劳动者产前能够获得津贴的时间被延长。一般而言，5 个月的产假包括产前 2 个月和产后 3 个月，但是在这种情况下，产前能够获得津贴的时长不限于 2 个月。具体而言，从地方卫生机构做出确认时起，劳动者便能够获得津贴。

第二，男性自治性劳动者育儿假的权利首次得到承认和保护。② 因此，同女性自治性劳动者一样，在其子女未满 1 岁前，身为父亲的自治性劳动者也能够获得 3 个月的育儿假，同时获得津贴保障。

（四）扩充对子女患有严重残疾或疾病的劳动者的保护措施③

1. 引入禁止歧视原则

1992 年第 104 号法律是"有关残障人士权利以及社会救助和融入"的规定，2022 年第 105 号立法法令规定，在该法律第二条之下插入"禁止歧视原则"条款。该条款要求不得对以下几类劳动者实施歧视行为或者不利的劳动待遇：第一，因子女患有严重残疾而将育儿假延长至 3 年（作为替代方案，或者是每日享受 2 个小时的带薪休息）的劳动者；第二，已经与雇主签订灵活用工合同，但由于其子女不满 12 岁或者患有严重残疾，因此要求雇主优先安排适合其本人的灵活用工方式的劳动者；第三，因其子女发生肿瘤性病变或者患慢性衰退型严重疾病而优选具有将全日制劳动合同转化为非全日制劳动合同的劳动者。根据该原则，如

---

① 见 2022 年第 105 号立法法令第 2 条第 1 款第 t 项，以及 2022 年 1 月 3 日意大利国家社会保障局的通知（Circolare INPS del 3 gennaio 2022）。

② INPS, *Congedo di paternità, maternità autonome, congedo parentale: le novità*, 28 ottobre 2022, https://www.inps.it/news/congedo-di-paternita-maternita-autonome-congedo-parentale-le-novita, 最后访问日期：2022 年 11 月 28 日。

③ 2022 年第 105 号立法法令第 3 条。

果发生歧视行为或者不利的劳动对待，上述劳动者可以依据《民事诉讼法》规定提起诉讼。

2. 引入替代育儿假的休假方案

严重残疾儿童的父母具有长达 3 年的育儿假，由于该假期时间跨度较长，为了方便劳动者平衡工作和家庭生活，新法令规定了一种休育儿假的替代方案，即在其子女满 3 岁前，劳动者可以向其雇主申请每天 2 小时的带薪假期。

3. 优先适用灵活用工的方式

未成年子女具有严重残疾的情况，身为父母的劳动者能够优先采用灵活用工或者其他可变动的方式提供劳动。与此同时，如果集体合同规定了更加有利于此类劳动者的用工方式，则适用集体合同的规定。该规定为此类劳动者优先适用灵活用工、减少不必要的协商谈判提供了法律依据。

（五）惩罚措施①

在雇主提起申请性别平等认证②的 2 年内，如果存在拒绝、反对或阻碍劳动者实现法律赋予的生育休假权利的行为，那么雇主的申请不会得到支持，而缺少该性别平等认证会导致雇主受到其他行政处罚。

综上所述，2022 年第 105 号立法法令对原有生育休假制度所做的调整与更新是显著且到位的：废除在实践中使用度不高的选择性陪产假以节省社会保障成本，同时强化强制性陪产假以强调男性的家庭照顾义务；从经济待遇层面修改育儿假津贴支付和自治性劳动者的产假/陪产假，能够切实改善劳动者的物质待遇；将灵活的休假方式和用工方式赋予子女患有严重残疾的劳动者，也是因人制宜。

---

① 2022年第105号立法法令第4条第1款 a 项第2）目，以及第6条。
② 性别平等认证是意大利国家韧性与复苏计划（PNRR）中规定的一项内容。为消除男女劳动者之间的工资不平等问题，意大利于 2021 年颁布第 162 号法律，规定自 2022 年起，意大利境内劳动者人数超过 50 人的企业必须每两年向企业内工会代表提交性别平等报告，其中写明每个岗位的男女劳动者情况和雇佣的具体情况。意大利国家劳动监察机构依职权对没有履行此项义务的雇主进行调查和惩罚。

四 对意大利劳动者生育休假制度的思考和展望

从既有立法和 2022 年第 105 号立法法令可以看出，意大利劳动者生育休假制度呈现出与劳动市场发展紧密互动的特点，能够较好地满足各类劳动者的实际需求，并且以动态发展的方式逐渐优化生育休假待遇。由此看来，未来意大利劳动者生育休假制度会继续扩大获得权益保护的主体范围、丰富休息休假和经济待遇等权利、引入类似灵活用工和性别平等认证等新型认证手段，以促进劳动者在家庭、工作和社会生活等多方面的平衡和平等。当前，我国正在进一步完善和落实积极生育支持措施，期望保障、提升职工产假待遇和生育医疗待遇，帮助平衡劳动者生育和工作的关系以及构建生育友好的就业环境。意大利劳动者生育休假制度为我国相关制度建设提供了参考。特别是，在完善生育休假和生育保险等相关社会保险制度、鼓励灵活用工、推动创建家庭友好型工作场所和促进争议解决等方面，意大利的经验具有借鉴意义。

中国与意大利

China and Italy

B.12
2022"中国意大利文化和旅游年"
回顾与评析

文 铮 赵楚烨*

摘 要： 共同举办"中国意大利文化和旅游年"是习近平主席2019年对意大利进行国事访问期间与意大利总统马塔雷拉达成的重要共识。次年1月，文旅年在罗马隆重开幕，但随后受到新冠疫情的影响，中意双方商定将2020年的文旅年顺延至2022年举办。文旅年是中意全面战略伙伴关系和文化交流合作发展的必然结果，经得起新冠疫情肆虐和世界风云变幻的挑战。文旅年依托中意文化合作机制的平台，注重发掘传统文化的时代价值，在求同存异的同时力促民心相通，各美其美，美美与共，续写了中意两国悠久而辉煌的文化交流史，为世界各国间的跨文化交流与合作树立了榜样。此外，中意文旅年提倡以文明智慧的方式应对当今世界挑战，充

---

* 文铮，北京外国语大学意大利语言文学教授，意大利研究中心主任，主要研究领域为意大利语言文化与中意文化交流史；赵楚烨，北京外国语大学意大利语专业硕士研究生。

分体现了以中国和意大利为代表的东西方文化的共通与包容。

关键词： 中国 意大利 文化和旅游年 中意文化合作机制

共同举办"中国意大利文化和旅游年"（以下简称"文旅年"）是习近平主席 2019 年对意大利进行国事访问期间与意大利总统马塔雷拉达成的重要共识。次年 1 月，文旅年在罗马隆重开幕，但随后受到新冠疫情的影响，双方商定将 2020 年的文旅年顺延至 2022 年举办。中意两国都在人类文明史上留下浓墨重彩的篇章。两个文明古国和文化大国共办文旅年，体现出双方对彼此间文化交流与合作的高度重视。考虑到文旅年的各项活动已近尾声，本文尝试对其进行回顾和总结，以期为进一步推动中意深化文化交流与合作以及中国继续开展国际文化合作提供参考。

一 文旅年是中意文化交流合作发展的必然结果

文旅年的成功举办并非偶然，而是中意两国文化交流合作发展的必然结果。首先，中意两国都是历史悠久的文明古国，是东西方文明的杰出代表，目前两国被联合国教科文组织列入《世界遗产名录》的项目数量居于世界前两位，[①] 遥遥领先于其他国家和地区。这从一个侧面反映出两国深厚的文化底蕴和文化竞争力，也使得两国的文化交流具备了深厚的基础、丰富的内涵和无限的可能性。其次，中意两国的文化交往与碰撞源远流长，历史渊源颇深。意大利曾是罗马帝国的中心，承担着古代丝绸之路终点的角色，与起点长安遥相呼应，最终孕育出马可波罗、利玛窦、郎世宁这样为中西文化交流做出巨大贡献的使者，为不同时代的中西方文化交流者开辟了可资借鉴的

---

① 截止到 2021 年 7 月，在联合国教科文组织确定的世界遗产中，意大利共有 58 项，在数量上位居世界第一；中国共有 56 项，位居世界第二。

道路，因此可以说"在某种程度上中西方文化交流史就是中意文化交流史"。① 再次，2022文旅年有相对成熟的参考经验和较规范的运行机制。此前，2006年的中国"意大利文化年"和2010年的意大利"中国文化年"都取得了圆满成功，为2022文旅年树立了榜样，并奠定了基础。2004年，时任意大利总统钱皮在访华期间与时任中国国家主席胡锦涛共同宣布将于2006年举办"中国意大利年"，旨在向中国公众提供一个了解富有创造力的意大利文化的窗口。2010年，适逢中意建立正式外交关系40周年，意大利"中国文化年"在罗马开幕，其目的在于向意大利人民全面展示中国当代文化艺术风采，加深意大利人民对当代中国的认识和了解。有了上述成功经验，2022文旅年显得更有底气，也办得更加精彩，特别是在中意文化合作机制这个高效合作的平台上，文旅年的诸多活动得到相关政府部门和社会组织、机构的大力支持和推动，达到了事半功倍的效果。

这次文旅年之所以盛况空前，根本原因还在于近年来中意两国关系的巩固和发展。2019年3月23日，习近平主席访问意大利期间，中意两国元首共同发表《中华人民共和国和意大利共和国关于加强全面战略伙伴关系的联合公报》，其中第十八项明确指出："在文化领域，双方对在演出、博物馆交流、设计和文化遗产保护等领域的活动不断增多表示满意。双方重视人文交流对于推动两国关系长远发展的重要意义，充分肯定中意文化合作机制作为两国文化领域对话与合作平台的重要作用。双方宣布在2020年中意建交50周年之际互办文化和旅游年。双方并表示愿推动落实中意联合国教科文组织世界遗产地结对项目和打击文物非法贩运和走私合作。双方愿推动双向游客往来，增进民间友好，推动两国文化遗产的保护利用。"②

---

① 〔意〕白佐良、马西尼：《意大利与中国》，萧晓玲、白玉崑译，中译本序，商务印书馆，2002，第2页。

② 《中国和意大利共和国关于加强全面战略伙伴关系的联合公报（全文）》，中国政府网，2019年3月23日，http://www.gov.cn/xinwen/2019-03/23/content_5376303.htm，最后访问日期：2022年12月30日。

　　根据联合公报的精神，双方相互举办文旅年的活动内容涉及表演艺术、视觉艺术、创意设计、文化遗产、旅游、影视等多个领域。习近平主席访意期间，在罗马同时任意大利总理孔特会谈时也强调，要以 2020 年两国互办文旅年为契机，推动两国世界遗产地结好，还要加强两国博物馆、地方、民间、体育等领域的交流合作。

　　在两国元首正式提出文旅年的计划后，两国政府做出积极响应和详细安排，还经常在重要场合发表关于这一主题的观点和意见，以起到前期宣传和促进筹备工作的作用。例如，2019 年 9 月 25 日，中国国务委员、时任外交部长王毅在纽约出席联合国大会期间会见了时任意大利外交与国际合作部长迪马约，会谈过程中迪马约表示，希望以 2020 年意中建交 50 周年为契机，推动两国在经贸、创新、技术、基础设施等领域深化合作，共同办好文旅年。再如，2020 年 1 月 7 日，时任中国文化和旅游部部长雒树刚在接见意大利新任驻华大使方澜意时，就两国共同办好文旅年，进一步深化双方在文化和旅游领域的交流合作等议题深入交换了意见。雒树刚表示，中国和意大利都拥有丰富且独具魅力的文化和旅游资源，在双方的共同努力下，两国文化和旅游领域合作动力强劲，交流层次不断丰富，领域不断拓展，已经形成了成熟稳定、紧密务实、互利共赢的合作格局，成为中意关系中积极活跃的组成部分。[①]

　　2020 年 1 月 21 日，文旅年开幕式在意大利罗马音乐公园隆重举行，中国国家主席习近平和意大利总统马塔雷拉分别为开幕式致贺信。习近平在信中指出，中意两国是东西方文明的杰出代表，两千多年前，古丝绸之路让远隔万里的中意文明相映成辉，今天，"一带一路"倡议又让我们绵延千年的友好交往焕发新的活力。当谈及这次两国互办文旅年的举措时，习近平强调，中意两国都拥有丰富的文化和旅游资源，希望两国文化和旅游界人士共同携手，描绘古老文明新时代对话的绚丽景致，为世界文明多样性和不同文

---

① 《文化和旅游部部长雒树刚会见意大利驻华大使方澜意》，中国文化和旅游部网站，2020 年 1 月 8 日，https：//www.mct.gov.cn/whzx/whyw/202001/t20200108_850184.htm，最后访问日期：2022 年 12 月 30 日。

化交流互鉴做出新贡献。马塔雷拉总统在贺信中表示，意中友谊源远流长，两国人民曾是古老的丝绸之路上不同民族、不同地域之间交流的主角，始终相互尊重、彼此欣赏。面对当今世界日益错综复杂的形势，我们应深刻认识相互依存、互利合作的价值，推动高质量人文交流，携手应对未来的挑战。① 时任中国文化和旅游部部长雒树刚亲率代表团参加开幕系列活动。

二 举办文旅年面临的挑战及中意两国的对策

如前所述，中意两国领导人决定于 2020 年互办文旅年，主要的考虑之一就是以此为纪念两国建交 50 周年增光添彩。但好事多磨，就在各项活动即将按部就班在两国开展之际，突如其来的新冠疫情为跨国交流按下了"暂停键"，两国政府和人民都将主要精力投入抗击疫情的工作中，暂时搁置了文旅年的计划。直到 2020 年即将结束的 12 月 29 日，时任中国外交部长王毅和时任意大利外交与国际合作部长迪马约以视频方式进行会晤，签署了《中意政府委员会第十次联席会议共同文件》，其中一项重要内容就是"双方一致同意将 2020 年中意文化和旅游年活动顺延至 2022 年举办"。②

虽然文旅年延期，未能与两国建交 50 周年形成完美呼应，但是中意文化交流与互动并未因疫情的影响而中断，建交 50 周年庆祝活动的"温度"也未因此而降低。2020 年 11 月 6 日，中意建交 50 周年纪念活动的当天，中国文化和旅游部与意大利文化遗产、活动和旅游部，以及中意文化合作机制联合举办了"庆祝中意建交 50 周年线上文艺演出"。中国文化和旅游部部长胡和平，中意文化合作机制意方协调人、意大利前副总理鲁泰利，分别在

---

① 《习近平同意大利总统马塔雷拉分别向 2020 "中国意大利文化和旅游年"开幕式致贺信》，中国政府网，2022 年 1 月 22 日，http://www.gov.cn/xinwen/2020－01/22/content_5471400.htm，最后访问日期：2022 年 12 月 30 日。

② 《中意政府委员会第十次联席会议共同文件》，中国外交部网站，2020 年 12 月 30 日，https://www.mfa.gov.cn/web/gjhdq_676201/gj_676203/oz_678770/1206_679882/xgxw_679888/202012/t20201230_9352348.shtml，最后访问日期：2022 年 12 月 30 日。

演出前以视频形式发表贺词。这场精彩的演出是中意两国第一次以"云端歌舞音乐会"的方式庆祝两国建交。在全世界人民共同抗击疫情的大背景下,这两个世界公认的文化和艺术大国希望通过这样的合作而呈现"美好·未来"的主题,表达人类热爱家园、珍视友谊、注重文化传承的共性,传递对中意携手共建美好未来的祝愿。两国著名音乐家、舞蹈家和戏剧表演艺术家的完美合作为线上数百万观众献上了一场视觉和听觉的盛宴,也唤起了人们走出阴霾、走向美好明天的信心。这场线上联合演出的成功举办无形中也为被迫推迟的文旅年造了声势。这次参演的中意两国艺术团体几乎都是中意文化合作机制直接或间接的成员,虽然筹备与磨合的时间非常有限,但在机制的高效协调下,所有艺术家都充分展现了自身的实力和热情,演出质量得到了保证。此后,这些艺术家及其所属的团体大多出现在了文旅年的各项活动和演出中。

除了这场合作演出以外,两国其他一些活动和举措也为文旅年的举办做了铺垫和宣传,例如,由中国中央广播电视总台与意大利克拉斯传媒集团合作拍摄的纪录片《互信半世纪 越来越"中意"——献给中意建交五十周年》分别在两国电视台播出,中国国际贸易促进会和意大利有关机构及米兰侨界在米兰举办"2020 中意文化艺术节"等。

2022 文旅年还面临另一个复杂形势,那就是年初俄乌冲突的爆发及持续升级令世界政治局势发生了明显的变化。虽然中意两国对待这场冲突的立场和态度存在差异,但两国元首、总理和外交部长等政府官员"未雨绸缪",长期保持有效沟通,提前为文旅年的成功举办铺平了道路。2021 年 5 月 17 日,中国国家总理李克强应约与意大利总理德拉吉通电话。李克强专门提出要办好 2022 年中意文化旅游年,扩大两国人文交流。德拉吉也明确表示,以意中文化旅游年为契机促进双方人文交流。为此,两国外交部长的交流尤为频繁,多次重申互办文旅年的重要意义。2022 年 2 月 4 日,塞尔焦·马塔雷拉当选连任意大利共和国总统,习近平主席在贺电中明确表示:"中意关系拥有深厚历史根基、良好民意基础和坚实利益纽带,为国际社会树立了相互尊重、求同存异、合作共赢的榜样。两国积极开展抗疫合作,共同庆贺中意建

交 50 周年，相互支持举办 2022 年北京冬奥会和 2026 年米兰冬奥会，中意文化和旅游年也即将重启，两国关系发展迎来许多新机遇。我高度重视中意关系发展，愿同马塔雷拉总统一道努力，深化两国政治互信，拓展各领域交流合作，共同推动中意关系不断取得新成果，造福两国和两国人民。"①

由此可见，文旅年作为"两国关系发展的新机遇"的组成部分，受到了两国领导人的高度重视，两国以战略高度对待文化交流与合作问题，以真诚务实的态度对待具体活动项目，因此一些不和谐的声音不会影响两国深化政治互信、拓展合作交流领域的进程。这也是中意两国和衷共济、克服诸多困难成功举办文旅年的先决条件。

三　文旅年活动项目的特征与合作理念

2022 文旅年在两国举办的各项活动，尽管其主题思路、组织形式、针对人群、具体内容、规模层次和预期效果不尽相同，但无论是与以往两国类似活动或文化项目相比，还是与近年来中国和其他欧洲国家联手举办的同类活动相比，都有一些明显的不同之处，也显现出一些独特的优势。这些活动在为两国人民带来精神陶冶、艺术享受和文化愉悦的同时，也为世界各国尤其是地域和文化差异较为明显的国家之间的文化交流与合作提供了思路和范式，其意义和价值类似 17 世纪初利玛窦和徐光启联手翻译《几何原本》，即通过交流与合作实现彼此"会通超胜"，也就是在知己知彼、相互信赖、相互欣赏的基础上不断发展创新，完成各自的突破和发展，为东西方文化交流与合作树立了榜样。

在此，我们以文旅年中一些具有典型性和代表性且产生了广泛影响的活动项目作为样本，尝试总结其中最具启发性的特点，为中意进一步深化文化交流与合作以及中国继续开展国际文化合作提供参考。

①《习近平致电祝贺马塔雷拉当选连任意大利总统》，中国政府网，2022 年 2 月 6 日，http：//www.gov.cn/xinwen/2022-02/06/content_5672305.htm，最后访问日期：2022 年 12 月 30 日。

（一）彰显自身优势，讲好自己的故事，充分展现民族文化特征

在中国国家博物馆举办的"意大利之源——古罗马文明展"无疑是2022 文旅年最重要的活动之一，中国观众在展览中能够欣赏到从公元前 4 世纪至公元 1 世纪古罗马辉煌的文化遗产，从而对这一文明的起源有了更直接和深入的认识。意大利 20 多家博物馆和文化主管部门积极参与了展览的策划与筹备，为中国观众提供了 500 余件艺术价值、文化内涵和历史意义并重的珍贵展品，其中包括公元前 3 世纪的安吉提亚女神坐像、公元前 1 世纪的阿波罗铜像灯座、奥古斯都时代的坎帕纳陶板等具有很高历史价值的国宝级文物。

此次展览由意大利文化部和罗马国家博物馆主办。值得注意的是，相同内容的展览曾于 2021 年在罗马奎里那莱博物馆举办，获得巨大成功，即使在疫情期间，也吸引了大量意大利本土观众，受到学术界和媒体的一致赞扬。展览策划者聚焦罗马帝国跨越几个世纪的统一历程，通过丰富多样的展品，讲述了意大利作为政治和文化统一体的最初形成过程，彰显了意大利丰富多样且求同存异的民族文化性格。展览的意大利文标题"Tota Italia"（一统意大利）源自古罗马民众向屋大维宣誓效忠时喊出的誓言，屋大维将意大利统一起来，同时又保留了各个区划的差异和文化传统的多样性。正如意大利文化部长达里奥·弗朗切斯基尼在中国国家博物馆为此次展览开幕式致辞时表明的那样："（此展览）展现了不同民族、不同文化之间通过对话求同存异，对一个共同价值体系产生认同并自觉参与，经历冲突、融合与杂糅，一步步发展，最终走向罗马帝国的统一。这是漫长的文化、语言和法律的统一过程，是不同民族间持续交流的成果。它们的文化既相互关联，又相对独立和极具辨识度。正如古希腊与古老东方之间的最初交往一样，它们在拥有古老深厚传统的同时，也愿意接受新鲜事物。正因如此，意大利得以在历史上首次成为一个'国家'。"[①]

[①] 王春法主编《意大利之源——古罗马文明展》，中国国家博物馆国际交流系列丛书，北京时代华文书局，2022，第 27 页。

古意大利的第一次政治与文化统一完成于公元前 1 世纪，"Tota Italia"集中呈现了意大利多家博物馆馆藏的珍贵文物，展示了这一历史时期对塑造当今意大利的版图和民族文化特征的重大意义，在奎里那莱博物馆的展出为在新冠疫情和经济衰退双重压力下情绪低迷、精神涣散的意大利国民注入国家凝聚力和民族自豪感。

意大利政府将"意大利之源——古罗马文明展"作为文旅年的"重头戏"呈现给中国人民，无疑是经过深思熟虑的，也体现出意方对文旅年的重视程度。该展览无论是展品数量还是珍贵程度在两国文化交流史上都是新的突破，其中一些展品此前从未在意大利境外展出过，有些甚至从未离开过其所属的博物馆。

该展览获得成功让人们重温了"越是民族的就越是世界的"这句话的含义，也充分表明，讲好自己的故事也是珍视本民族历史文化的重要一环。就展览的内容、组织形式及影响而言，我们可以获得如下几个启示。第一，该展览成功地讲述了意大利最为深厚的历史根基及其实现疆域统一和民族融合的需求，其体现的历史身份认知不仅对本国人民，对于有着同样需求和渴望的他国人民也具有强烈的感召力，这或许是该展览在意大利与中国都获得巨大成功的根本原因。第二，该展览向全球化的世界传递了和平统一与发展的理念。这一理念曾经塑造了"古罗马之梦"，在今天似乎更具现实意义，有助于在中意两国人民乃至世界各种不同文化之间构建一个互鉴互识的和谐世界。第三，该展览是意大利和中国两大文化强国之间的又一次携手合作。作为两个拥有数千年历史的文明古国，两国人民友谊源远流长，相互尊重，有着对彼此文化的探求和对美好事物的共同追求，也都能更好地以对方的文化为参照，反观自己的得失。第四，这批珍贵的考古文物和艺术杰作能够在新冠疫情期间克服重重困难从意大利来到中国，并受到同样的关注和欣赏，显示了文化具有在艰难时刻拉近人与人之间距离的伟大力量，也是对文旅年的重要献礼。

（二）寻求中意文化契合点，坚持民心相通的理念，发掘传统文化的时代价值

中国和意大利都是以美食享誉世界的国家，面条是受两国人民喜爱的食

品之一,是两国悠久的传统饮食文化的重要代表。中意两国都有着丰富的面条种类和庞杂的面条文化体系,两国的文化学者和美食家也曾为面条的发源地和正统性而争论不休。

然而,面条除了是一种凝聚历史的文化现象,可供文化学者和专家研究讨论,更与两国民众生活息息相关的日常食品,具有极为广泛而固定的消费人群。正是看到了面条在中意文化中重要而又特殊的地位,在中国对外文化交流协会的倡议和指导下,中国文化和旅游部国际交流与合作局和人民网共同主办了"中意面对面"挑战系列活动,以面条为纽带,依托两国在面条饮食和文化方面广泛的群众基础,以网络分享和挑战的形式,邀请两国大厨、美食博主、饮食文化爱好者共同参与,呈现家乡的风味,展示面食烹调技艺。中意厨师相互切磋,推广自己国家的面条文化,并通过访谈、直播、纪录片等形式,讲述关于面条的文化交流的故事,体现了两国文化的交融性和契合感。正如中国文化和旅游部国际交流与合作局郑浩副局长指出的那样:"当下,中意两国文化交流合作仍然引领着不同文明交流互鉴的丰富实践。文化关系一直以来都是拉近两国人民心灵、沟通两国人民情感、促进中意友好的重要纽带。希望'中意面对面'挑战系列活动能以美食为桥梁,用两国人民喜闻乐见的形式,增进两国人民之间的交流与了解。"①

这次的系列挑战活动于 2022 年 11 月 21 日在北京开幕,于 2023 年 1 月 14 日在南京闭幕,其间,在海内外社交媒体账号发布的活动视频总浏览量近百万。

与丰富的饮食文化一样,丰富的人类文化遗产资源也是中意两国引以为傲的优势,两国人类文化遗产资源的相互交流也是两国相互吸引、增进民间交往和友谊的独特而重要的途径。

意大利作为目前世界遗产数量最多的国家,在文化遗产保护与利用、文物保护与修复方面都拥有极为丰富的经验和世界一流的技术水平。文化遗产

---

① 《"中意面对面"挑战系列活动启动仪式在京举办》,国际在线,2022 年 11 月 23 日,https://baijiahao.baidu.com/s?id=1750216012627879415&wfr=spider&for=pc,最后访问日期:2022 年 12 月 30 日。

领域的合作一直是中意两国文化交流的重中之重。早在 1988 年，第一个意大利文化遗产保护和修复团队就带着国家使命来到中国，在两国间搭建了一座至今仍在发挥交流互鉴作用的桥梁。近年来，两国在保护和传承双方文化遗产领域又有了新举措，其中之一就是让两国某些具有共同特点的世界文化遗产所在地缔结友好关系，在研究保护、开发利用等方面加强有针对性和实用性的交流合作，如杭州西湖景观与维罗纳城、云南红河哈尼梯田与朗格罗埃洛和蒙菲拉托葡萄园景观就是这一举措的最先受益者。2022 文旅年期间，这两对结为友好关系的世界文化遗产地正共同开发文化资源，通过合拍纪录片、举办联合展览、相互宣传旅游资源等方式深化合作，努力为后疫情时代两国文化关系的发展注入新动力。

（三）政府搭建平台，民间"百花齐放"，充分发挥中意文化合作机制的优势

中意两国于 2016 年签署了《中华人民共和国与意大利共和国文化合作机制章程》，旨在进一步加强两国文化合作关系。在这一机制中的数十个成员单位中，既包括两国主管文化的政府职能部门、各级文化艺术机构和社会团体，还有相关基金会和企业。机制涉及的文化领域也非常广泛，涵盖了艺术、演出、文化创意、文物保护、影视、旅游等方面，因此可以说是在两国政府的主持和引导下搭建的一个高效的合作平台，使两国文化交流与合作取得在以往单一合作交流模式下难以实现的效率和难以达到的效果。

文旅年活动异彩纷呈，在短时间内能在两国十余座城市组织并推动如此之多的活动项目，而且都获得了令人满意的效果，中意文化合作机制发挥的关键作用不容低估。无论从创意还是规模而言，这一机制都属世界罕见，凸显了中意两个文化大国的文化资源优势和两国协同发展的信心。例如，2022 文旅年在中国举办的三个最重要的艺术展"意大利之源——古罗马文明展"、"大师自画像——意大利乌菲齐美术馆珍品"展（简称"乌菲齐大师自画像"展）和"现代艺术 100 年——意大利国家现当代美术馆珍藏"都是近年来在世界其他国家难得一见的意大利精品文物和艺术展，受新冠疫情

的影响，这样大规模、高层次的交流更加难得。从专业策展角度而言，如此大型的国宝级文物展览是任何博物馆、民间组织或个人无法凭借一己之力策划成功的，如果没有两国文化合作机制的支持，没有文旅年的契机，即便是这些展览中的几件展品都很难顺利来到中国观众的面前。以上海东一美术馆"乌菲齐大师自画像"展为例，该展展出的50余幅艺术大师的自画像分别出自提香、拉斐尔、伦勃朗、委拉斯开兹等艺术巨匠之手，即便在乌菲齐美术馆也很难将这些画作一次"尽收眼底"。从表面上看，这次展览仅是中意两家博物馆之间的合作，但实际上，两家博物馆的背后还有两国的外交部、文化部、使领馆以及佛罗伦萨市政府和上海市政府等单位和部门的共同努力。据意大利驻华大使馆文化处透露，文旅年期间，使馆与中国相关部门积极合作，陆续在北京、上海、重庆、杭州、苏州、乌镇、嘉兴等城市举办了一系列精彩的活动。同样，中国也在意大利罗马、米兰、威尼斯、佛罗伦萨、那不勒斯、博洛尼亚、维罗纳等城市推出了一系列贯穿全年的高水平项目，涵盖表演艺术、视觉艺术、文化遗产、旅游、创意设计等领域。

尽管文旅年是由两国国家领导人决定、两国政府策划并领导的，但文旅年期间在两国实际开展的活动和项目并不限于政府部门计划的项目。这是因为文旅年本身是一个开放的、具有示范作用的平台，而支持这一平台的重要力量——中意文化合作机制也是一个海纳百川、包罗万象的工作系统，可以吸纳一切有利于文化交流合作的组织和个人，也能起到孵化器的作用，从而孕育和繁衍出更多的精彩内容。例如，在米兰蒸汽工厂博物馆开幕的"不喜平庸——齐白石的艺术世界"展览，就是由北京市文化和旅游局、米兰市文化局等单位共同主办，中国对外文化集团有限公司、北京画院、米兰蒸汽工厂博物馆承办的。其中，只有中国对外文化集团有限公司是中意文化合作机制的成员单位，但所有的主办方与承办方均通力合作，还得到了中国驻米兰总领事馆的帮助，以及中意两国知名艺术家、评论家和学者的学术支持，这使展览及其附带的学术研讨会取得了圆满成功。该展览为意大利观众带来了一场非凡的文化体验，用一种引人入胜的方式让观众体验并享受中国绘画的意境，为不甚了解中国传统绘画艺术的意大利观众还原了中国古人观

画的状态，引领观众走进意象的世界，感受中国人的诗情与意境，让时尚之都米兰窥见齐白石的艺术世界。

四　结语

2022"中国意大利文化和旅游年"的成功举办再次证明中意两国的友好关系根深叶茂，中国和意大利悠久的交往史为两国培育出文明互鉴、"会通超胜"的交往理念。

中意两国的文化发展与合作具有旁人所不及的优势：两国都拥有极为丰富的文化和旅游资源，两国共同建立了完善多元的文化合作机制，两国都铭记前人的智慧，延续相互欣赏、相互适应的文化交流传统，因此两国人民都是世界一流的文化传承者、创造者、交流者和享受者。

作为东西方文明的杰出代表和拥有众多世界遗产的国家，中意两国不仅要为两国人民提供更丰富的文化交流的资源和机会，也应为世界文明交流做出表率，共同倡导以文明智慧的方式应对当今世界之挑战。

B.13
中意冬奥会合作的成果与前景[*]

杨 琳 〔意〕博马克[**]

摘 要： 2022 年北京成功举办了冬奥会，2026 年冬奥会将由米兰-科尔蒂纳丹佩佐举办。在中意两国政府的共同支持下，双方在冬奥会相关领域进行了密切合作。本文着重梳理总结中意两国围绕冬奥会在政治、体育、经贸、学术等领域开展的合作及其成果。在政治领域，中意两国领导人高度重视并积极引领双方冬奥会合作。在体育领域，2008 年北京夏奥会向 2006 年都灵冬奥会学习筹办经验，而意大利 2026 年冬奥会则积极学习 2022 年北京冬奥会的经验。在经贸领域，意大利是 2021 年北京冬博会的主宾国，北京冬奥会也为有优势的意大利冬季运动企业创造了商机。在学术领域，都灵理工大学参与了北京冬奥会场馆的设计工作，同时中意两国高校和智库还围绕冬奥会主题开展多次研讨。可以预见，2026 年米兰-科尔蒂纳丹佩佐冬奥会将再次为中意两国加强各领域合作创造新机遇。

关键词： 中国 意大利 冬奥会 冬博会 冰雪产业

---

[*] 本文为中央高校基本科研业务费专项资金资助项目（项目名称：一带一路沿线重要国家与地区研究"天津市哲学社会科学重点研究基地——南开大学区域国别研究中心建设"；项目编号：63222412)。感谢中国意大利商会、意大利国家旅游局对课题组调研工作的支持。感谢都灵理工大学博明凯（Michele Bonino）教授、意大利天冰集团（TechnoAlpin）中国分公司总经理费曼（Florian Hajzeri）先生、意大利泰尼卡集团（Tecnica）亚洲区总经理雷米焦·布鲁内里（Remigio Brunelli）先生、意大利盟多集团（Mondo）技术经理达尼洛·弗里吉麦里卡（Danilo Frigimelica）先生、中国意大利商会体育与旅游工作组前协调员西蒙尼·斯图拉（Simone Sturla）先生接受课题组的采访。南开大学外国语学院"国别和区域研究"专业硕士研究生吴诗敏、意大利语专业学生王祎梦协助课题组翻译了部分资料，在此一并致谢。

[**] 杨琳，南开大学外国语学院副教授、意大利语系主任、南开大学区域国别研究中心副主任，主要研究领域为中意文化交流、意大利文学、意大利语教学；博马克（Marco Bonaglia），重庆大学经济与工商管理学院博士生。

2022 年，中国成功举办第 24 届冬季奥林匹克运动会（以下简称"冬奥会"）、第 13 届冬季残疾人奥林匹克运动会（以下简称"冬残奥会"）。2026 年，意大利将举办第 25 届冬奥会、第 14 届冬残奥会。两届冬奥会和冬残奥会对中国和意大利都具有特别意义。继 2008 年举办夏季奥林匹克运动会（以下简称"夏奥会"）、夏季残疾人奥林匹克运动会（以下简称"夏残奥会"）之后，再次举办 2022 年冬奥会、冬残奥会，让北京成为世界上首个"双奥之城"。意大利历史上曾多次举办奥运会，包括 1956 年科尔蒂纳丹佩佐冬奥会、1960 年罗马夏奥会和夏残奥会、2006 年都灵冬奥会和冬残奥会，2026 年在米兰-科尔蒂纳丹佩佐将再次举办冬奥会和冬残奥会。

中国和意大利分别是 2022 年和 2026 年冬奥会及冬残奥会的主办国，两国政府共同支持、积极推动双方在多个领域进行交流合作并取得了丰硕成果。本文回顾中意两国围绕冬奥会在政治、体育、经贸、学术等领域的沟通与合作，并展望 2026 年米兰-科尔蒂纳丹佩佐冬奥会为中意交流合作带来的新契机。

一　两国高度重视以外交促冬奥合作

2015 年中国成功申办 2022 年冬奥会，2019 年意大利成功申办 2026 年冬奥会。冬奥会合作进入两国合作议程。中意双方重视冬奥会合作，支持对方举办奥运会，推动和加强冰雪运动和产业的合作，并因此扩展了合作领域，促进了双边关系发展。

中意两国领导人高度重视冬奥会合作，发挥了政治引领作用。2020 年11 月 4 日，中国国家主席习近平同意大利总统马塔雷拉通电话，庆贺中意建交 50 周年，马塔雷拉强调："中意两国将相继举办冬季奥运会，希望双方相互支持。"[1] 2021 年 9 月 7 日，习近平主席在同意大利总理德拉吉通话

---

[1]　《习近平同意大利总统马塔雷拉通电话 庆贺中意建交 50 周年》，《人民日报》2020 年 11 月5 日，第 1 版。

时强调："双方应共同办好明年中意文化和旅游年活动，特别是要相互坚定支持办好北京冬奥会和 2026 年米兰冬奥会，以此为契机加强两国冰雪运动和产业合作。"① 应意大利总理德拉吉邀请，中国国家主席习近平在北京以视频方式出席 2021 年 10 月 30~31 日举行的二十国集团领导人第十六次峰会并发表重要讲话。② 中国国务委员兼外长王毅作为习近平主席的特别代表在意大利现场与会。③ 峰会通过的《二十国集团领导人罗马峰会宣言》中写道："我们期待北京 2022 年冬奥会和冬残奥会。这是来自世界各国的运动员竞技的重要机会，也是人类韧性的象征。"④ 2022 年 2 月 4 日，习近平主席致电马塔雷拉祝贺他连任意大利共和国总统时提到"两国相互支持举办 2022 年北京冬奥会和 2026 年米兰冬奥会"。⑤ 2022 年 11 月 16 日，在二十国集团领导人巴厘岛峰会期间，习近平主席会见意大利总理梅洛尼时强调，双方应该着眼 2026 年米兰冬奥会加强冰雪运动和产业合作。⑥

中意外长多次交流商议，促进两国冬奥会领域的合作。2020 年 12 月 29 日，中国国务委员兼外长王毅和意大利外交与国际合作部长路易吉·迪马约举行视频会晤，并共同出席中意政府委员会第十次联席会议闭幕式。在《中意政府委员会第十次联席会议共同文件》中，第二十五条的内容是："双方相互支持举办 2022 年北京冬奥会和 2026 年米兰-科尔蒂纳丹佩佐冬奥会。"⑦ 2021 年 8 月 20 日，在同意大利外长迪马约通电话时，中国国务委员兼外长王毅表示："米兰将接棒北京举办 2026 年冬奥会，两国已就互相支持

---

① 《习近平同意大利总理德拉吉通电话》，《人民日报》2021 年 9 月 8 日，第 1 版。
② 《习近平将出席二十国集团领导人第十六次峰会》，《人民日报》2021 年 10 月 30 日，第 1 版。
③ 《习近平出席二十国集团领导人第十六次峰会第一阶段会议并发表重要讲话》，《人民日报》2020 年 10 月 31 日，第 1 版。
④ 《二十国集团领导人第十六次峰会通过〈二十国集团领导人罗马峰会宣言〉》，《人民日报》2021 年 11 月 1 日，第 2 版。
⑤ 《习近平致电祝贺马塔雷拉当选连任意大利总统》，《人民日报》2022 年 2 月 8 日，第 1 版。
⑥ 《习近平会见意大利总理梅洛尼》，《人民日报》2022 年 11 月 17 日，第 1 版。
⑦ 《中意政府委员会第十次联席会议共同文件》，中国外交部网站，2020 年 12 月 30 日，https://www.mfa.gov.cn/web/ziliao_674904/tytj_674911/zcwj_674915/202012/t20201230_9869297.shtml，最后访问日期：2022 年 12 月 7 日。

办会达成共识。下月意方还将担任北京冬博会主宾国,开启两国冰雪产业合作新领域。希望意方同中方一道,共同反对一切干扰、破坏甚至抵制奥运的言行,让北京和米兰冬奥会彰显'更团结'的奥运新精神。"迪马约完全赞同中方关于办好冬奥会的看法,"认为双方应共同努力举办一个精妙绝伦的冬奥会交接仪式,意方将竭尽所能为此做到最好"。① 2021 年 10 月 29 日,中国国务委员兼外长王毅在罗马同意大利外交与国际合作部长迪马约会谈,双方一致同意相互支持举办北京冬奥会和米兰冬奥会,拓展两国冰雪产业合作新领域。② 2021 年 10 月 31 日,意大利总理德拉吉会见中国国务委员兼外长王毅,王毅表示双方要相互支持北京和米兰相继举办冬奥会,德拉吉表示支持北京冬奥会。③ 2022 年 3 月 10 日,在同意大利外长迪马约举行视频会晤时,王毅祝贺意大利在北京冬奥会上取得优异成绩,并表示将支持意方办好 2026 年冬奥会。迪马约祝贺北京冬奥会圆满成功,赞赏奥林匹克精神在中国得到弘扬。④ 2022 年 11 月 21 日,中国国务委员兼外长王毅应约同意大利副总理兼外长塔亚尼通电话时表示,中方支持意方办好下一届冬奥会。⑤

两国还展开各层级多种形式的外交活动,特别是,中意两国使领馆通过媒体和线上线下开展的诸多交流活动,为促进双方冬奥会合作发挥了积极作用。中国驻意大利大使李军华在意大利《晚邮报》发表署名文章《续燃奥运火炬,共襄冬奥盛会》《"接力"办奥运,携手向未来》,在《人民日报》发表大使随笔《唱响团结合作的冬奥之歌》,在中意两国相继举办冬奥会的

① 《王毅同意大利外长迪马约通电话》,《人民日报》2021 年 8 月 21 日,第 2 版。
② 《王毅同意大利外交与国际合作部长迪马约举行会谈》,中国外交部网站,2021 年 10 月 30 日,https://www.mfa.gov.cn/web/wjbzhd/202110/t20211030_10404181.shtml,最后访问日期:2022 年 12 月 7 日。
③ 《意大利总理德拉吉会见王毅》,《人民日报》2021 年 11 月 2 日,第 3 版。
④ 《王毅同意大利外长迪马约举行视频会晤》,中国外交部网站,2022 年 3 月 10 日,http://newyork.fmprc.gov.cn/wjb_673085/zzjg_673183/xws_674681/xgxw_674683/202203/t20220310_10650621.shtml,最后访问日期:2022 年 12 月 7 日。
⑤ 《王毅同意大利副总理兼外长塔亚尼通电话》,中国外交部网站,2022 年 11 月 21 日,https://www.mfa.gov.cn/web/gjhdq_676201/gj_676203/oz_678770/1206_679882/xgxw_679888/202211/t20221121_10978795.shtml,最后访问日期:2022 年 12 月 7 日。

背景下，回顾和展望双方在各领域的合作，总结北京冬奥会的成就。① 意大利驻华大使方澜意（Luca Ferrari）接受中央广播电视总台和《北京日报》的专访，表示意大利高度重视与中国在冬奥领域开展各项交流与协作，北京举办冬奥会也为意大利的冬季运动企业提供了重要的市场机遇，对北京冬奥会充满期待。② 2021 年 12 月，李军华大使访问 2026 年冬奥会主办城市之一的科尔蒂纳丹佩佐，与该市市长盖迪纳（Gianpietro Ghedina）交流了中意两届冬奥会的筹备情况。③ 2022 年 1 月 25 日，中国驻米兰总领馆举办"迎冬奥、庆新春"线上招待会。④

总之，中意两国高层的积极引领和推动不仅使双方加强冬奥会及其他相关的合作有了坚实的政治基础，也有助于进一步扩大两国务实合作的领域、提升合作层次。

二 中意冬奥体育合作

2022 年 2 月 4~20 日，北京冬奥会成功举办。意大利派出 100 余名运动

---

① 《李军华大使在意大利〈晚邮报〉发表署名文章〈续燃奥运火炬，共襄冬奥盛会〉》，中华人民共和国驻意大利共和国大使馆网站，2021 年 8 月 9 日，http：//it. china-embassy. gov. cn/sbyw/202108/t20210809_8988490. htm，最后访问日期：2022 年 12 月 7 日；《李军华大使在意大利〈晚邮报〉发表署名文章〈"接力"办冬奥，携手向未来〉》，中华人民共和国驻意大利共和国大使馆网站，2022 年 2 月 20 日，http：//it. china-embassy. gov. cn/chn/sbyw/202202/t20220221_10643846. htm，最后访问日期：2022 年 12 月 7 日；李军华：《唱响团结合作的冬奥之歌（大使随笔）》，《人民日报》2022 年 1 月 5 日，第 3 版。

② 《意大利驻华大使：中国将主办一届精彩非凡的冬奥会，意大利期待运动员斩获佳绩》，中央广电总台国际在线，2021 年 10 月 26 日，https：//news. cri. cn/20211026/f7a31a8d-ac4c-3322-24ae-d69e11637631. html，最后访问日期：2022 年 12 月 7 日；《意大利驻华大使方澜意：北京冬奥会一定会取得成功》，《北京日报》2021 年 12 月 17 日，第 7 版。

③ 《李军华大使访问威尼托大区并参加科尔蒂纳丹佩佐冬奥座谈会》，中华人民共和国驻意大利共和国大使馆网站，2021 年 12 月 17 日，it. china-embassy. gov. cn/chn/sbyw/202112/t20211217_10471234. htm，最后访问日期：2022 年 12 月 7 日。

④ 《驻米兰总领馆举办"迎冬奥、庆新春"线上招待会》，中华人民共和国驻米兰总领事馆网站，2022 年 1 月 26 日，milano. china-consulate. gov. cn/zxhd/202201/t20220126_10633737. htm，最后访问日期：2022 年 12 月 7 日。

员参加了除冰球以外的 14 个分项比赛，赢得 17 枚奖牌，取得了冬奥会参赛史上第二好的成绩。[1] 在闭幕式上，北京市市长陈吉宁将五环旗交给国际奥委会主席巴赫，巴赫将五环旗交给米兰市市长萨拉和科尔蒂纳丹佩佐市市长盖迪纳。[2] 意大利献上了名为《双城璧合·聚力联辉》的精彩"八分钟"表演。[3] 在 3 月 4 日开幕的北京冬残奥会上，意大利派出了 32 名运动员参加高山滑雪、越野滑雪、单板滑雪等项目[4]，共获得 7 枚奖牌。在 3 月 14 日冬残奥会闭幕式的会旗交接仪式上，北京市市长陈吉宁将国际残奥委会会旗交给国际残奥委会主席帕森斯，帕森斯将会旗交给意大利米兰市副市长斯卡武佐（Anna Scavuzzo）和科尔蒂纳丹佩佐市市长盖迪纳。意大利奉献短片《我们是光》。[5] 北京与米兰-科尔蒂纳丹佩佐顺利完成冬奥会、冬残奥会的交接。

多年以来，中意两国在围绕冬奥会的体育领域的合作很密切，在冬奥会筹办、参访互学、冬奥项目合作等方面的合作都取得丰硕成果。

（一）两国在筹办奥运会中互学互鉴

中意两国在举办奥运会方面的互相学习和借鉴，可以追溯到北京 2008 年夏奥会。此前，中国已派人向 2006 年冬奥会主办城市都灵学习。都灵冬奥会期间，北京奥组委曾派出由 200 多人组成的考察团观摩、学习东道主组

① 《北京冬奥意大利代表团团长：三大赛区协同办赛的出色表现将为米兰/科尔蒂纳丹佩佐提供重要借鉴》，中央广电总台国际在线，2022 年 3 月 1 日，news.cri.cn/20220301/30c697b6-f8f0-aab1-efdb-c53bc3b62d22.html，最后访问日期：2022 年 12 月 7 日。

② 《北京 2022 年冬奥会举行闭幕式》，新华网，2022 年 2 月 20 日，http：//www. xinhuanet. com/2022-02/20/c_1211580981_52. htm，最后访问日期：2022 年 12 月 7 日。

③ 《从北京接旗，2026 相约意大利》，新华网，2022 年 2 月 21 日，http：//www. news. cn/2022-02/21/c_1211582278. htm，最后访问日期：2022 年 12 月 7 日。

④ 《专访意大利残奥委会主席：期待参加北京冬残奥会》，中央广电总台国际在线，2022 年 2 月 26 日，https：//news. cri. cn/20220226/4b6c6d6a-49bc-e929-e9dd-ab1b72ee9e91. html，最后访问日期：2022 年 12 月 7 日。

⑤ 《北京 2022 年冬残奥会圆满闭幕》，央视网，https：//news. cctv. com/2022/03/14/ARTIPzmtL0BEGIv946h4nYlQ220314. shtml，最后访问日期：2022 年 12 月 7 日。

织经验，并派出工作人员在都灵奥组委实习。① 2006 年 2 月，时任北京市委书记、北京奥组委主席刘淇在都灵参观考察了冬奥会的体育场馆和奥运村后表示，都灵举办奥运会的一些经验和做法，值得北京筹办 2008 年奥运会借鉴。②

2019 年，米兰-科尔蒂纳丹佩佐成功申办 2026 年奥运会，其后，意大利同样积极向中国学习筹办经验。北京冬奥会期间，意大利派出超过 40 人的队伍观摩学习。③ 意大利 2026 年两座冬奥会主办城市的市长、意大利奥委会负责人、意大利冬奥会筹备工作的负责人都表示要积极向北京学习。米兰市市长萨拉表示，他们从北京冬奥会的赛事组织和协调方面学习到很多经验。④ 科尔蒂纳丹佩佐市市长盖迪纳认为，"我们在举办下一届冬奥会时将充分利用在北京学习获得的经验。具体来说，我认为基础设施领域的合作特别重要。此外重要的是要共同努力，探讨那些为奥运会建造或翻新的场馆设施，如何在奥运会结束后仍然发挥作用"。⑤ 意大利奥委会主席马拉戈（Giovanni Malagò）谈道："意大利希望同中国加强全方位的交流与合作。特别是在北京冬奥会的筹备、组织等方面，期待中国分享成功经验。"⑥ 意大利奥委会秘书长莫纳蒂（Carlo Mornati）表示，"北京三大赛区协同办赛的

① 《北京奥组委派考察团赴冬奥会学习东道主组织经验》，中国政府网，2006 年 2 月 10 日，http://www.gov.cn/jrzg/2006-02/10/content_184520.htm，最后访问日期：2022 年 12 月 7 日。

② 《都灵的经验值得北京学习借鉴》，《北京日报》2006 年 2 月 11 日，第 1 版。

③ Xinhua, "Olimpiadi: da Pechino 2022 a Milano-Cortina 2026", *ANSA*, 21 febbraio 2022, https://www.ansa.it/sito/notizie/mondo/notiziario _ xinhua/2022/02/21/olimpiadi-da-pechino-2022-a-milano-cortina-2026_8020b3bd-72cd-4a94-a441-e4ef01e81317.html，最后访问日期：2022 年 12 月 7 日。

④ 《2026 冬奥组委：北京冬奥会的经验让我们受益匪浅》，体坛网，2022 年 2 月 19 日，http://www.titan24.com/publish/app/data/2022/02/19/413326/os_news.html，最后访问日期：2022 年 12 月 7 日。

⑤ 《2026 年冬奥会将借鉴北京经验》，《新京报》（电子报）2022 年 2 月 24 日，http://epaper.bjnews.com.cn/html/2022-02/24/content_815136.htm? div=4，最后访问日期：2022 年 12 月 7 日。

⑥ 《"冬奥会必将续写精彩与辉煌"（权威访谈）——访意大利奥委会主席马拉戈》，《人民日报》2022 年 2 月 17 日，第 11 版。

出色表现将为米兰-科尔蒂纳丹佩佐提供重要借鉴"。① 意大利伦巴第大区体育厅厅长、冬奥会伦巴第大区（米兰）筹备工作负责人罗西（Antonio Rossi）指出，"在赛事组织、运动员管理、交通、住宿、设施运营的绿色创新等方面，2022北京冬奥会为成功办奥运提供了许多值得借鉴的亮点"。②

（二）两国在冬季运动项目中密切合作

2021年1月，中意两国奥委会签署《冬季运动合作谅解备忘录》。③ 两国在冬季运动项目的运动员培训、教练员交流方面密切合作：中国运动员在意大利参加训练和比赛，意大利教练担任中国部分冬奥会项目的教练。2019~2020赛季，中国共有200余人赴意大利参加高山滑雪、跳台滑雪等项目的训练和比赛。④ 从2022年12月到2023年5月，中国滑雪登山队20名运动员在意大利伦巴第大区布雷西亚省的阿尔卑斯山区进行集训。⑤ 中国男子冰球队主教练伊万诺·萨内塔（Ivano Zanatta）、冬残奥会高山滑雪队主教练达里奥·卡佩里（Dario Capelli）、国家雪橇队助理教练诺瑞都是意大利人。⑥ 卡佩里从2018年起在中国执教，他指导的22名中国队员在北京冬残

---

① 《北京冬奥意大利代表团团长：三大赛区协同办赛的出色表现将为米兰/科尔蒂纳丹佩佐提供重要借鉴》，中央广电总台国际在线，2022年3月1日，https://news.cri.cn/20220301/30c697b6-f8f0-aab1-efdb-c53bc3b62d22.html，最后访问日期：2022年12月7日。

② 《意大利伦巴第大区体育厅长：米兰-科尔蒂纳冬奥会将借鉴北京经验》，人民网，2022年2月22日，http://world.people.com.cn/n1/2022/0222/c1002-32357211.html，最后访问日期：2022年12月7日。

③ "Da Beijing a Milano-Cortina, la condivisione del patrimonio olimpico", *CRI Online Italiano*, 10 marzo 2022, http://italian.cri.cn/mychina/notizie/3210/20220310/741640.html，最后访问日期：2022年12月7日。

④ 李军华：《唱响团结合作的冬奥之歌（大使随笔）》，《人民日报》2022年1月5日，第3版。

⑤ "La nazionale cinese di sci alpinismo al Passo Tonale: Stage intensivo fino a maggio su alpi bresciane per i 20 atleti", *Ansa Lombardia*, 20 dicembre 2022, https://www.ansa.it/lombardia/notizie/2022/12/20/la-nazionale-cinese-di-sci-alpinismo-al-passo-tonale_a8cfd9cf-779d-4d18-89e8-5afe4a69cee.html，最后访问日期：2022年12月24日。

⑥ 李军华：《唱响团结合作的冬奥之歌（大使随笔）》，《人民日报》2022年1月5日，第3版。

奥会上获得 18 枚奖牌。卡佩里还对冬残奥会中国队高山滑雪项目整体水平的提高做出重要贡献。① 可以说，以北京冬奥会为纽带，两国在冬季运动项目的合作上取得了显著成绩。

意大利是冰雪运动强国，中国的冬季运动水平发展迅速，未来两国冬季运动项目的合作将会有更大发展空间。正如意大利奥委会主席马拉戈所说："意中两国在冬季项目的运动员培训、教练员交流等方面，有着很强的合作意愿和潜力。深化与中国的体育合作将进一步促进冰雪运动的普及发展。"② 意大利冬季运动协会（FISI）主席弗拉维奥·洛达（Flavio Roda）表达期待："在我看来，随着中国冬季运动的飞速发展，意中两国相关运动协会间的合作势在必行，例如专业培训或其他层面的合作项目。"③ 意大利冰上运动联合运动会（FISG）主席安德烈·吉奥斯（Andrea Gios）同样期待："鉴于这几年冰上运动在中国蓬勃发展，我们可以考虑两国间冰雪运动协会开展合作事宜，譬如策划一些好的双边项目，也可以是项目培训类或是其他。我们和中国有关协会已经建立了非常不错的关系。本届冬奥会筹备中的技术交流在未来也可以引入体系化的流程，这对双方都大有裨益。"④

三　中意冰雪产业合作

中意两国在冰雪产业上的合作也值得关注。在 2021 年北京冬博会上，两国已经开展了成功合作。2022 年，意大利企业又积极参与北京冬奥会筹备，提供设备、施工和服务支持，为该届冬奥会的成功举办做出了积极贡献。

---

① 《中国残奥高山滑雪队主教练达里奥：满分 100，我给中国队员打 1000 分》，新华网，2022 年 3 月 12 日，http://www.news.cn/2022-03/12/c_1128465311.htm，最后访问日期：2022 年 12 月 7 日。
② 《冬奥会必将续写精彩与辉煌"（权威访谈）——访意大利奥委会主席马拉戈》，《人民日报》2022 年 2 月 17 日，第 11 版。
③ 〔意〕弗拉维奥·洛达（Flavio Roda）：《滑向米兰冬奥会》，《中意》2022 年第 2 期，第 9 页。
④ 〔意〕安德烈·吉奥斯（Andrea Gios）：《中意两国共叙冰上人性之光》，《中意》2022 年第 2 期，第 12~13 页。

（一）意大利——2021年北京冬博会主宾国

北京冬奥会的举办推动了中国冰雪产业的发展。2015年中国成功申办北京冬奥会后，自2016年起，北京每年都举行国际冬季运动博览会（WWSE，以下简称"冬博会"）。2021年9月，意大利成为第六届冬博会的主宾国。其间，意大利驻华使馆、意大利对外贸易委员会（ITA）、意大利国家旅游局驻北京代表处、中国意大利商会（CICC）、意大利体育用品制造商协会（ASSOSPORT）等共同组织了21家意大利企业参展，涵盖冰雪产业设备、器材、服装、冬季旅游服务等多个领域，展示了意大利在冰雪产业领域的实力（见表1）。2026年冬奥会东道主米兰和科尔蒂纳丹佩佐所在的伦巴第和威尼托大区旅游促进机构也参与了该活动。"意在山间"（Italian Mountain Life Style）主题体现了意大利山地休闲生活方式，展示了意大利山区在旅游方面的优势，包括秀丽的风景、优越的住宿环境、丰富的文化和先进的体育设施。全部技术产品和山地服务都由全球领先的意大利企业支持。在2021年冬博会上，意大利还全面推广本国山地旅游目的地和优势经营模式。[①]

表1 2021年冬博会意大利参展企业

	参展企业	主要领域
1	BOERI SRL	冬季体育用品
2	LISKI SRL	体育安全装备
3	MICO SPORT SPA	运动服装
4	CENTRAL PROJECT SRL	山地运动服装
5	VDA TRAILERS SSDRL	体育活动与俱乐部
6	JAM SESSION SRL	冬季运动、滑雪培训与高山旅游
7	TECNICA GROUP SPA	体育用品
8	FERRINO & C. SPA	户外用品
9	MONDO SPA	体育器械
10	SKI TRAB SRL	滑雪、越野登山
11	SPORTIT SRL	旅行社

---

① 引自对意大利国家旅游局的采访内容。

	参展企业	主要领域
12	Regione veneto-Venicepromex S. c. a. r. l.	旅游行业
13	DEMACLENKO IT SRL	器械
14	NANNINI ITALIAN QUALITY SRL	运动配件
15	ICEMEDIA SRLS	冬季旅游
16	TECHNOALPIN SPA	器械
17	SALICE OCCHIALI SRL	运动配件
18	PRINOTH SPA	雪机
19	CENTRO TURISTICO COOPERATIVO S. C.	冬季户外无障碍旅行
20	VIST TECH SRL	滑雪器械
21	CONFSPORT SRL	体育服装

资料来源：笔者根据中国意大利商会提供的资料整理。

冰雪产业是意大利的优势产业之一。意大利对外贸易委员会北京办事处主任张保龙（Gianpaolo Bruno）表示，意大利冰雪运动产业拥有雄厚基础，希望借2021年冬博会的契机，促进意大利相关企业进入中国，带动意大利经济和旅游业的发展。[1] 中国意大利商会提供的数据显示，从全球冬季运动行业来看，意大利的出口额在全球排名第六，前五位依次为美国、德国、法国、日本和中国。2018~2020年，意大利是冬季运动设备的世界十大出口国之一（见表2）。

表2 2018~2020年意大利冬季运动设备市场数据

单位：%，百万美元

年份	市场占有率	价值
2018	6.36	131
2019	6.08	131
2020	6.86	119

资料来源：笔者根据中国意大利商会提供的资料整理。

---

[1] 《冬博会：冰雪产业扩展中意友好合作新空间》，新华网，2021年9月6日，http://www.xinhuanet.com/sports/2021-09/06/c_1127832146.htm，最后访问日期：2022年12月7日。

北京冬奥会推动了中国冰雪运动和冰雪产业的发展，也为有优势的意大利冬季运动企业提供了在中国拓展市场的机遇。中国意大利商会会长保罗·巴颂尼（Paolo Bazzoni）表示，意大利和中国冬季运动行业合作空间巨大。[①]在中国冰雪产业大发展的背景下，意大利企业获得更多商机。意大利运动服装、运动装备品牌，提供设施管理专业知识和技术的公司以及在冬季运动服务业竞争力很强的意大利中小企业，都迎来诸多发展机遇。[②] 中国消费者对冰雪运动的兴趣日益浓厚，为意大利相关产品和服务品牌扩大对中国市场的影响力提供了机会。[③] 中国意大利商会提供的数据显示，2020 年中国自意大利进口的冬季运动设备总价值比 2019 年增加了 664.286 百万美元，增长率为 103.51%（见表 3）；2021 年前 7 个月，进口额比 2020 年同期增加了 220.901 百万美元，同比增长了 101.85%。可见，中意在冰雪产业上的合作发展迅速。

表 3 2018~2020 年中国自意大利进口冬季运动设备情况

单位：%，百万美元

年份	市场占有率	价值
2018	3.67	621.531
2019	3.71	641.744
2020	8.20	1306.030

资料来源：笔者根据中国意大利商会提供的数据资料整理。

（二）意大利企业助力北京冬奥会

意大利冰雪产业企业为北京冬奥会提供设备与服务也颇值得关注。泰尼

[①] 《2021 冬博会——巴佐尼：中意冬季运动合作空间巨大》，北京日报客户端，2021 年 9 月 5 日，https://bj.bjd.com.cn/5b165687a010550e5ddc0e6a/contentShare/606e7398e4b0b87b675b4bb7/AP61341b05e4b0637be8c3ddf3.html，最后访问日期：2022 年 12 月 7 日。

[②] 引自对意大利国家旅游局的采访内容。

[③] 《冬博会：冰雪产业扩展中意友好合作新空间》，新华网，2021 年 9 月 6 日，http://www.xinhuanet.com/sports/2021-09/06/c_1127832146.htm，最后访问日期：2022 年 12 月 7 日。

卡集团与中国冬残奥会高山滑雪队开展广泛合作，并与该队意大利主教练达里奥·卡佩里开展技术合作，为中国运动员提供装备。① 此外，意大利运动地板厂商盟多为中国国家速滑馆等比赛和训练场提供地板设备。②

意大利天冰集团成为北京冬奥会独家造雪设备和系统供应商，合作场馆包括国家高山滑雪中心、国家跳台滑雪中心、首钢滑雪大跳台、密苑云顶乐园。该企业参与三项冰面重铺设备竞标，中标两项，主要提供国家速滑馆和国家体育馆设备。除了设备和施工项目，该企业还为国家高山滑雪中心和首钢滑雪大跳台提供造雪服务，派出拥有 20 名工程师的团队，为两个场馆在测试赛和奥运会期间造雪。③ 意大利天冰集团总部位于特伦蒂诺-上阿迪杰大区的博尔扎诺省。2014 年 2 月，该公司在河北三河设立中国分公司，2018 年 7 月入驻张家口高新区冰雪运动装备产业园。④ 张家口作为 2022 年北京冬奥会的联合举办地，早在十多年前就开始与意大利合作，2007 年 11 月张家口市与意大利博尔扎诺省结为友好城市。⑤ 北京冬奥会推动了中国冰雪产业的发展，也为天冰集团这样的意大利企业提供了难得的发展机遇。

此外，在意大利博尔扎诺省，还有世界最大的滑雪设备制造商莱特纳集团（Leitner）和世界知名的滑雪场经营商多洛米地集团（Dolomiti）。早在 2006 年，这两家企业就在张家口市崇礼县联合投资 2 亿欧元，建设中国首家外资滑雪场——多乐美地滑雪旅游度假区，现为张家口七大滑雪场之一。⑥ 这也表明中意冰雪产业很早就开始合作。

① 引自博马克对意大利泰尼卡集团亚洲区经理雷米焦·布鲁内里的采访内容。
② 《意大利服务商企业：期待北京冬奥会完美展现凝聚全球力量的奥运精神》，中央广电总台国际在线，2022 年 1 月 7 日，https://news.cri.cn/20220107/8b7c314d-212d-8d68-47c7-d01aff63ecc9.html，最后访问日期：2022 年 12 月 7 日。
③ 引自博马克对意大利天冰集团中国区总经理费曼的采访内容。
④ 《一个意大利造雪设备制造商的中国情结》，新华网，2021 年 7 月 3 日，http://www.xinhuanet.com/sports/2021-07/03/c_1127619856.htm，最后访问日期：2022 年 12 月 7 日。
⑤ 《博尔扎诺省》，河北省人民对外友好协会，2022 年 5 月 12 日，http://hebwb.hebei.gov.cn/single/339/1939.html，最后访问日期：2022 年 12 月 7 日。
⑥ "Il Trentino esporta lo sci anche in Cina", *Corriere della Sera*, 24 novembre 2007, https://www.corriere.it/cronache/07_novembre_24/cina_sport_invernali_baecab58-9a9f-11dc-a3e4-0003ba99c53b.shtml，最后访问日期：2022 年 12 月 7 日。

四　中意围绕冬奥会开展学术交流合作

中意两国围绕冬奥会的合作还体现在相关的学术交流与合作上。具体而言，中意两国高校和智库不仅在北京冬奥会场馆的设计方面积极合作，还联合举办了多场与冬奥会主题相关的学术研讨活动。

（一）两国高校以学术合作支持冬奥会

中意高校围绕冬奥会开展深度合作，将意大利的城市改造经验引入中国冬奥会场馆设计与筹建，并取得良好成效。在这方面，清华大学与意大利都灵理工大学的合作值得一提。受清华大学邀请，都灵理工大学参与了改造首钢的制氧厂、设计北京冬奥会首钢园游客中心的部分工作，[1] 该校因此成为参与北京冬奥会空间设计的唯一外国机构。[2] 实际上，两校的合作可追溯到2008年北京夏奥会期间，当时两校联合组织学生工作坊，讨论北京奥运会设施的再利用问题。[3] 2016年，为纪念2006年都灵奥运会举办10周年，清华大学代表团访问都灵。清华大学代表团在参观过程中非常关注都灵工业区改造的案例，对林格托大楼和多拉公园表现出强烈兴趣。[4] 在多拉公园中，代表团认真参观被改造成公园的工业厂房，并表示赞赏。两年后，都灵理工大

---

① 〔意〕米凯利·博尼诺、马塔·曼奇尼、邓慧妹：《人体与城市空间再连接——阅读工具和设计实践》，《世界建筑》2021年第3期。

② "Il Politecnico realizza il Visitor Center di Shougang per le Olimpiadi Invernali di Pechino", *PoliFlash*, 21 gennaio 2022, https：//poliflash. polito. it/in＿ateneo/il＿politecnico＿realizza＿il＿visitor＿center＿di＿shougang＿per＿le＿olimpiadi＿invernali＿di＿pechino＿2022，最后访问日期：2022年12月7日。

③ "XXIV Giochi Olimpici Invernali. Politecnico di Torino presenta Centro Spettatori di Shougang", *Serramenti Design e Componenti*, 6 luglio 2018, https：//www. serramentinews. it/2018/07/06/xxiv-giochi-olimpici-invernali-presentato-da-politecnico-di-torino-il-centro-spettatori-di-shougang/，最后访问日期：2022年12月7日。

④ 林格托大楼（Lingotto）在1922~1982年为菲亚特厂房，后被改造为集商贸中心、酒店、写字楼等为一体的多功能中心，是旧厂房再利用的代表性建筑。多拉公园（Parco Dora）则为由老工业区改造的公园。

学负责设计的首钢园游客中心被称为"首钢的多拉公园"。① 都灵是意大利传统的工业城市，拥有改造和再利用旧工业区的丰富经验，这些经验对首钢厂区的改造具有启发和借鉴意义。

（二）两国高校与智库联合组织相关学术研讨

在 2022 年北京冬奥会举办前后，中意两国知名高校和智库还联合举办了多场与冬奥会有关的学术研讨活动（见表4）。

表4　2016~2022 年中意高校举办的冬奥会相关研讨会

时间	研讨会主题	举办单位
2016 年 1 月 26 日	从 2006 年的都灵到 2022 年的北京	都灵理工大学、清华大学
2018 年 11 月 17 日	2006 年都灵和 2008 年北京的奥运遗产——迈向 2022 年的北京	北京奥运城市发展促进会、美国国际数据集团（IDG）、都灵理工大学
2022 年 1 月 11 日	北京冬奥会：包容、绿色、可持续——应对未来挑战的积极实践	（意大利）国际外交学会（IDI）
2022 年 3 月 21 日	奥运中国，北京 2008 到 2022——变化中的话语、法律与城市景观	罗马第三大学
2022 年 5 月 12 日	共话冬奥 从北京到米兰——可持续的设计创新	清华大学、米兰理工大学

资料来源：笔者根据中意两国高校和智库官网资料整理制作。

早在 2016 年 1 月，在纪念 2006 年都灵冬奥会成功举办 10 周年之际，都灵理工大学与清华大学就在都灵举办了"从 2006 年的都灵到 2022 年的北京"学术活动，旨在为 2006 年都灵冬奥会与 2022 年北京冬奥会搭建创新的桥梁，探讨两所冬奥会所在地高校之间的合作。② 2018 年 11 月，北京奥运

---

① 引自博马克对北京冬奥会首钢园游客中心设计项目的意方负责人都灵理工大学副校长、建筑与城市设计系博明凯教授的采访内容。

② "Da Torino 2006 a Pechino 2022"，*Poliflash*，gennaio 2016，https：//www. swas. polito. it/services/poli_flash/dettaglio_news. asp？id_newsletter = 84&id_news = 1041，最后访问日期：2022 年 12 月 7 日。

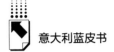
城市发展促进会、美国国际数据集团与都灵理工大学在该校共同举办"2006年都灵和2008年北京的奥运遗产——迈向2022年的北京"研讨会，学习2006年都灵冬奥会后场馆的再利用经验。都灵理工大学博明凯教授在会上介绍了与清华大学合作改造首钢制氧厂、设计首钢园游客中心的经历。①

2022年1月，意大利国际外交学会举行"北京冬奥会：包容、绿色、可持续——应对未来挑战的积极实践"线上研讨会，强调中国在可持续发展中做出的努力，并希望基于以往奥运会的经验展望米兰-科尔蒂纳丹佩佐冬奥会。② 2022年3月，罗马第三大学的中国与东亚研究中心组织"奥运中国，北京2008到2022——变化中的话语、法律与城市景观"工作坊，从不同视角探讨14年来中国的变化。③ 2022年，清华大学和米兰理工大学共同发起"共话冬奥"系列学术活动，5月12日召开首次"共话冬奥 从北京到米兰——可持续的设计创新"国际交流活动。这些国际交流活动邀请了国际奥委会官员及专家，全面总结北京奥运会经验，探索体育的可持续发展之路。④ 2022年3月，清华大学还向米兰理工大学捐赠了"冬奥会与冰雪运动"在线课程。⑤

---

① "L'eredità olimpica di Torino e Pechino", *Poliflash*, 22 novembre 2018, https：//poliflash. polito. it/in_ateneo/l_eredita_olimpica_di_torino_e_pechino，最后访问日期：2022年12月7日。

② "Cina：l'Istituto Diplomatico Internazionale di Roma analizza con l'ambasciatore Li Junhua le prossime Olimpiadi invernali"，*Reportdifesa. it*，12 gennaio 2022，https：//www. reportdifesa. it/cina-listituto-diplomatico-internazionale-di-roma-analizza-con-lambasciatore-li-junhua-le-prossime-olimpiadi-invernali/，最后访问日期：2022年12月7日。

③ "La Cina dalle Olimpiadi del 2008 alle Olimpiadi del 2022－Parole, leggi e paesaggi urbani in mutamento"，Centro Interdipartimentale di Studi e Documentazione sulla Cina e sull'Asia Orientale，Roma Tre，21 Marzo 2022，https：//csdcina. uniroma3. it/2022/03/la-cina-dalle-olimpiadi-del-2008-alle-olimpiadi-del-2022-parole-leggi-e-paesaggi-urbani-in-mutamento/，最后访问日期：2022年12月7日。

④ 《"共话冬奥 从北京到米兰——可持续的设计创新"学术交流活动召开》，清华大学新闻网，2022年5月18日，https：//www. tsinghua. edu. cn/info/1177/94664. htm，最后访问日期：2022年12月7日。

⑤ 《校长王希勤与米兰理工大学校长费卢奇奥·内斯塔在线交流》，清华大学新闻网，2022年3月30日，https：//www. tsinghua. edu. cn/info/1178/92622. htm，最后访问日期：2022年12月7日。

五　中意冬奥会合作前景

综上所述，中意两国在冬奥会的筹备工作中互相学习借鉴，在围绕冬奥会的体育合作、经贸合作、学术交流方面都取得了诸多成果。在新冠疫情在全球反复延宕的背景下，这些成果拓展了两国务实合作的新领域，创造了两国互利共赢的新空间。在中国国家体育总局发布的《冰雪运动发展规划（2016—2025 年）》的带动下，在中国"带动三亿人参与冰雪运动"的冬奥会愿景下，中国的冰雪体育运动水平大幅提高，冰雪产业迅速发展，群众性冰雪运动得到更广泛普及。中国在快速发展，未来民众对体育、休闲、旅游等方面的需求会越来越多，这必将为中意两国的交流与合作注入更多动力和活力。

意大利拥有悠久的冬季运动传统，北部的阿尔卑斯山使意大利具备天然的地理优势，冬季运动成为意大利人生活方式的一部分，其冰雪产业发展因此别具特色。目前位于瑞士、法国和奥地利的阿尔卑斯山冬季旅游胜地在中国的知名度较高，而米兰-科尔蒂纳丹佩佐冬奥会将使更多中国人了解意大利的冬季运动和旅游资源。[1]

中意围绕冬奥会取得的合作成果预示着未来两国在冰雪运动和产业上有巨大合作空间。从意大利的角度来看，意大利企业在中国体育市场拓展业务的空间广阔；从中国的角度来看，冰雪运动是一项新运动，加强与意大利的交流与合作有助于更好地了解、学习和研究意大利在冰雪运动方面的形象、历史与传统，为发展本国的冰雪运动事业提供参考和借鉴。可以预见，2026年米兰-科尔蒂纳丹佩佐冬奥会将再次为中意两国加强各领域合作创造新机遇。

---

[1]　引自博马克对中国意大利商会体育与旅游工作组前协调员西蒙尼·斯图拉的采访内容。

统计资料篇
Information and Statistics

2022年大事记*

王怡雯　罗意法**

1月

6日　意大利卫生部发布数据，当日新增新冠确诊病例219441例，这是自疫情暴发以来意大利单日新增病例首次超过20万例。

7日　意大利政府要求所有进入公共场所或搭乘公共交通工具的人员须持有加强版"绿色通行证"。新通行证持有者仅限于接种新冠疫苗者和感染

---

* 本部分内容主要参考自以下网站：中华人民共和国驻意大利共和国大使馆经济商务处网站，http://it. mofcom. gov. cn/；新华网，http://www. xinhuanet. com/；《欧洲时报》，http://www. oushinet. com/；中国新闻网，http://www. chinanews. com/；央广网，http://www. cnr. cn/；《人民日报》（海外版），http://paper. people. com. cn/；意大利官方公报，https://www. gazzettaufficiale. it/；意大利安莎社，https://www. ansa. it/；意大利《共和国报》，https://www. repubblica. it/；意大利《晚邮报》，https://www. corriere. it/；意大利《24小时太阳报》，https://www. ilsole24ore. com；意大利官方法律数据库，https://www. normattiva. it。

** 王怡雯，北京语言大学意大利语系讲师，意大利研究中心秘书，主要研究领域为意大利语语言、文化及中意关系；罗意法，系笔名，具体撰写者包括黄华珍、蔡榕榕、温博宇、金惠莹、于捷、徐喆、郭静怡、钟一，均是中国政法大学比较法学研究院硕士研究生，负责整理并撰写部分法律领域大事条目。

后康复人群。

11日　欧洲议会议长、意大利民主党人萨索利因免疫系统功能障碍出现严重并发症去世。

●中欧文化班列（米兰站）——中国·意大利冰雪之缘冬奥主题展以线上线下相结合的方式在北京和意大利米兰同时开幕。

●中国新疆精河县开出首趟中欧班列，从阿拉山口口岸出境开往意大利。

12日　意大利外交部《2021数据年鉴》披露，2020年意大利支出外援款共计约13亿欧元，其中通过双边渠道支出约4.45亿欧元，通过多边机构支出约8.61亿欧元。

14日　据当日报道，意大利莱昂纳多公司确定收购德国军用电子产品企业亨索尔特公司25.1%的股份。

17日　意大利国家统计局公布数据，2022年12月该国通胀率升至3.9%，为2008年8月以来的最高水平。

18日　意大利交通部长乔瓦尼尼在迪拜世博会意大利馆举办的可持续发展论坛上表示，未来10年，意大利将投资近1000亿欧元建设可持续的交通基础设施。

19日　意大利卫生部副部长科斯塔表示，90%的民众已经接种疫苗，按颜色进行分区管理已无意义。

21日　意大利总理德拉吉主持召开内阁扩大会议，审议通过了总价值约16亿欧元的最新救助法案，救助范围包括：因电费和天然气价格上涨而对民众的补贴，为学生、教职人员提供免费FFP2口罩，对公共交通、旅游、文化、体育、纺织与时尚、餐饮等行业的补贴。

●意大利颁布2022年第3号法律，旨在将2021年11月26日第172号法令经修改后转化为法律，内容包括遏制新冠疫情以及安全推进经济和社会活动的紧急措施。该法自律2022年1月26日起正式生效。

24日　意大利首轮总统选举投票正式拉开帷幕。

●意大利警方在兰佩杜萨岛附近海域发现一艘载有280名非法移民的船

只并展开救援。

● 意大利卫生部公布数据显示，当日新增新冠确诊病例 77696 例，累计确诊病例达 10001344 例。

27 日　根据欧盟旅行建议，意大利卫生部长斯佩兰扎签署最新防疫法令，自 2 月 1 日开始，来自欧盟成员国且持有绿色通行证的旅客入境意大利，将不再需要出示新冠病毒阴性测试证明或进行病毒检测。

28 日　首列中国苏州至意大利米兰中欧班列开出，经阿拉山口口岸出境开往意大利米兰。

29 日　意大利总统选举第八轮投票结束，马塔雷拉再次当选，成为该国历史上第二位连任总统。

2 月

1 日　根据意大利总理德拉吉签署的法令，当日起至 6 月 15 日，意大利对 50 岁以上的群体实施强制疫苗接种。

2 日　意大利政府表示，将废除自 2021 年 11 月以来在该国实施的按四种颜色划分的疫情防控制度。

3 日　马塔雷拉在众议院宣誓就任总统。

4 日　中国国家主席习近平致电马塔雷拉，祝贺他当选连任意大利共和国总统。

7 日　根据意大利总理府法令，当日起所有未接种新冠疫苗人士，在与新冠阳性感染者密切接触后，隔离时间将从 10 天缩短到 5 天。

8 日　意大利卫生部长斯佩兰扎签署行政命令，规定自 2 月 11 日至 3 月 31 日，意大利全国范围内取消户外强制佩戴口罩的规定，民众仅须在室内、参加集会和公共交通工具上佩戴口罩。这是意大利政府恢复国家正常秩序的首项举措。

10 日　在意大利全国城镇协会的组织下，约 3000 个城镇参与反对高能源价格的熄灯活动，关闭当地地标性建筑物照明设施半小时或一小时。

• 意大利国家统计局局长布兰吉亚多表示，2021 年该国登记出生人口不到 40 万人，继续保持下跌趋势。

11 日 2022 年第 1 号法律对《意大利共和国宪法》第 9 条和第 41 条做出修改，主要内容涉及环境保护。

15 日 意大利 "50 岁绿通法令" 生效，所有 50 岁及以上的公共或私营企业雇员，进入工作场所均须出示疫苗接种证明或康复证明，无绿色通行证者将面临处罚。该法令有效期至 2022 年 6 月 15 日。

17 日 意大利总理德拉吉与美国总统拜登通电话，双方就乌克兰局势交换了意见。

18 日 意大利政府通过总额近 80 亿欧元的一揽子计划，以控制电力和天然气成本、扶持工业、发展可再生能源。

20 日 北京 2022 年冬奥会闭幕式落幕，将接力棒交给将于 2026 年联合举办冬奥会的意大利米兰和科尔蒂纳丹佩佐。

• 中国驻意大利大使李军华在意大利《晚邮报》发表署名文章《"接力"办冬奥，携手向未来》。

22 日 意大利卫生部长斯佩兰扎签署并颁布最新防疫法令，自 3 月 1 日起，意大利将不再要求来自欧盟以外的旅客入境后进行隔离。

• 根据意大利国家统计局数据，受能源价格上涨影响，2022 年 1 月该国通胀率升至 4.8%，为 1996 年 4 月以来的最高水平。

23 日 意大利总理德拉吉宣布，政府不准备在 3 月 31 日后延长国家卫生紧急状态。届时防疫的地区颜色划分制度不再有效，学校将对所有人士开放，对密接者的隔离措施、户外佩戴口罩义务等都将被取消。

24 日 意大利总统马塔雷拉召集最高国防委员会研究俄乌冲突。

• 意大利外交部秘书长塞基召见俄罗斯驻意大利大使拉佐夫。意大利政府谴责俄罗斯违反国际法，在乌克兰进行 "严重、无理和无端的袭击"。

26 日 意大利总理德拉吉致电乌克兰总统泽连斯基，重申意大利支持欧盟对俄罗斯的制裁，并表示将为乌克兰自卫提供必要援助。

26~27 日 欧盟委员会与成员国就乌克兰难民分配问题进行磋商，并

拟定了资金和难民分配比例。根据磋商结果，意大利将获得该项预算 13% 的资金，并负责接收 13% 的乌克兰难民。

28 日 意大利外交部长迪马约率团前往阿尔及利亚，希望加强与阿在能源领域的合作，应对能源安全挑战。

3月

1 日 意大利总理德拉吉签署法令，并宣布进入国家紧急状态，该法令有效期至 2022 年 12 月 31 日。意大利外交部要求在基辅的意大利公民离开该市，位于基辅的意大利驻乌克兰使馆搬迁至乌克兰西部城市利沃夫。

• 意大利国家统计局公布数据，2021 年该国 GDP 实际增长了 6.6%，财政赤字与 GDP 之比为 7.2%，公共债务与 GDP 之比为 150.8%，比 2020 年的 155.6% 有所回落。

4 日 意大利经济与财政部宣布，正在没收该国境内价值 1.4 亿欧元的俄罗斯富豪财产。另外，该国出口信贷机构意大利外贸保险服务公司（SACE）已暂停对俄罗斯和白俄罗斯出口信贷的风险评估。

5 日 意大利总理府通过了一项主要针对校园、工作场所的新防疫法令。主要内容有强制接种疫苗、扩大"基本绿色通行证"使用范围、灵活办公、不同类型学校出现确诊后的具体措施等。

7 日 意大利总理德拉吉在布鲁塞尔与欧盟委员会主席冯德莱恩举行会晤，双方均表示支持欧盟对俄进一步制裁，并寻求更多能源供应来源，以减少欧洲对俄能源依赖。德拉吉还表示，意大利不反对乌克兰成为欧盟成员国。

8 日 意大利总理德拉吉与阿塞拜疆共和国总统阿利耶夫通电话，讨论了乌克兰局势，并表示要进一步加强双边合作，特别是在能源领域的合作。

9 日 意大利生态转型部长罗伯托·钦戈拉尼表示，该国正在制定短期和长期的能源计划，以削减自俄罗斯进口的天然气量。根据该计划，2022 年意大利对俄天然气进口将减少 2/3，并在 2030 年之前彻底摆脱对俄天然气依赖。

• 意大利颁布 2022 年第 22 号法律，对破坏文化遗产的犯罪行为做出新规定，引入"盗窃文化遗产罪""非法占有文化遗产罪"等新的犯罪类型，将损坏、污损、涂抹文化和景观遗产的犯罪行为单独列为特殊情况，并加大了对窝藏和回收艺术品等行为的刑罚力度。该法律自 2022 年 3 月 23 日起生效。

10 日 中国国务委员兼外长王毅应约同意大利外长迪马约举行视频会晤，双方重点就当前乌克兰局势交换意见。

• 意大利总理德拉吉表示，政府将再批准一批可再生能源项目，以减少对俄罗斯的能源依赖。

• 意大利埃尼集团（Eni）发言人表示，已暂停签署自俄罗斯采购原油或石油产品的新合同。

11 日 欧盟在法国凡尔赛举行非正式峰会，意大利总理德拉吉在峰会结束时提出需要引入天然气价格上限。

12 日 意大利外交部长迪马约表示，意大利将继续支持对俄罗斯的经济制裁和孤立。

14 日 意大利外交部长迪马约发表讲话称，意大利正在与阿尔及利亚和利比亚就可再生能源的开发以及与突尼斯就绿色氢能的谅解备忘录进行谈判。

15 日 意大利外交部长迪马约结束在摩尔多瓦首都基希讷乌的访问，与摩尔多瓦政府签署了帮助乌克兰难民的联合声明。

17 日 意大利内阁会议决定，3 月 31 日将结束国家卫生紧急状态。

18 日 意大利总理府召开内阁会议批准新法令（2022 年第 21 号法令），制定了应对乌克兰危机经济和人道主义影响的紧急措施，主要涉及管制能源及燃料价格，对企业及个人施以援助，加强安全、国防和电子通信网络等，资金总额达 44 亿欧元。法令还将提供 4.28 亿欧元的人道主义援助用于接待乌克兰难民。

19 日 意大利基层工会联合会在比萨机场举行游行活动，抗议 12 日在该机场发生的使用人道主义物资货机向乌克兰运送武器弹药的事件。

●俄罗斯外交部欧洲司司长阿列克谢·帕拉莫诺夫对意大利发出警告称，若欧盟对俄罗斯进行"全面金融和经济战争"，意大利或将面临"不可逆转的后果"。意大利外交部回应称，坚决拒绝俄方的威胁。

22 日 乌克兰总统泽连斯基向意大利参众两院发表讲话，呼吁对俄实施更多制裁。意大利总理德拉吉称"今天乌克兰不仅在保卫自己，也在保卫我们的和平、自由与安全"，并表示必须对乌克兰提供援助，包括军事援助。

23 日 意大利外交部长迪马约在其脸书账号上发布"和平与稳定"外交行动十大目标，并表示意大利将与欧盟、北约和 G7 盟友一道协调行动以结束俄乌冲突。

24 日 意大利内政部长称已有约 67000 名难民从乌克兰抵达意大利。

25 日 意大利经济与财政部授权意大利银行金融情报部门，在 5 月 27 日以前，对境内拥有俄罗斯国籍或白俄罗斯国籍、存款超过 10 万欧元的自然人和法人进行普查。此外，意大利警方已将多名俄罗斯寡头的在意大利资产冻结，总价值超 7.43 亿欧元。

26 日 意大利总理德拉吉表示，内阁会议已批准重新开放法令。意大利将在 3 月 31 日结束全国卫生紧急状态，4 月初至 6 月中旬将逐步放宽防疫限制，4 月 30 日取消室内佩戴口罩规定，5 月 1 日终止绿色通行证制度。

30 日 俄罗斯总统普京与意大利总理德拉吉通话。根据意大利总理府消息，德拉吉在通话中强调了尽快停火、保护平民、支持谈判的重要性。普京表示俄方将使用卢布作为天然气结算货币。

31 日 意大利总理德拉吉表示，由于执政联盟内部无法达成一致，意大利无法在 2024 年实现国防开支占 GDP 的比重达到 2% 这一北约确定的目标，暂将实现该目标的时间推迟至 2028 年。

4月

1 日 即日起，除部分"绿色通行证"和"口罩政策"将持续至 4 月 30 日外，大部分防疫措施被取消或放宽。

4 日 欧洲专利局发布统计数据，2021 年意大利专利申请同比增长 6.5%，高于欧洲平均水平（2.7%），其中交通领域申请专利数量最多。

5 日 意大利外交部长迪马约宣布，出于国家安全考虑，意大利外交部已召见俄罗斯驻意大利大使，宣布驱逐 30 名俄外交官。

6 日 意大利总理德拉吉签署总理令，政府将于 2022~2024 年每年投入 6.5 亿欧元用于鼓励购买电动车、混动车等低排放车。

• 2022 年 QS 世界大学学科排名公布，意大利高等教育系统整体排名全球第七，与瑞典并列，排名有所提升。

7 日 意大利阿德恩克罗诺斯通讯社刊登中国驻意大利大使李军华署名文章《越是困难时刻中欧越需对话合作》。

• 意大利热那亚法院预审法官于当日下令将包括亚特兰蒂亚公司前首席执行官乔万尼·卡斯特鲁奇（Giovanni Castellucci）在内的 59 人移交审判，他们将因四年前热那亚莫兰迪大桥倒塌一案受审。

8 日 意大利政府发布的多年经济规划文件（DEF）显示，2022~2025 年，公共教育支出占 GDP 的比重将由 4% 降至 3.5%。对此，意大利工会威胁将罢工抗议。

11 日 意大利总理德拉吉与阿尔及利亚达成一项天然气协议。据此，意大利将自阿尔及利亚的天然气进口量增加约 40%，阿尔及利亚有望取代俄罗斯，成为意大利最大的天然气供应国。

12 日 中国全国政协主席汪洋在北京以视频方式会见意大利参议长卡塞拉蒂。

• 意大利开始为 80 岁以上老年人和 60 岁以上有风险人群接种第四针，即第二剂加强针新冠疫苗。

13 日 欧盟委员会批准拨付给意大利"下一代欧盟"复苏基金的第一期 210 亿欧元资金后，意大利政府批准执行国家复苏与韧性计划的第 2 号法令，目标是在 6 月底前启动或完成 15 项改革任务和 30 项投资计划。

• 埃及政府表示，意大利埃尼集团已与埃及天然气控股公司签署框架协议，埃及将为意大利和欧洲提供液化天然气。

● 意大利内政部数据显示，已有91137名乌克兰难民抵达意大利。

18日　意大利驻基辅大使馆重新开放。

● 由中国明阳智慧能源集团股份公司提供关键设备的意大利贝莱奥利科海上风电项目在意大利南部港口塔兰托举行全容量并网仪式。这是意大利首个海上风电项目。

26日　意大利国防部长圭里尼在"支持乌克兰协商小组"会议上表示，将继续根据意大利议会决定向乌克兰运输新军事装备。

27日　意大利宪法法庭裁决，让子女自动继承父亲的姓氏是非法的。子女可以有两个姓氏，父母的姓氏前后顺序由夫妻双方共同决定，如果僵持不下，则由法官决定。

29日　德国在国际法院对意大利提起诉讼，理由是意大利法院继续受理大量新的针对德国的二战索赔案件，未能尊重其豁免权。

5月

1日　意大利绝大部分新冠防疫措施已解除。

2日　意大利政府部长会议在五星运动拒绝投票的情况下通过新《能源法令》及《援助法令》，将3月出台的削减能源消费税的法令延期至7月8日并扩大适用范围，同时延长能源账单补贴期限，还将对大公司征收超额利润税。援助措施总支出约140亿欧元，是此前预期的2倍。

3日　意大利总理德拉吉在欧洲议会发表讲话时表示，能源价格问题必须依靠打破天然气与电力之间的价格联系并进行结构性改革才能解决。意大利将继续支持对俄罗斯进行制裁，赞成乌克兰加入欧盟。

4日　意大利总理德拉吉与日本首相岸田文雄会面后表示，意大利、欧盟和日本必须继续团结一致，坚决在印太地区捍卫"以规则为基础的国际秩序"。

8日　意大利总理德拉吉在七国集团会议上表示："我们必须继续支持乌克兰，必须继续对俄罗斯实施第六轮制裁措施，同时必须尽一切努力尽快实现停火并推动和平谈判。"

9日 意大利内政部表示，该国现有111386名乌克兰难民。为安置难民，意大利政府已通过2022年第14号、第21号法令和5月5日获批的《援助法令》，拨款共超9亿欧元。

10~11日 意大利总理德拉吉对美国进行为期两天的访问。德拉吉与美国总统拜登的会谈议题主要涉及俄乌冲突、对俄制裁以及全球经济、能源安全和气候变化。拜登表示，美国和意大利的合作非常重要，并强调德拉吉是"一个好朋友和伟大的盟友"。

11日 欧盟委员会宣布批准意大利政府提交的6.98亿欧元援助计划，该计划是意大利国家复苏与韧性计划的一部分，旨在减轻新冠疫情对旅游业的影响。

16日 欧盟委员会就在意大利出现的非洲猪瘟疫情发布紧急措施，要求禁止将疫区生猪和相关产品运往成员国和其他第三国，禁令将持续至2022年8月31日。

• 意大利国家统计局发布数据，2020年2月至2022年3月，意大利个体经营者减少了21.5万（从519.2万下降至497.7万）。

• 意大利国家铁路集团首席执行官法拉里斯表示，该集团计划2022~2031年投入1900亿欧元对意大利铁路基础设施进行更新升级，推动铁路网互联互通。

18日 意大利总理德拉吉在罗马会见来访的芬兰总理桑娜·马林。德拉吉表示，意大利支持芬兰和瑞典加入北约的选择。

• 俄罗斯外交部宣布驱逐24名意大利驻俄外交人员，以回应意大利驱逐俄外交人员。

19日 意大利总理德拉吉呼吁乌克兰紧急停火，以通过谈判结束战争，但不排除供应武器的可能性。同期民意调查显示，意大利几乎没有公众支持向乌克兰提供军事援助。

• 意大利总理德拉吉在参议院指出，预计到2024年意大利将彻底摆脱对俄罗斯天然气的依赖。

● 罗马 Spallanzani 医院发现意大利首例猴痘病例。

20 日　意大利罗马等城市举行示威游行，抗议意大利政府向乌克兰提供军事援助。

● 意大利经济与财政部长弗朗科在七国集团财长会后表示，意大利将向乌克兰提供 2 亿欧元贷款。

● 意大利司法部向议会提交了"关于不公平羁押的预防措施和刑罚的报告"。该报告指出，2021 年意大利司法机关滥用审前羁押案件的国家赔偿总额达 2450 万欧元。

26 日　意大利总理德拉吉与俄罗斯总统普京通电话，两人就乌克兰局势交换了意见，普京还表示，俄方将继续确保以合同规定价格向意大利不间断供应天然气。

27 日　意大利总理德拉吉与乌克兰总统泽连斯基通电话。德拉吉表示，意大利政府将同其他欧盟国家一道向乌克兰提供支持。双方还讨论了燃料供应、避免粮食危机、解除港口封锁等问题。

30～31 日　意大利总理德拉吉出席在布鲁塞尔举行的欧洲理事会特别峰会，会议重点关注乌克兰局势、能源、国防和粮食安全等问题。

31 日　意大利国家统计局发布数据，通胀率在 4 月稍有回落后，5 月再次回升，升至 1986 年 3 月以来最高水平。能源产品价格上涨仍然是此次通胀率上升的主要原因。

6月

1 日　即日起，所有入境意大利的人员均无须出示"绿色通行证"，即无须证明已接种疫苗或出示入境前病毒检测阴性报告。

● Euromedia Research 的民意调查结果显示，越来越多的意大利民众（61.3%）在俄乌冲突中支持乌克兰人民，但大多数意大利人（51.5%）仍反对向乌克兰输送新武器。

● 意大利卫生部长斯佩兰扎表示，他已根据国家复苏与韧性计划签署了

6000 个项目的合同,以推进"国家未来卫生服务计划"。根据该计划,意大利将建造约 1350 个社区之家及 400 所社区医院。

6 日 意大利外交部秘书长谢国谊召见俄罗斯驻意大利大使拉佐夫,希望俄乌双方通过谈判解决冲突,并尽快解除俄罗斯对乌克兰港口粮食出口的封锁。这是自 2 月 24 日俄乌冲突爆发以来拉佐夫第三次被意大利外交部召见。

7 日 意大利生态转型部长钦戈拉尼在接受采访时表示,意大利已获得欧盟委员会授权,将就建立合理、稳定和可持续的天然气价格机制向欧盟提出提案。

8 日 意大利卫生部副部长科斯塔表示,该国新冠感染率明显下降,将在 6 月 15 日取消室内强制佩戴口罩等防疫措施。

• 意大利总理德拉吉在经合组织会议上发表讲话时呼吁在整个欧盟范围内设定天然气价格上限。

12 日 意大利就"卡尔塔比亚"司法改革①五项废除性规定举行全民公投。统计结果显示,约 21% 的公民参与了投票,远未达 50% 的法定有效投票率,创意大利历史上全民公投参与度的最低纪录。

14 日 意大利中右翼联盟在热那亚、巴勒莫和拉奎那地方选举的第一轮投票中获胜。

• 根据意大利酒店经营者协会 Federalberghi 发布的一项调查报告,2022 年 5 月,意大利游客人数比 2019 年同期增长 33.4%,其中本土游客增长 13.5%,外国游客增长 45.8%。

15 日 意大利部分地区开始实施限水措施。截至 3 月 31 日,该国东北部地区已连续 100 多天未降雨。

16 日 意大利总理德拉吉、德国总理朔尔茨和法国总统马克龙抵达基

---

① "卡尔塔比亚"司法改革以 2021 年 9 月 27 日第 134 号《卡尔塔比亚法》(Legge Cartabia)的颁布为标志,其全称为"关于授权政府提高刑事诉讼和恢复性司法的效率、快速界定司法程序的法律"。该法律共有 2 条,下设多个款项。第 1 条规定对刑事程序、刑罚制度及恢复性司法的总体规范进行改革;第 2 条则规定了一些可立即适用的条款,包括犯罪时效、超过上诉最长期限不予受理等重要条款。

辅，与乌克兰总统泽连斯基会面。

· 意大利参议院以 173 票赞成、37 票反对、16 票弃权的表决结果批准通过"卡尔塔比亚"司法改革。该项改革正式形成 2022 年第 71 号法律，该法律于 6 月 21 日生效。

19 日 意大利波河流域遭遇 70 年来最严重旱情，管理部门建议减少 20%采水量，以确保农业灌溉用水以及波河入海口三角洲不断流。

· 中意两国间往来直航陆续恢复。勒奥斯航空执飞的赴华直航 NO976 航班（米兰至南京）于当日运营。

21 日 意大利议会第一大党五星运动内部就是否继续向乌克兰援助武器产生严重分歧，外交部长迪马约宣布带领 51 名众议员、11 名参议员退出该党，并组建新政治团体"一起向未来"。

21 日 意大利政府有关支持乌克兰的决议以 219 票赞成、20 票反对、21 票弃权获参议院通过。

22 日 意大利政府有关支持乌克兰的决议以 410 票赞成、29 票反对、34 票弃权获众议院通过。

· 意大利财警表示，截至 5 月 31 日，已冻结 14 名俄罗斯公民包括不动产、汽车、船只、飞机、土地和公司股份在内的价值超 17 亿欧元的资产。

23 日 意大利政府部长会议批准了将控制电费和燃气费及为储气公司提供担保的措施延长至第三季度的法令。

· 意大利、保加利亚、葡萄牙、罗马尼亚和斯洛伐克五国向欧盟提交了一份文件，提议将淘汰燃油车的时间从 2035 年推迟至 2040 年，并将 2035 年二氧化碳排放量减少 100%的目标下调至 90%。

24 日 意大利总理德拉吉在新闻发布会上表示，意大利在能源储备方面做得很好，采取的措施开始显现成效，对俄罗斯天然气依赖度已从 2021 年的 40%下降到 25%。

· 意大利经济与财政部长弗朗科和生态转型部长钦戈拉尼签署部际法令，将降低燃油价格措施期限延长至 8 月 2 日。

25 日 意大利生态转型部长钦戈拉尼表示，当前该国天然气储气量已超55%，预计年底储气量将为80%~85%。

27日 根据意大利总理府2022年第36号法令，自6月30日起，商户拒绝客户使用POS机付款将被处以30欧元的行政罚款以及拒绝交易额4%的行政罚款。

28~30日 意大利总理德拉吉出席北约西班牙峰会，在讲话中表示欢迎芬兰和瑞典加入北约。

29日 2022年上半年意大利国家复苏与韧性计划提出的45个改革与投资目标全部如期实现，意大利经济与财政部向欧盟发出了拨付第二笔资金的请求。

30日 意大利内阁通过应对高能源价格的《援助法令》，政府将投入约30亿欧元，以缓解第三季度电力和燃气价格上涨带来的冲击。

7月

1日 根据2022年5月20日第79号法律，强制性电子发票的适用范围扩展至上一年年营业额超过25000欧元的所有纳税人。自2024年7月1日起，符合上述条件的全部纳税人都将被强制要求开具电子发票。

4日 意大利政府部长会议通过了"关于波河和东阿尔卑斯地区缺水情况的紧急状态声明"，政府为艾米利亚-罗马涅大区、弗留利-威尼斯朱利亚大区、伦巴第大区、皮埃蒙特大区和威尼托大区共提供3650万欧元资金用于抗旱。

5日 意大利总理德拉吉访问土耳其，其间意土两国签署9项合作协议。

7日 五星运动领导人孔特与意大利总理德拉吉会面，孔特将一份涉及公民收入、高额能源账单等9项要求的文件带至总理府，并要求在7月之内给予明确答复。

9日 中国重庆首开至意大利的中欧班列，该班列经霍尔果斯口岸出境，至意大利米兰梅尔佐，最终到达维罗纳。

10 日 "意大利之源——古罗马文明展"在北京开幕。该展览为 2022 "中国意大利文化和旅游年"的重要活动之一。中国国家主席习近平同意大利总统马塔雷拉分别致贺信。

13 日 世卫组织总干事谭德塞表示，意大利报告猴痘病例总数近 300 例，且每周感染人数持续增长，成为猴痘确诊人数最多的国家之一。

13~14 日 意大利所有大区开始开放预约第四剂新冠疫苗，意大利卫生部在其最新通知里建议 60 岁以上和 12 岁及以上的体弱者接种该剂次。

14 日 意大利参议院投票通过《援助法案》，五星运动参议员集体弃权未投票。意大利总理德拉吉向总统马塔雷拉提交辞呈，被后者拒绝，并要求通过议会投票确认政府是否仍拥有多数支持。

14 日 意大利竞争和市场管理局（AGCM）决定，将就谷歌公司涉嫌滥用支配地位、限制平台之间数据互联互通开展调查。

16 日 五星运动领导人孔特表示，德拉吉须对该党之前提出的 9 项要求做出回应，"如果没有明确答案，五星运动将退出政府"。

18 日 在意大利与阿尔及利亚举行的第四次政府间峰会上意大利总理德拉吉表示，最近几个月阿尔及利亚已成为意大利第一大天然气供应国。

20 日 意大利参议院以 95 票支持、38 票反对，通过了对德拉吉政府的信任投票。联盟党、意大利力量党、五星运动议员未参加投票。

21 日 意大利总理德拉吉向总统马塔雷拉递交辞呈并被接受，马塔雷拉要求德拉吉作为看守内阁总理继续处理当前政务。在听取参众两院议长意见后，马塔雷拉签署了解散议会的法令，并表示将按计划在 70 天内举行大选。

23 日 多批共约 1200 名非法移民乘船抵达意大利兰佩杜萨岛移民接待中心。

27 日 意大利中右翼联盟举行会议，为定于 9 月提前举行的议会选举制定参选方案并讨论新总理人选。中右翼联盟三党会后在一份声明中说，如果胜选，将由赢得最多选票的政党推举总理。

8月

3日 意大利波河流域管理局观察站评估，近日降雨使波河干旱状况有所缓解。

4日 意大利政府颁布《援助法令》。根据该法令，工资的增加将通过降低员工承担的社保税费来实现，并向企业和家庭提供总额150多亿欧元的补贴，以应对俄乌冲突对意大利经济的冲击。

5日 意大利政府通过2022年第118号"有关市场与竞争的2022年度法案"。该法案是意大利落实国家复苏与韧性计划的阶段性任务之一，旨在消除竞争的监管障碍，促进市场向小企业开放并保护消费者，至2022年末其重点内容为反垄断执法、促进地方公共事业发展和市场监督等。

9日 欧洲疾控中心近日更新的猴痘疫情报告显示，意大利已升级为猴痘疫情"深红区"。意大利卫生部当日发布周报显示，意大利猴痘确诊病例增至599例，当日开始进行首批猴痘疫苗接种。

13日 意大利2022年第105号立法法令生效，旨在完成对欧盟2019年第1158号指令的转化。该立法法令在生育休假范畴进行了一系列制度创新，包括强化男性履行陪产假义务、提高育儿假津贴支付水平、扩充对子女患有严重残疾或疾病的劳动者的保护措施等，旨在实现作为父母的成年人在职业活动和家庭生活中的平衡。

16日 欧洲天然气总库存（AGSI+）称，意大利天然气储存量达到最高储量的78.19%，为151.26太瓦时（约16.2亿立方米），在欧盟内排名仅次于德国。

27~28日 由北非抵达兰佩杜萨岛的难民船只数量创下历史新高，该岛的难民接待中心几近崩溃。意大利其他难民接待中心也出现类似情况。中右翼联盟再度就难民问题争取选票。

31日 意大利国家统计局发布数据，2022年8月该国通胀率达8.4%，创1985年12月以来新高。

9月

4 日　意大利 2022 年第 123 号立法令生效，该法令是对欧盟 2019 年第 881 号条例的国内法转化，旨在加强欧盟网络安全局的作用，并确立欧盟范围内 IT 产品、服务和流程安全认证的监管框架。

6 日　意大利生态转型部发布《国家天然气节能计划》，将逐步增加来自阿尔及利亚的管道天然气供应，同时从埃及、卡塔尔、刚果等国增加液化天然气进口，并于 2023 年初投入使用第一台浮动式再汽化器，目标是至 2025 年替代约 250 亿立方米的俄罗斯天然气。此外，自 2023 年起每年新增约 8 吉瓦的可再生能源发电装机量。

●意大利生态转型部发布规定，要求全国各地将冬季室内供暖时间缩短 15 天，温度降低 1℃，日供暖时间减少 1 小时。

7 日　欧盟统计局官网报道，2022 年 7 月，在有数据可查的欧盟成员国中，意大利给予乌克兰难民临时保护身份的数量位列第二（11020 人），仅次于波兰（57290 人）。

13 日　意大利参议院就《援助法令 2.0》的修订本达成一致，援助规模约 170 亿欧元。

●意大利总理德拉吉与乌克兰总统泽连斯基进行了电话交谈。德拉吉表示，意大利政府将继续向乌克兰政府及人民提供支持。

16 日　意大利 2022 年第 130 号法律生效，对税收公正和税收程序做出新规定。该法律是意大利落实国家复苏与韧性计划的阶段性任务之一，目标是使得税收立法的适用更加有效，减少向最高上诉法院提出上诉的数量。

25 日　意大利全国议会选举开始投票。推动经济复苏、处理非法移民和难民问题、协调与欧盟关系是本次选举中选民最为关心的三大议题。

26 日　意大利内政部发布选举计票结果，焦尔吉娅·梅洛尼领导的意大利兄弟党得票率约为 26%，成为议会第一大党。意大利兄弟党所在的中右翼政党联盟得票率约为 44%，领先其他政党或政党联盟。

27日 欧盟委员会评估认为意大利已完成2022年上半年国家复苏与韧性计划中规定的所有45个目标，宣布同意向该国发放第二笔210亿欧元复苏资金。

28日 意大利生态转型部长钦戈拉尼在意大利能源峰会上宣布，意大利已提前完成原定于秋末前完成的天然气储量达90%的目标。他表示，政府将进一步努力，争取在未来几周完成92%～93%的存储量，以确保在冬季用气高峰时有更大灵活性。

10月

1日 意大利埃尼集团称，俄罗斯天然气工业股份公司已暂停向其输送天然气，理由是无法过境奥地利。

5日 俄罗斯天然气工业股份公司表示，经由奥地利向意大利的天然气供应已恢复。意大利埃尼集团表示，俄罗斯天然气工业股份公司10月1日暂停向意大利供气并非出于地缘政治因素。

6日 意大利埃尼集团首席执行官德斯卡尔奇表示，意大利天然气储备充足，但在缺少稳定的俄罗斯天然气供应的情况下，可能会出现供气紧张。

7日 意大利生态转型部长钦戈拉尼签署法令，规定了以天然气为动力的热力空调系统的新运行时间限制。

9日 意大利中医药学会首届学术年会在罗马召开。

13日 意大利参议院投票选举意大利兄弟党参议员伊尼亚齐奥·拉鲁萨为参议长。拉鲁萨曾担任国防部长。

14日 意大利众议院投票选举意大利联盟党众议员丰塔纳为众议长。丰塔纳曾担任欧洲事务部长以及家庭与残疾人事务部长。

20～23日 第二届繁花中国电影节在意大利佛罗伦萨举办。本届电影节展映的《随风飘散》《你好，李焕英》等十多部中国影片向意大利民众展现了中国的社会发展变革和崭新面貌。

21日 意大利总统府宣布，总统马塔雷拉已提名意大利兄弟党党首梅

洛尼担任政府总理，授权其组建新一届内阁。

22 日　意大利新一届政府在总统府宣誓就职，梅洛尼成为该国首位女总理。意大利总统马塔雷拉、总理梅洛尼和 24 名部长出席宣誓就职仪式。联盟党党首萨尔维尼出任副总理兼基础设施部长，意大利力量党副党首、前欧洲议会议长安东尼奥·塔亚尼出任副总理兼外交部长。

23 日　法国总统马克龙访问意大利，与意大利新任总理梅洛尼举行会谈，讨论法意关系、能源问题和乌克兰危机等议题。

25 日　意大利众议院以 235 票赞成、154 票反对、5 票弃权的表决结果通过对总理梅洛尼领导的新一届政府的信任投票。

26 日　意大利参议院以 115 票赞成、79 票反对、5 票弃权的表决结果通过对总理梅洛尼领导的新一届政府的信任投票。

28 日　意大利国家统计局公布估算数据，预计 2022 年 10 月该国通胀率将升至 11.9%，为 1984 年 3 月以来最高水平。

31 日　意大利总理府召开内阁会议出台了新政府首批政令，针对防疫措施、治安管理等进行了规定。同时，政府要求从 11 月 1 日起停止针对卫生工作人员的疫苗强制接种令，并取消相关处罚措施；不过将继续延期医院、疗养院等场所的室内口罩佩戴令。

11月

2 日　意大利央行发布针对支付机构和电子货币机构的监管规定，目标是对支付方式、流程等进行严密监管，构建完善的支付网络。

3 日　意大利总理梅洛尼上任后首访布鲁塞尔，会见了欧洲议会议长罗伯塔·梅措拉、欧盟委员会主席乌尔苏拉·冯德莱恩、欧洲理事会主席查尔斯·米歇尔和欧盟委员会经济事务委员保罗·真蒂洛尼。

5 日　意大利罗马超过 5 万人举行反战游行，呼吁俄乌冲突双方立即停火，通过和平谈判结束冲突。参与者表示西方国家不应再向乌克兰提供武器，谈判是实现和平的唯一方式。活动现场各方人士齐聚，包括罗马市市长罗伯托·瓜蒂埃里、民主党党首恩里科·莱塔、五星运动党首孔特以及诸多议员和政客。

6 日 当日难民救援船停靠意大利西西里岛卡塔尼亚港，意大利政府只放行 501 名移民，不准其余 250 人下船。组织救援的非政府组织对意方此举表示愤怒。意大利政府坚持立场，称所拒收移民不具备申请在意大利避难资格。

11 日 针对法国决定暂停接受 3500 名位于意大利境内的难民，并要求其他欧盟国家照例行事，意大利总理梅洛尼表示，法国的反应令人难以理解且毫无道理，唯一的共同解决方法是保卫欧盟外部边界、阻止偷渡现象，这需要欧盟层面的解决方案。意大利总统马塔雷拉称，欧盟需要在移民问题上做出共同抉择。

12 日 意大利基础设施和交通部发布"国家海上安全计划"，旨在打击海上蓄意非法行为，维护意大利海上治安。

13 日 莫桑比克正式开始向意大利出口在该国北部生产的液化天然气。这是非洲第一个在超深水域作业生产液化天然气的离岸项目，由埃尼集团、埃克森美孚、中石油、葡萄牙油气公司 Galp、韩国天然气公司 KOGAS 等合资成立的公司开发运营。

14 日 意大利总统马塔雷拉就接收移民问题与法国总统马克龙通电话。两国领导人一致同意两国关系"非常重要"，需要在双边领域和欧盟内部进行全面合作。

16 日 中国国家主席习近平在印度尼西亚巴厘岛会见意大利总理梅洛尼。习近平指出，中意同为文明古国，互为全面战略伙伴，拥有广泛共同利益和深厚合作基础。双方应该传承和发扬友好传统，理解和支持彼此核心利益和重大关切，求同存异，扩大共识，为不同社会制度、不同文化背景国家发展关系树立表率。梅洛尼表示，意方不赞同阵营对抗，认为各国应该尊重彼此差异和分歧，加强团结，致力于对话交流，增进相互了解。中国是世界大国，亚洲在全球分量中越来越重，意方希望同中国在联合国、二十国集团等框架下密切协作，更加有效应对当今世界面临的各种紧迫挑战。

21 日 意大利政府通过 2023 年预算案。预算案总额约 350 亿欧元，其

中超过 210 亿欧元用于支持家庭和企业应对能源价格飙升，包括发放补贴、汽油价格折扣、企业税收抵免等。

● 中国国务委员兼外长王毅同意大利副总理兼外长塔亚尼通电话。双方讨论了加强双边合作的意义与方向，还就乌克兰危机交换了意见。

22 日 意大利环境和能源安全部批准一项"紧急干预计划"，旨在保护海洋和沿海地区免受碳氢化合物和其他有毒有害物质的污染，进一步推进国家海洋保护计划。

25～27 日 第七届意大利品牌设计展（IDI）在上海举行。设计展以"再生：以设计与新科技创造可持续的美好未来"为主题，聚焦绿色环保产品，阿里斯顿、柯马、杜卡迪、玛莎拉蒂、倍耐力等意大利知名企业参展。

26 日 意大利南部伊斯基亚岛发生山体滑坡，造成数十人伤亡及失踪。

12月

1 日 意大利内阁会议通过将向乌克兰提供武器援助延长至 2023 年 12 月 31 日的新法令，并变更必须通过议会批准的第 6 条法令，自 2023 年起，意大利政府对乌克兰输送武器不再需要寻求议会批准。

6 日 意大利国家统计局公布数据，预计意大利 2022 年 GDP 将增长 3.9%。

● 意大利劳动和社会保障部发布公告，自 2023 年起对获得性别平等认证以及为促进性别间薪酬平等和妇女进入劳动市场采取措施的私营公司豁免部分应缴费用，以实现女性群体平等就业的目标。

7 日 意大利统计机构 Supermedia 的调查显示，意大利兄弟党的支持率在两周内升至 29.6%，其他政党支持率基本保持稳定。

9 日 意大利环境和能源安全部宣布将建设一条连接突尼斯的海底输电线路，该线路长度将超过 200 公里，投资额将达 8.5 亿欧元，其中欧盟将从"连接欧洲基金"（CEF）拨出 3.07 亿欧元给予资助。总理梅洛尼称，意大利将成为整个欧洲大陆新的能源中心。

11 日 意大利开放港口接收 2 艘载有 500 多名非法移民的救援船。政府相关人士表示，难民船已被允许靠岸，是因为非政府组织宣布救援船上进入紧急状态，但是意大利政府对待非法难民的态度并未改变。

14 日 欧盟委员会批准了意大利政府提交的 2023 年预算案。欧盟委员会称，该预算案符合欧盟 2022 年 7 月的建议，既限制了国家主要经常性支出的增长，还计划为绿色和数字转型以及能源安全的公共投资提供资金。

15 日 由意大利中国商会举办的"新形势下的中意关系与经贸合作"主题研讨会在米兰举行。

23 日 意大利 2022 年第 304 号《官方公报》公布 2022 年第 201 号立法法令，规定对具有重要经济价值的地方公共服务行业进行重组，帮助该行业抵抗新冠疫情的冲击。

28 日 意大利政府部长会议决定延长因俄乌冲突而启动的国家紧急状态，以应对国际形势变化对意大利造成的不良影响。

29 日 意大利政府批准政令，严格限制民间慈善组织的船只在地中海开展偷渡船救援行动，多个国际援助团体不满这一新规，称其可能导致更多非法移民丧命。根据意大利内政部数据，2022 年有超过 10.3 万名非法移民抵达意大利，比 2021 年增加 55%。

统计数据[*]

吕成达[**]

表 1　意大利国内生产总值（2016~2022 年数据）

项目	单位	2016 年	2017 年	2018 年	2019 年	2020 年
国内生产总值（现值）	百万欧元	1680523	1724954	1771566	1794935	1660621
实际增长率	%	0.9	1.6	0.8	0.3	-8.9

项目	单位	2021 年				2022 年			
		第一季度	第二季度	第三季度	第四季度	第一季度	第二季度	第三季度	第四季度
国内生产总值（未调整原始值）	百万欧元	409787	436576	443331	479536	441234	470415	468885	516487
国内生产总值（季节调整值）	百万欧元	426264	439609	451429	451993	462060	471420	473234	491285
增长率（基于前期）	%	0.3	2.7	2.6	0.6	0.1	1.1	0.5	-0.1
增长率（基于前四期）	%	-0.3	17.3	4.0	6.4	6.4	4.9	2.6	1.4

表 2　意大利公共债务、财政赤字与 GDP 的比例（1993~2022 年年度数据）

单位：%

年份	债务占比	赤字占比	年份	债务占比	赤字占比
1993	116.0	10.2	1998	117.0	3.0
1994	124.0	9.0	1999	116.0	1.9
1995	122.0	7.8	2000	110.0	0.8
1996	122.0	7.1	2001	108.0	3.1
1997	120.0	2.8	2002	105.7	2.9

---

[*] 表1~表11中，除表4"意大利进出口贸易额"和表5"中意双边贸易额"外，其余数据均来源于意大利国家统计局（https：//www.istat.it/en/）。

[**] 吕成达，经济学硕士，盘古智库研究员。

续表

年份	债务占比	赤字占比	年份	债务占比	赤字占比
2003	104.4	3.5	2013	129.0	2.8
2004	103.8	3.5	2014	131.8	3.0
2005	105.8	4.2	2015	131.6	2.6
2006	106.5	3.1	2016	131.4	2.5
2007	103.5	1.5	2017	131.2	2.4
2008	106.1	2.7	2018	132.2	2.2
2009	115.8	5.3	2019	134.6	1.6
2010	119.0	4.6	2020	155.6	9.5
2011	120.0	3.5	2021	150.4	7.2
2012	125.0	3	2022	144.4	8.0

表3 意大利消费者价格指数（2019~2022 年月度数据）

时间		消费者价格指数 （2015＝100）	时间		消费者价格指数 （2015＝100）
2019 年	1 月	102.4	2020 年	1 月	102.9
	2 月	102.5		2 月	102.8
	3 月	102.8		3 月	102.9
	4 月	103.0		4 月	103.0
	5 月	103.0		5 月	102.8
	6 月	103.1		6 月	102.9
	7 月	103.1		7 月	102.7
	8 月	103.5		8 月	103.0
	9 月	102.9		9 月	102.3
	10 月	102.8		10 月	102.5
	11 月	102.6		11 月	102.4
	12 月	102.8		12 月	102.6

续表

时间		消费者价格指数 （2015＝100）	时间		消费者价格指数 （2015＝100）
2021 年	1 月	103.3	2022 年	1 月	108.3
	2 月	103.4		2 月	109.3
	3 月	103.7		3 月	110.4
	4 月	104.1		4 月	110.3
	5 月	104.1		5 月	111.2
	6 月	104.2		6 月	112.5
	7 月	104.7		7 月	113.0
	8 月	105.1		8 月	113.9
	9 月	104.9		9 月	114.2
	10 月	105.6		10 月	118.1
	11 月	106.2		11 月	118.7
	12 月	106.6		12 月	119.0

表 4　意大利进出口贸易额（2015～2022 年年度数据）

单位：亿美元

年份	贸易总额	出口额	进口额	贸易平衡
2015	8682.69	4571.80	4110.89	460.91
2016	8686.01	4617.77	4068.24	549.54
2017	9608.72	5075.91	4532.81	543.10
2018	10474.18	5466.32	5007.86	458.46
2019	10061.90	5326.71	4735.20	591.51
2020	9173.53	4947.82	4225.71	722.11
2021	11654.38	6084.10	5570.28	513.82
2022	13491.38	6578.96	6912.42	−333.46

数据来源：2015～2019 年数据来自中华人民共和国商务部网站，https：//countryreport.
mofcom.gov.cn/；2020～2022 年数据来自 OECD 网站，https：//data.oecd.org/，并将原数据换算为
以“亿美元”为单位。

表5 中意双边贸易额（2008~2022年年度数据）

单位：亿美元

年份	中国对意大利 出口额	中国自意大利 进口额	进出口总额
2008	345.79	94.51	440.30
2009	267.78	92.49	360.27
2010	378.27	113.84	492.11
2011	408.34	138.85	547.19
2012	316.04	115.35	431.39
2013	306.96	130.35	437.31
2014	332.15	138.93	471.08
2015	312.61	115.20	427.81
2016	301.57	122.19	423.76
2017	320.93	152.98	473.91
2018	363.27	155.40	518.67
2019	354.59	145.45	500.04
2020	329.38	222.48	551.85
2021	436.30	303.23	739.53
2022	509.08	269.76	778.84

数据来源：中华人民共和国商务部网站，https：//countryreport. mofcom. gov. cn/。

表6 意大利单位劳动成本（经过季节调整的2015~2022年季度数据，2015=100）

时间		工业和服务业	工业	除建筑业外的工业	服务业
2015 年	第一季度	100.5	100.3	100.2	100.6
	第二季度	99.9	99.8	99.8	100.0
	第三季度	99.7	99.6	99.6	99.9
	第四季度	99.5	99.7	99.8	99.5
2016 年	第一季度	99.2	99.0	99.1	99.3
	第二季度	99.5	99.1	99.3	99.7
	第三季度	99.4	99.0	99.2	99.8
	第四季度	100.0	100.2	100.2	99.9
2017 年	第一季度	100.1	100.1	100.2	100.2
	第二季度	99.6	99.9	99.8	99.3
	第三季度	100.2	100.7	100.7	100.1
	第四季度	100.5	101.0	101.0	100.2

续表

时间		工业和服务业	工业	除建筑业外的工业	服务业
2018 年	第一季度	100.1	100.3	100.3	100.3
	第二季度	101.3	101.6	101.6	101.4
	第三季度	102.0	102.5	102.3	101.9
	第四季度	102.2	102.5	102.2	102.0
2019 年	第一季度	103.7	104.0	103.8	103.8
	第二季度	103.7	104.0	103.9	103.6
	第三季度	103.7	103.9	103.7	103.6
	第四季度	103.5	103.9	103.8	103.3
2020 年	第一季度	104.1	103.9	103.8	104.5
	第二季度	109.6	106.7	106.0	111.9
	第三季度	104.0	103.8	103.5	104.4
	第四季度	103.4	102.5	102.9	104.0
2021 年	第一季度	104.5	103.8	104.0	105.1
	第二季度	104.7	104.2	104.5	105.3
	第三季度	104.7	104.8	105.4	104.9
	第四季度	104.1	104.3	105.4	104.0
2022 年	第一季度	104.1	104.7	105.5	103.8
	第二季度	105.0	105.7	106.5	104.6
	第三季度	104.8	105.3	106.0	104.8
	第四季度	105.5	106.0	107.1	105.2

表7　意大利单位劳动力收入（经过季节调整的 2016~2022 年季度数据，2015＝100）

时间		工业和服务业	工业	除建筑业外的工业	服务业
2016 年	第一季度	100.1	99.8	99.8	100.2
	第二季度	100.3	99.9	100.0	100.5
	第三季度	100.2	99.8	99.9	100.5
	第四季度	100.6	100.8	100.8	100.5
2017 年	第一季度	100.7	100.7	100.7	100.8
	第二季度	100.2	100.6	100.5	99.9
	第三季度	100.8	101.4	101.4	100.6
	第四季度	100.9	101.5	101.5	100.6

续表

时间		工业和服务业	工业	除建筑业外的工业	服务业
2018 年	第一季度	100.4	100.8	100.8	100.3
	第二季度	101.4	101.9	101.9	101.2
	第三季度	101.8	102.5	102.4	101.5
	第四季度	101.8	102.3	102.1	101.5
2019 年	第一季度	103.0	103.6	103.5	102.8
	第二季度	103.0	103.5	103.5	102.7
	第三季度	103.1	103.4	103.4	102.8
	第四季度	102.9	103.5	103.5	102.6
2020 年	第一季度	103.3	103.4	103.4	103.4
	第二季度	109.1	106.7	106.0	111.1
	第三季度	103.3	103.3	103.2	103.4
	第四季度	103.8	103.2	103.5	104.2
2021 年	第一季度	104.5	104.1	104.5	104.8
	第二季度	104.8	104.5	105.0	105.1
	第三季度	104.8	105.1	105.9	104.8
	第四季度	104.4	104.7	105.9	104.1
2022 年	第一季度	104.3	104.9	106.0	103.8
	第二季度	105.1	105.9	107.0	104.6
	第三季度	105.0	105.6	106.5	104.8
	第四季度	105.6	106.2	107.4	105.3

表 8　意大利及其各区域失业人口（2016~2022 年年度数据）

单位：千人

年份	意大利全国	北部	西北地区	东北地区	中部	南部
2016	3012	969	603	365	568	1476
2017	2907	892	551	340	547	1469
2018	2755	847	519	328	517	1391
2019	2582	790	487	303	473	1319
2020	2310	740	435	305	427	1143
2021	2367	749	467	282	449	1169
时间	意大利全国		北部	中部		南部
2022 年 第一季度	2124		691	373		1060
第二季度	2033		650	380		1002
第三季度	1981		632	373		976

251

续表

年份		意大利全国	北部	中部	南部
2022 年	第四季度	1971	608	358	1006

注：为提高意大利和欧盟层面数据的一致性，自 2021 年起，意大利劳动力调查（Labour Force Survey）的口径根据欧盟 2019 年新条例（Regulation 2019/1700）做出调整，相关变化涉及表 8 和表 9 中有关意大利 2021 年和 2022 年失业人口和失业率数据。

表 9　意大利及其各区域失业率（2016~2022 年数据）

单位：%

年份	意大利全国	北部	西北地区	东北地区	中部	南部
2016	11.7	7.6	8.1	6.8	10.4	19.6
2017	11.2	6.9	7.4	6.3	10.0	19.4
2018	10.6	6.6	7.0	6.0	9.4	18.4
2019	10.0	6.1	6.5	5.5	8.7	17.6
2020	9.2	5.8	6.0	5.6	8.0	15.9
2021	9.5	6.0	6.5	5.3	8.6	16.4
时间		意大利全国		北部	中部	南部
2022 年	第一季度	8.5		5.5	7.1	14.9
	第二季度	8.1		5.1	7.2	14.1
	第三季度	7.9		5.0	7.0	13.8
	第四季度	7.8		4.8	6.8	14.0

表 10　意大利各年龄段失业率（经过季节调整的 2016~2022 年季度数据）

单位：%

时间		15~24 岁	25~34 岁	35~49 岁	50~64 岁	15 岁以上
2016	第一季度	38.5	17.4	9.3	6.3	11.6
	第二季度	37.1	17.2	9.6	6.4	11.6
	第三季度	36.9	18.2	9.5	6.2	11.7
	第四季度	38.2	17.9	9.6	6.4	11.8
2017	第一季度	36.2	17.3	9.4	6.7	11.5
	第二季度	35.6	17.0	9.2	6.4	11.2
	第三季度	34.7	17.1	9.3	6.7	11.3
	第四季度	33.1	16.8	9.2	6.4	11.0
2018	第一季度	32.8	16.3	9.2	6.5	10.9
	第二季度	32.6	15.8	9.0	6.7	10.8
	第三季度	31.9	15.6	8.5	6.2	10.3
	第四季度	32.3	15.9	8.7	6.4	10.5

续表

时间		15~24 岁	25~34 岁	35~49 岁	50~64 岁	15 岁以上
2019	第一季度	31.2	15.3	8.7	6.3	10.3
	第二季度	29.1	15.1	8.5	5.9	9.9
	第三季度	28.3	14.5	8.7	5.8	9.8
	第四季度	28.4	14.3	8.5	6.0	9.7
2020	第一季度	28.4	13.4	7.9	5.7	9.2
	第二季度	28.0	12.8	7.4	4.9	8.4
	第三季度	30.7	15.5	8.2	5.8	9.8
	第四季度	29.9	14.4	7.6	5.5	9.2
2021	第一季度	32.5	15.6	8.4	6.2	10.1
	第二季度	30.4	14.5	8.0	6.2	9.8
	第三季度	28.0	13.2	7.6	6.0	9.1
	第四季度	27.3	13.2	7.7	5.8	9.1
2022	第一季度	25.0	12.2	7.2	5.5	8.5
	第二季度	23.4	11.3	7.1	5.2	8.1
	第三季度	23.5	11.2	6.9	5.1	7.9
	第四季度	23.0	11.2	6.6	5.2	7.8

表 11　意大利人口（2016~2022 年年度数据）

单位：人

时间	男	女	总人口
2016 年 1 月 1 日	29456321	31209230	60665551
2017 年 1 月 1 日	29445741	31143704	60589445
2018 年 1 月 1 日	29427607	31056366	60483973
2019 年 1 月 1 日	29384766	30974780	60359546
2020 年 1 月 1 日	29050096	30591392	59641488
2021 年 1 月 1 日	28866226	30369987	59236213
2022 年 1 月 1 日	28818956	30211177	59030133

后　记

2022 年，俄乌冲突成为影响意大利内政外交走向的最重要"变量"。俄乌冲突在欧洲引发的能源危机和高通胀令意大利面临新困境，也加速了意大利或积极或被动地推进一系列变革的进程，在探索中求"新"求"变"成为贯穿 2022 年的主题。在政治上，一场政治危机过后，由极右翼政党主导的右翼政府上台，并且产生了意大利共和国历史上第一位女总理。在经济上，虽然深受高通胀困扰，但是得益于国家复苏与韧性计划的落实，意大利的经济增长表现令人"刮目相看"。在能源上，意大利"多管齐下"加速摆脱对俄罗斯的能源依赖，同时加快推进能源结构转型和经济社会的绿色转型。在外交上，梅洛尼政府上台后转向务实，大体上延续了德拉吉政府时期的主基调，与此同时，能源外交成为重头戏。

本年度"意大利蓝皮书"即《意大利发展报告（2022～2023）》的主题为"俄乌冲突下艰难求'变'的意大利"，其中总报告以"俄乌冲突下艰难求'变'的意大利"为题勾勒出了 2022 年度意大利的发展概貌，对意大利国内各领域及中意关系发展做出了梳理、总结与展望。在分报告和专题篇，本年度蓝皮书对 2022 年意大利政治形势、经济形势、社会形势和外交关系的进展进行了分析，还特别关注了 2022 年意大利大选、近年来意大利数字经济发展与数字战略、意大利智慧城市的发展模式与经验、俄乌冲突下意大利应对能源危机的主要举措、意大利科研质量评价体系的发展与特点、意大利劳动者生育休假法律制度的演进与新发展等重要问题。

本书的"中国与意大利"篇聚焦 2022"中国意大利文化和旅游年"和中意冬奥会合作。总体而言，尽管面临疫情及国际形势变化带来的诸多困难，中意两国政界保持积极沟通，社会各界努力推进多领域交往，务实合作仍为两国关系的主流，而"中国意大利文化和旅游年"的成功举办是一大亮点。

2019 年"意大利蓝皮书"得以立项，如今第四本年度报告即将付梓，要特别感谢中国社会科学院前院长、党组书记谢伏瞻研究员的关心以及欧洲研究所和国际合作局的大力支持。在此，一并向中国社会科学院、欧洲研究所与国际合作局领导以及给予本书支持的同事致以诚挚的谢意。值得一提的是，自 2022 年以来，"意大利蓝皮书"成功入选中国社会科学院创新工程学术出版资助项目名单，体现出中国社会科学院领导及科研管理部门对意大利研究工作的高度重视以及对本皮书研创团队工作的充分肯定，对此我们深感荣幸，也备受鼓舞。

我们还要感谢"意大利蓝皮书"顾问罗红波研究员和沈雁南研究员多年来给予的精心指导和无私帮助。"意大利蓝皮书"的工作启动后受到国内意大利研究界和意大利学术界的高度重视。本年度蓝皮书延续中意合作研创的方式，除中国作者外，还邀请了多位意大利知名专家撰稿。希望"意大利蓝皮书"这一成果展示平台能够为培养中国意大利研究的人才队伍做出积极贡献，也希望借此探索中意两国社会科学交流与合作的新模式，未来我们会为此继续努力。

最后，还要感谢社会科学文献出版社当代世界出版分社祝得彬分社长的大力支持，特别要感谢责任编辑王晓卿女士的出色工作。

孙彦红

2023 年 5 月于北京

Abstract

In 2022, the Russia-Ukraine conflict became the most important "variable" that affected the direction of Italy's internal and foreign affairs. The energy crisis and high inflation caused by the Russia-Ukraine conflict in Europe have made Italy face new difficulties, and also accelerated the progress of its promoting a series of changes actively or passively. Seeking "novelty" and "changes" through exploration have become the theme throughout this year. In politics, after another political crisis, the right-wing government led by the far-right parties came into power and the first female prime minister in the history of the Republic of Italy took office, showing the urgent hope of the Italian people to seek "novelty" and "changes". In terms of economy, although troubled by high inflation, thanks to the implementation of the National Recovery and Resilience Plan, Italy's economic growth performance was "impressive" and seemed to be getting rid of the downturn that has lasted for decades. In the field of energy, Italy has accelerated its efforts to get rid of its dependence on Russian energy through "multi-pronged approach". While saving energy consumption and seeking alternative sources of energy imports, Italy also accelerated to develop the renewable energies and promote the transition of energy structure and the green transition of the economy and society, which was also an important dimension of the country's "changes" in 2022. In foreign affairs, the right-wing Meloni government turned to be pragmatic after taking office. It largely continued the main tone of Draghi government towards the EU and has not changed the basic stance towards the Russia-Ukraine conflict either. At the same time, energy diplomacy has taken central stage. The General Report in the *Annual Development Report of Italy* (*2022-2023*) takes the "Italy Struggling to 'Change' under the

Russia-Ukraine Conflict" as its subject, aiming at outlining the development of Italy in 2022 from the perspectives of politics, economy, society, foreign relations, China-Italy relations, and so on.

Regarding the situationof Italy in 2022, the *Annual Development Report of Italy* (*2022-2023*) makes a comprehensive review and analysis from four aspects: politics, economy, society and foreign relations. Domestically, Both Draghi government and Meloni government took the responding to the energy crisis, high inflation and the economic and social impacts as their primary tasks. The economic growth performance was relatively outstanding, and the social order has generally remained stable. In terms of foreign affairs, Italy has responded to the Russia-Ukraine conflict under the trans-Atlantic and NATO framework, and actively carried out energy diplomacy to ensure its own energy security.

The Special Reports focus on Italy's general elections in 2022 and its results, Italy's digital economy development and digital strategy in recent years, the development patterns and experiences of smart cities in Italy, Italy's main initiatives to deal with energy crisis under the Russia-Ukraine conflict, the development and characteristics of Italy's Scientific Research Quality Evaluation System, and the evolution and new Development of Italy's legal regime of maternity leave for workers. These issues are either related to the major changes currently taking place in Italy, or closely related to the prospects of Italy and China-Italy relations in the future. The combing and analysis can help us better understand the current situation of various fields in Italy.

In 2022, the pandemic has not yet disappeared, and normal personnel exchanges between China and Italy have not yet fully resumed. In the context of the Russia-Ukraine conflict, the tension between China and the US has further intensified, and China-EU relations have become more complex and uncertain. The overall tightening of the Italian government's attitude towards cooperation with China continues. Nevertheless, the political leaders of the two countries have maintained active communications, the economic and social sectors have made efforts to promote exchanges in various fields. In general, pragmatic cooperation remains the mainstream of bilateral relations, and the successful holding of the "China-Italy Year of Culture and Tourism" was a highlight. In the "*China and*

Italy" Section in the *Annual Development Report of Italy* (*2022-2023*), two reports are presented, the themes of which are respectively related to the 2022 "China-Italy Year of Culture and Tourism" and the China-Italy Winter Olympics cooperation. These two reports aim to deepen the understanding of the current situation of China-Italy relations.

On the whole, the *Annual Development Report of Italy* (*2022-2023*) reflects Italy's overall situation, major events and progress in important areas in 2022 and tries to make an in-depth analysis of the new development of China-Italy relations and cooperation.

Finally, the *Annual Development Report of Italy* (*2022-2023*) continues to adopt the China-Italy cooperation approach. In addition to Chinese scholars, several Italian experts from well-known Italian think tanks and universities are invited to contribute three reports to this book. It is hoped that this form of cooperation will help the readers understand more comprehensively and more objectively the situation of Italy and the development of China-Italy relations.

Keywords: Russia-Ukraine Conflict; Meloni Government; High Inflation; Foreign Policy; China-Italy Relations

Contents

I   General Report

B.1   Italy Struggling to "Change" under the Russia-Ukraine

Conflict   *Sun Yanhong* / 001

Abstract: In 2022, the Russia-Ukraine conflict became the most important "variable" that affected the direction of Italy's internal and foreign affairs. The energy crisis and high inflation caused by the Russia-Ukraine conflict in Europe have made Italy face new difficulties, and also accelerated the pace of its promoting a series of changes actively or passively. Seeking "novelty" and "changes" through exploration have become the theme throughout this year. In politics, after another political crisis, the right-wing government led by the far-right parties came into power and the first female prime minister in the history of the Republic of Italy took office, showing the urgent hope of the people to seek "novelty" and "changes". In terms of economy, although troubled by high inflation, thanks to the implementation of the National Recovery and Resilience Plan, Italy's economic growth performance was "impressive" and seemed to be getting rid of the downturn that has lasted for decades. In the field of energy, Italy has accelerated its efforts to get rid of its dependence on Russian energy through "multi-pronged approach". While saving energy consumption and seeking alternative sources of energy imports, Italy also accelerated to develop the renewable energies and promote the transition of energy structure and the green

transition of the economy and society, which was also an important dimension of the country's "changes" in 2022. In foreign affairs, the right-wing Meloni government turned to be pragmatic after taking office. It largely continued the main tone of Draghi government towards the EU and has not changed the basic stance towards the Russia-Ukraine conflict either. At the same time, energy diplomacy has taken central stage. In general, although the development of China-Italy relations has encountered difficulties, practical cooperation remained the mainstream of the bilateral relations, and the successful holding of the "China-Italy Year of Culture and Tourism" was a highlight.

Keywords: Russia-Ukraine Conflict; Meloni Government; High Inflation; Energy Crisis; China-Italy Relations

II Situation Reports

B.2 Italian Politics: The National Unity Government Collapsed, the Right-wing Government Took Office   *Shi Dou* / 024

Abstract: In 2022, three elections influenced the course of the Italian political situation. Mattarella was re-elected in the presidential elections earlier in the year, which ensured the stability of the Draghi government in the short term. However, the poor electoral performance of Five Star Movement in local elections in June aggravated the crisis within this party and foreshadowed the crisis of the government. Shortly thereafter, the Five Star Movement's dissatisfaction with the government's *Decree on Economic Aid* triggered government crisis and led to the collapse of Draghi government on 20 July. In the snap general elections held on 25 September, the centre-right coalition won with a large margin, with the party Brothers of Italy becoming the largest party in Parliament and Giorgia Meloni becoming the first female Prime Minister in the history of the Italian Republic, running the most right-wing government in post-war Italy. After the elections, Italy's political system shows an unbalanced *tripolarism*, with Meloni becoming the new leader of the centre-right coalition, the Democratic Party of the centre-left coalition entering the period of reconstruction, and the Five Star Movement making clearer about its "progressive" position. The election results show that Italy's main political forces are still rapidly dividing and reconstructing, and the party landscape is characterized by a high degree of fragmentation and instability. There is still much uncertainty as to whether the Italian political system will return to the *bipolarism*.

Keywords: Government Crisis; General Elections 2022; The Brothers of Italy; Meloni Government; Bipolarism

B . 3　Italian Economy: Has Italy Finally Moved Out of the Doldrum?
Lorenzo Codogno / 044

Abstract: Following a sharp rebound in 2021, Italy's economy expanded briskly in 2022. However, the Russia-Ukraine conflict and its terms-of-trade consequences increasingly affected activities during the year, grounding the economy to a halt in 4Q22. The short-term outlook is nevertheless encouraging as the energy counter-shock will reduce inflation and support economic growth. Moreover, the massive EU-financed public investment programme will add about one percentage point per annum to economic growth over the next three years. However, the longer-term health of the economy and the sustainability of public debt rely upon the launch of bold and far-reaching reforms.

Keywords: Italy; Economic Growth; Energy Crisis; Aggregate Productivity; Fiscal Policy

B . 4   Italian Society: Livelihood Protection with Various Measures and Refugees Reception through Official-Civil Cooperation   *Zang Yu, Qin Ke / 062*

Abstract: In 2022, the Ukraine crisis broke out, which subsequently set off a series of chain reactions such as the energy crisis in Europe and Italy. Rising prices of bulk commodities such as energy have led to soaring inflation, and the cost of living of the Italian people has also increased significantly. The risk of falling into poverty or returning to poverty has increased for middle-low-income groups, and social assistance was urgently needed. In addition, the influx of more than 100 thousand Ukrainian refugees has also brought enormous challenges to Italian society, and refugee resettlement has become a complicated problem that the Italian government had to face. In this context, the Italian government has adopted several assistance measures to alleviate the problems of people's livelihood. By reducing tax rates and fees, and providing various bonuses, the government has provided the basic safeguard for people in need and helped certain social groups, so the society has been able to maintain stability. In terms of refugee resettlement, relying on the existing reception system, the government has integrated various social resources, overcome difficulties, and properly resettled a large number of Ukrainian refugees.

Keywords: Italy; Energy Crisis; Inflation; Social Assistance; Ukrainian Refugees

B . 5   Italian Foreign Policy: The Continuity and Changes from Draghi to Meloni   *Zhong Zhun, Gao Puyueyang / 080*

Abstract: The year 2022 saw another change of government in Italy. The grand coalition government led by Draghi stepped down after a government crisis and the right-wing government with Giorgia Meloni, leader of the Brothers of

Italy, as Prime Minister has taken into power since October 2022. From Draghi to Meloni, Italy's foreign policy has remained stable in general. Under Draghi government, Italy worked closely with the EU, France and Germany. Meloni continued this trend while bargaining further with the EU on issues such as the use of the NextGenerationEU fund. In the Russia-Ukraine conflict, Draghi government stood firmly with the West in sanctioning Russia and aiding Ukraine, and Meloni promised to continue that line. But both governments needed to overcome the energy crisis caused by the conflict. Draghi clearly favoured the US between China and the US, and Meloni's right-wing government would maintain that position while still engaging in pragmatic cooperation with China. The issue of immigrants and refugees is a central concern of the right-wing parties. In connection with this, Meloni government may make adjustments in its policies in the Mediterranean area.

Keywords: Italian Foreign Policy; The EU; Draghi; Meloni; Russia-Ukraine Conflict

Ⅲ   Special Reports

B.6   Elections 2022: Italy and the New Right-Centre

Government Led by Prime Minister Giorgia Meloni

Gian Maria Fara / 095

Abstract: The article presents an organic picture of the profoundly new elements that emerged in the Italian political system following the results of the general elections held on 25 September 2022; this with reference to the success of the right-centre coalition, to the establishment of the new government led for the first time by a female prime minister, Giorgia Meloni, to the impact that such a result can also have on the political balance of the European Union system. In order to help the readers better understand the extent of these changes, the article synthetically recalls the previous political experiences made by Italy in the last thirty

years with the succession of governments led by centre-left and centre-right coalitions and of governments led by so-called "technical" premiers that are not elected members of the national parliament. This reconstruction is complemented by the analysis of the limits demonstrated by the centre-left forces in the 2022 general elections which favored the success of the right-centre coalition. Particularly useful for the purposes of an adequate understanding of the "Giorgia Meloni" phenomenon, is the illustration of the specific path taken by the party she leads, the Brothers of Italy, from opposition-force to government-force and the principles that inspire its action. Principles which, following the success of her leader, pose the problem of finding a balance between the "tradition" that Gorgia Meloni intends to recover and the "novelty" that she intends to affirm for the entire Italian political system.

Keywords: Giorgia Meloni; The Brothers of Italy; Italian Political System; General Elections 2022

B.7 A View of the Development of Italian Digital Economy and Digital Strategy in Recent Years

Barbara Caputo, Massimiliano Cipolletta, Marco Gay / 105

Abstract: In recent years, the development of the digital economy has attracted wide attention from the Italian government and business circle and is also the key support direction of the Italian National Recovery and Resilience Plan currently being implemented. The article aims to provide a whole picture of the Italian digital market, deepening the enabling technological elements, the policies implemented at the central level to overcome the post-pandemic crisis through the National Recovery and Resilience Plan, and concluding with an analysis of the ICT sector in the Piedmont Region, characterized by an industrial fabric that looks to innovation and the future, in the digital and space economy sectors.

Keywords: Italy; Digital Economy; National Recovery and Resilience Plan; Space Economy

B.8 An Analysis of the Development Patterns and Experiences of Smart Cities in Italy *Qu Mingzhu* / 124

Abstract: Italy is among the European countries with the largest number of smart cities, and has formed various development patterns of smart cities with different characteristics. This article aims to sort out and analyze the development process, top-level design, the participation models of all involved parties of the smart cities in Italy. First of all, the article reviews the researches on smart cities in Italy over the past decade, in which six indicators with prevalent influence are selected. They are smart economy, smart mobility, smart environment, smart people, smart living and smart governance. Based on this review, the article analyzes the development patterns and experiences of the smart cities including Milan, Rome and Florence. Finally, the article summarizes the roles of Italian central and local governments in the development of smart cities, with a view to providing useful references for the practice of developing smart cities in China.

Keywords: Italy; Smart City; Development Pattern; Sustainable Development

B.9 An Analysis of Italy's Main Initiatives to Deal with Energy Crisis under the Russia-Ukraine Conflict *Sun Shuo* / 140

Abstract: The Russia-Ukraine conflict, which broke out in February 2022, has generated a complex and profound impact on global energy sector, and has also made a serious impact on Italy, a major energy importing country. To mitigate the negative effects of the energy crisis, the Italian government has adopted a series of measures, such as diversifying the sources of energy imports, reducing taxes and subsidies, and promoting the development of renewable energies, aiming to alleviate energy supply constraints, curb energy price spikes, maintain economic and social stability, and accelerate energy transition. Based on the current situation and future trends of Italy's electricity and gas sectors, this

paper focuses on the problems and challenges brought by the Russian-Ukraine conflict in Italian energy sector, and analyzes the main initiatives taken by the Italian government and enterprises to cope with energy crisis and their effectiveness.

Keywords: Russia-Ukraine Conflict; Italy; Energy Crisis; Energy Transition

B.10 An Analysis on the Scientific Research Quality Evaluation System of Italy: Development, Impact and Characteristics *Xing Jianjun* / 158

Abstract: Italy has carried out four government-led scientific research quality evaluations in recent years. Italy's scientific research system has its particularity, especially can maintain high level of scientific research output and quality with relatively low public input. The key role of the scientific research quality evaluation system cannot be ignored. Specifically, Italy has established a relatively complete scientific research quality evaluation system, which has been constantly improved and innovated. The system has played a positive role in promoting the development of Italian science and technology, encouraging innovation, mobilizing the enthusiasm of scientific researchers and better management of scientific and technological budget. Its specific practices and experience are worth attention and reference. This article combs and summarizes the background of formation, evaluation methods, and application of evaluation results of the Italian scientific research quality evaluation system, focusing on a more detailed analysis of the characteristics of the evaluation system, the evaluation of "the third mission" of universities and research institutions, and the adoption of differentiated evaluation methods according to the features of different disciplines.

Keywords: Italy; Scientific Research Quality Evaluation; Public R&D Input; Innovation; The Third Mission

B. 11   The Evolution and New Development of the Italian

Legal Regime of Maternity Leave for Workers   *Xu Jianbo* / 179

Abstract: Italy has always attached importance to the protection of maternity rights and interests, and its legal system of maternity leave for workers is relatively mature and typical. The Italian maternity leave system has gone through four stages of development: initial development, gradual expansion, experimental innovation, and steady progress, including the principle of prohibition of discrimination, safety and health protection, rest, leave and economic treatment, etc. It has become an outstanding system of protection of rights and interests in terms of protection targets, content, and level of protection. The Legislative Decree No. 105 was enacted in 2022 in response to the EU Directive, and introduced a series of institutional innovations in the area of maternity leave, including strengthening the obligation of men to take paternity leave, increasing the level of parental leave benefits, extending the scope of maternity leave protection for autonomous workers, and expanding the protection measures for workers with severely disabled children, with the aim of helping workers to better balance family and work. Overall, Legislative Decree No. 105 is an improvement to the existing system of maternity leave protection in Italy and marks a higher level of maternity protection in the country.

Keywords: Italy; Maternity Leave; Female Workers; Allowances

IV   China and Italy

B. 12   Review and Analysis of 2022 "China-Italy Year of

Culture and Tourism"   *Wen Zheng, Zhao Chuye* / 194

Abstract: The co-hosting of the China-Italy Year of Culture and Tourism is an important consensus reached between Chinese President Xi Jinping and Italian President Mattarella during Xi's visit to Italy in 2019. Initially opened in January 2020, the event was then postponed for two years by the governments of the two

countries due to the COVID-19 pandemic. It represents the consequent result of the development of the strategic partnership and cultural exchanges between two great countries that can withstand challenges posed by the globally rampant pandemic and the rapid changes going on in the world. Based on the Sino-Italian cultural cooperation mechanism, the Year of Culture and Tourism aims to explore new values of the traditional culture, seek common ground while reserving differences and strengthen people-to-people bond, in this way the two countries can set an example of intercultural communication to people from all over the world. In addition, it is also worth mentioning that the China-Italy Year of Culture and Tourism proposes to confront global challenges in a wise and civilized way.

Keywords: China; Italy; Year of Culture and Tourism; Sino-Italian Cultural Cooperation Mechanism

B.13   Achievements and Prospects of China-Italy Winter

Olympics Cooperation   *Yang Lin*, *Marco Bonaglia* / 207

Abstract: In 2022 Beijing successfully hosted the Winter Olympics, and the 2026 Winter Olympics will be hosted by Milan and Cortina d'Ampezzo. With the joint support of the Chinese and Italian governments, the two countries collaborated closely in the fields related to the Winter Olympics. This article focuses in synthesis on the cooperation and achievements of China and Italy in the fields of politics, sports, economy and trade, and academics around the Winter Olympics. With respect to the political aspect, the leaders of China and Italy attach great importance to the cooperation between the two countries in the Winter Olympics and actively lead it. As to the sports aspect, the 2008 Beijing Summer Olympics learned from the experience of the 2006 Turin Winter Olympics, while the Italian 2026 Winter Olympics actively learned from the experience of the 2022 Beijing Winter Olympics. Regarding economic cooperation, Italy was the guest country of honor of the World Winter Sports

(Beijing) Expo 2021, and the Beijing Winter Olympics created business opportunities for Italian winter sports companies with advantages. In regard to the academic field, the Polytechnic University of Turin participated in the design of the venues of the Beijing Winter Olympics and, at the same time, Chinese and Italian universities and think tanks also organized several conferences on the theme of the Winter Olympics. It is foreseeable that the 2026 Milan-Cortina d'Ampezzo Winter Olympics will once again create new opportunities for China and Italy to strengthen cooperation in various fields.

Keywords: China; Italy; Winter Olympics; World Winter Sports Expo; Ice-snow Industries

V Information and Statistics

Big Events of the Year (Jan. 1-Dec. 31 2022)

Wang Yiwen, Luo Yifa / 224

Statistics　　　　　　　　　　　　　　　　　　　*Lyu Chengda / 246*

Postscript　　　　　　　　　　　　　　　　　　*Sun Yanhong / 254*

皮 书

智库成果出版与传播平台

❦ 皮书定义 ❦

皮书是对中国与世界发展状况和热点问题进行年度监测，以专业的角度、专家的视野和实证研究方法，针对某一领域或区域现状与发展态势展开分析和预测，具备前沿性、原创性、实证性、连续性、时效性等特点的公开出版物，由一系列权威研究报告组成。

❦ 皮书作者 ❦

皮书系列报告作者以国内外一流研究机构、知名高校等重点智库的研究人员为主，多为相关领域一流专家学者，他们的观点代表了当下学界对中国与世界的现实和未来最高水平的解读与分析。截至2022年底，皮书研创机构逾千家，报告作者累计超过10万人。

❦ 皮书荣誉 ❦

皮书作为中国社会科学院基础理论研究与应用对策研究融合发展的代表性成果，不仅是哲学社会科学工作者服务中国特色社会主义现代化建设的重要成果，更是助力中国特色新型智库建设、构建中国特色哲学社会科学"三大体系"的重要平台。皮书系列先后被列入"十二五""十三五""十四五"时期国家重点出版物出版专项规划项目；2013~2023年，重点皮书列入中国社会科学院国家哲学社会科学创新工程项目。

皮书网

（网址：www.pishu.cn）

发布皮书研创资讯，传播皮书精彩内容
引领皮书出版潮流，打造皮书服务平台

栏目设置

◆ **关于皮书**
何谓皮书、皮书分类、皮书大事记、
皮书荣誉、皮书出版第一人、皮书编辑部

◆ **最新资讯**
通知公告、新闻动态、媒体聚焦、
网站专题、视频直播、下载专区

◆ **皮书研创**
皮书规范、皮书选题、皮书出版、
皮书研究、研创团队

◆ **皮书评奖评价**
指标体系、皮书评价、皮书评奖

◆ **皮书研究院理事会**
理事会章程、理事单位、个人理事、高级
研究员、理事会秘书处、入会指南

所获荣誉

◆ 2008 年、2011 年、2014 年，皮书网均
在全国新闻出版业网站荣誉评选中获得
"最具商业价值网站"称号；
◆ 2012 年，获得"出版业网站百强"称号。

网库合一

2014年，皮书网与皮书数据库端口合
一，实现资源共享，搭建智库成果融合创
新平台。

皮书网

"皮书说"
微信公众号

皮书微博

权威报告·连续出版·独家资源

皮书数据库
ANNUAL REPORT(YEARBOOK)
DATABASE

分析解读当下中国发展变迁的高端智库平台

所获荣誉

- 2020年，入选全国新闻出版深度融合发展创新案例
- 2019年，入选国家新闻出版署数字出版精品遴选推荐计划
- 2016年，入选"十三五"国家重点电子出版物出版规划骨干工程
- 2013年，荣获"中国出版政府奖·网络出版物奖"提名奖
- 连续多年荣获中国数字出版博览会"数字出版·优秀品牌"奖

皮书数据库

"社科数托邦"
微信公众号

成为用户

　　登录网址www.pishu.com.cn访问皮书数据库网站或下载皮书数据库APP，通过手机号码验证或邮箱验证即可成为皮书数据库用户。

用户福利

- 已注册用户购书后可免费获赠100元皮书数据库充值卡。刮开充值卡涂层获取充值密码，登录并进入"会员中心"—"在线充值"—"充值卡充值"，充值成功即可购买和查看数据库内容。
- 用户福利最终解释权归社会科学文献出版社所有。

社会科学文献出版社 皮书系列
SOCIAL SCIENCES ACADEMIC PRESS (CHINA)
卡号：412692768128
密码：

数据库服务热线：400-008-6695
数据库服务QQ：2475522410
数据库服务邮箱：database@ssap.cn
图书销售热线：010-59367070/7028
图书服务QQ：1265056568
图书服务邮箱：duzhe@ssap.cn

S 基本子库
SUB DATABASE

中国社会发展数据库（下设 12 个专题子库）

紧扣人口、政治、外交、法律、教育、医疗卫生、资源环境等 12 个社会发展领域的前沿和热点，全面整合专业著作、智库报告、学术资讯、调研数据等类型资源，帮助用户追踪中国社会发展动态、研究社会发展战略与政策、了解社会热点问题、分析社会发展趋势。

中国经济发展数据库（下设 12 专题子库）

内容涵盖宏观经济、产业经济、工业经济、农业经济、财政金融、房地产经济、城市经济、商业贸易等 12 个重点经济领域，为把握经济运行态势、洞察经济发展规律、研判经济发展趋势、进行经济调控决策提供参考和依据。

中国行业发展数据库（下设 17 个专题子库）

以中国国民经济行业分类为依据，覆盖金融业、旅游业、交通运输业、能源矿产业、制造业等 100 多个行业，跟踪分析国民经济相关行业市场运行状况和政策导向，汇集行业发展前沿资讯，为投资、从业及各种经济决策提供理论支撑和实践指导。

中国区域发展数据库（下设 4 个专题子库）

对中国特定区域内的经济、社会、文化等领域现状与发展情况进行深度分析和预测，涉及省级行政区、城市群、城市、农村等不同维度，研究层级至县及县以下行政区，为学者研究地方经济社会宏观态势、经验模式、发展案例提供支撑，为地方政府决策提供参考。

中国文化传媒数据库（下设 18 个专题子库）

内容覆盖文化产业、新闻传播、电影娱乐、文学艺术、群众文化、图书情报等 18 个重点研究领域，聚焦文化传媒领域发展前沿、热点话题、行业实践，服务用户的教学科研、文化投资、企业规划等需要。

世界经济与国际关系数据库（下设 6 个专题子库）

整合世界经济、国际政治、世界文化与科技、全球性问题、国际组织与国际法、区域研究 6 大领域研究成果，对世界经济形势、国际形势进行连续性深度分析，对年度热点问题进行专题解读，为研判全球发展趋势提供事实和数据支持。